Biblioteca "SAÚDE" — 40

Volumes publicados:

1.	Controle sua Pressão	W. A. Brams
2.	Vença o Enfarte	W. A. Brams
3.	Glândulas, Saúde, Felicidade	W. A. Brams
4.	Cirurgia a Seu Alcance	R. E. Rotenberg
5.	Ajude Seu Coração	Vários autores
6.	Saúde e Vida Longa Pela Boa Alimentação	Lester Morrison
7.	Guia Médico do Lar	Morris Fishbein
8.	Vida Nova Para os Velhos	Heins Woltereck
9.	Coma Bem e Viva Melhor	Ancel e Margareth Keys
10.	O Que a Mulher Deve Saber	H. Imerman
11.	Parto Sem Dor	Pierre Vellay
12.	Reumatismo e Artrite	John H. Bland
13.	Vença a Alergia	Harry Swartz
14.	Manual de Primeiros Socorros	Hoel Hartley
15.	Cultive Seu Cérebro	Robert Tocquet
16.	Milagres da Novocaína	Henry Marx
17.	A Saúde do Bebê Antes do Parto	Ashley Montagu
18.	Derrame – Tratamento e Prevenção	John E. Sarno/Marta T. Sarno
19.	Viva Bem Com a Coluna Que Você Tem	José Knoplich
20.	Vença a Incapacidade Física	Howard A. Rusk
21.	O Bebê Perfeito	Virgínia Apgar/Joan Beck
22.	Acabe com a Dor!	Roger Dalet
23.	Causas Sociais da Doença	Richard Totman
24.	Alimentação Natural – Prós & Contras	Maria C. F. Boog, Denise G. Da Motta e Avany X. Bon
25.	Dor de Cabeça – Sua Origem/Sua Cura	Claude Loisy e Sidney Pélage
26.	O Tao da Medicina	Stephen Fulder
27.	Chi-Kong – Os Exercícios Chineses de Saúde	G. Edde
28.	Cronobiologia Chinesa	Gabriel Faubert e Pierre Grepon
29.	Nutrição e Doença	Carlos Eduardo Leite
30.	A Medicina Nishi	Katsuso Nishi
31.	Endireite as Costas	José Knoplich
32.	Medicinas Alternativas	Vários autores
33.	A Cura Pelas Flores	Aluízio J. R. Monteiro
34.	Laboratório & Sangue de Rotina (Ibrasa-Champagnat)	Selma Campestri
35.	Tecnologia Simplificada na Amamentação (Ibrasa-Champagnat)	Selma Campestri
36.	Domine Seus Nervos	Claire Weekes
37.	A Medicina Ayur-Védica	Gerard Edde
38.	Prevenindo a Osteoporose	José Knoplich
39.	Salmos Para a Saúde	Daniel G. Fischman

Alimentos que curam

Dados Internacionais de Catalogação na Publicação (CIP)
(Câmara Brasileira do Livro, SP, Brasil)

Gonsalves, Paulo Eiró, 1927 –
  Alimentos que curam : alimentos-medicamentos / Paulo Eiró
Gonsalves, – São Paulo : IBRASA, 1996. – (Biblioteca saúde ; 40)

  Bibliografia

  1. Alimentos 2. Cura 3. Medicina popular – Poder de cura I. Título.
II. Série.

96-4889   CDD-615.535

Índices para catálogo sistemático:
1. Alimento : Medicina natural   615.535
2. Alimentos : Poder de cura : Terapia   615.535

ALIMENTOS QUE CURAM

Alimentos-Medicamentos

PAULO EIRÓ GONSALVES

17ª EDIÇÃO

IBRASA
INSTITUIÇÃO BRASILEIRA DE DIFUSÃO CULTURAL LTDA.
SÃO PAULO

Direitos desta
edição reservados à

IBRASA
INSTITUIÇÃO BRASILEIRA DE DIFUSÃO CULTURAL LTDA.

Rua. Treze de Maio, 446 - Bela Vista
01327-000 - São Paulo - SP
Tel/Fax: (0xx11) 3284-8382
e-mail: ibrasa@ibrasa.com.br
home page: www.ibrasa.com.br

Copyright © 1996 by
PAULO EIRÓ GONSALVES

Capa de
MAURICIUS M. MARTINO

Fotocomposição, paginação e filmes de
FACTASH FOTOCOMPOSIÇÃO LTDA. (Fone: 214-4151)

Impresso em 2010

Impresso no Brasil — Printed in Brazil

SUMÁRIO

Apresentação   9

Introdução   11

1.ª Parte

Alimentos
13

2.ª Parte

Doenças
131

Glossário   283
Bibliografia   291
Índice Remissivo   295

APRESENTAÇÃO

Tenho acompanhado a carreira do doutor Paulo Eiró Gonsalves há muito tempo.

Médico, especializado em Pediatria pela Associação Médica Brasileira, pós-graduado em homeopatia, autor de vários livros, objetiva sempre a melhoria da qualidade de vida da população, através do estudo incansável da Natureza e de suas mais diversas aplicações no campo terapêutico.

Esta obra é um exemplo desta incansável procura do bem comum, uma contribuição à família brasileira, carente de informações úteis para resolver os pequenos problemas do seu dia-a-dia.

Cumprimento com entusiasmo o ilustre autor, agradecendo o privilégio com que me distingue por ser o apresentador desta excelente obra.

Desejo que continue a nos brindar com outros trabalhos de tão elevado saber.

Prof. Dr. Sylvio Panizza
Professor-adjunto do Departamento de
Botânica do Instituto de Biociências da
Universidade de São Paulo

INTRODUÇÃO

Alimentos que Curam não pretende substituir o médico e sim mostrar que além dos remédios convencionais outro tipo de tratamento pode ser instituído.

Muitas das doenças aqui assinaladas podem ser curadas apenas com o emprego de alimentos-medicamentos, mas não há dúvida que o bom senso deve prevalecer (como sempre, aliás): que ninguém pretenda curar um caso de AIDS apenas dando inhame ou resolver um problema de diabetes infantojuvenil simplesmente abarrotando-se de jambolão... De qualquer forma, em todos os casos os alimentos-medicamentos terão utilidade, maior ou menor, dependendo de cada caso e de cada circunstância.

Numerosos alimentos com ação terapêutica são de conhecimento apenas empírico, outros até folclóricos, enquanto muitos têm ação comprovada cientificamente.

Aos que desejarem maiores informações sobre os alimentos aqui mencionados sugerimos a leitura do nosso *Livro dos Alimentos* (Editora Martins Fontes), Prêmio Jabuti de Melhor Livro do Ano na categoria Ciências Naturais.

Com *Alimentos que Curam* nossa intenção é simplesmente proporcionar alívio (e, quem sabe, cura) a alguns enfermos. Se o conseguirmos, sentir-nos-emos amplamente recompensados.

Qualquer crítica, sugestão ou mera referência a este livro será recebida com o maior prazer no endereço a seguir:

Paulo Eiró Gonsalves
Rua Baronesa de Itu, 474, 1º andar
CEP 01231-000 – São Paulo-SP

PRIMEIRA PARTE

Alimentos

ABACATE

Laurus persea, Persea gratissima, família das lauráceas

Fruto do abacateiro, árvore cuja origem até hoje é controvertida e da qual se aproveita praticamente tudo: frutos, folhas, flores, caules e caroços. Terapeuticamente é uma verdadeira farmácia.

Usos Terapêuticos

Ácido úrico	137
Afrodisíacos	138
Bronquite	154
Cabelos, queda dos	158
Cálculos (pedras)	159
Caspa; seborréia; crosta láctea	165
Colesterol	169
Diarréia	184
Digestivos	188
Diuréticos	191
Dor de cabeça	194
Eczema	196
Flatulência	214
Gota	220
Menstruação	239
Parasitas intestinais	251
Pele	253
Reumatismo. Artritismo	265
Rouquidão	268
Tosse	278
Úlceras gástricas e duodenais	284
Vesícula biliar	288

ABACAXI

Ananas sativus var. *pyramidalis*, *Bromelia ananas* var. *pyramidalis*, família das bromeliáceas.

Obs.: os números indicados após as doenças referem-se ao número da página onde o uso terapêutico deste alimento é descrito para essa doença.

Variedade cultivada de ananás; pode-se dizer, então, que todo abacaxi é um ananás, embora a recíproca não seja verdadeira: nem todo ananás é um abacaxi.

Usos Terapêuticos

Antiácidos 142
Aparelho urinário 144
Bronquite 154
Cálculos (pedras) 159
Depurativos 179
Digestivos 188
Diuréticos 191
Gota 220
Menstruação 239
Obesidade 244
Osteoporose 249
Pressão arterial 255
Reumatismo. Artritismo 265
Tônicos cerebrais 273
Tosse 278

ABIO ou ABIU

É o fruto do abieiro (*Lucuma caimito*, família das sapotáceas), com paladar muito agradável, levemente adstringente, e do qual existem numerosas variedades. Possui forma arredondada ou ovóide, com o tamanho aproximado de um ovo e casca grossa de cor amarelo-esverdeada.

Usos Terapêuticos

Bronquite 154
Diarréia 184
Febre 207
Tosse 278

ABÓBORA
Sinonímia: jerimum

Designação geral dos frutos comestíveis de várias espécies da família das cucurbitáceas. De fato, são numerosas as variedades de abóbora: abóbora-moranga, abobrinha (ou abóbora-d'água), abóbora-menina, abóbora-cheirosa, abóbora-serpente etc.

Usos Terapêuticos

Aparelho urinário 144
Colesterol 169
Diabetes 183
Digestivos 188
Diuréticos 191
Estomacais 202
Febre 207
Flatulência 214
Laxantes 234
Nervos (Tônico dos) 242
Olhos (vista) 246
Parasitas intestinais 251
Próstata 260
Queimaduras 262
Verrugas 287

ABRI MATO
Sinonímia: abricó-do-brasil; abricó-amarelo; abricó-de-praia

Fruto do abricoteiro-do-mato (*Mimusops elengi*, família das sapotáceas), o abricó-do-mato é pequeno, do tamanho aproximado de um ovo de codorna, esférico, de cor amarela, casca grossa e polpa também amarela, bastante nutritiva.

Usos Terapêuticos

Diarréia 184
Febre 207
Sapinho 270

ABRICÓ-DO-PARÁ

Sinonímia: abricó; abricó-selvagem; abricó-de-são-domingos

Mammea americana, família das gutíferas

Árvore de porte mediano, nativa da Amazônia e muito cultivada no norte e nordeste do Brasil.

O fruto, grande e carnoso, chega a pesar até 4 quilos e tem coloração marrom clara. Possui massa amarelada, de sabor delicioso, doce e aromática, que pode ser comida crua ou utilizada no preparo de doces e compotas.

Usos Terapêuticos

Bicho-de-pé 151
Estomacais 202
Picadas de insetos 254

ABROLHO

Centaurea calcitrapa, família das compostas.

Erva encontrada no sul do país, utilizada como condimento e, as folhas novas, como alimento.

Usos Terapêuticos

Apetite, estimulantes do 146
Febre 207

AÇAFRÃO

Crocus sativus, família das iridáceas.

Planta de origem mediterrânea cujos bulbos globosos fornecem fécula comestível. Dos estigmas da planta extrai-se pó amarelo utilizado em culinária, indústria de bebidas e farmácia (no preparo do láudano).

Usos Terapêuticos

Calmantes 161
Cólicas 171
Digestivos 188
Flatulência 214
Menstruação 239

AÇAÍ

Euterpe oleracea, família das palmáceas.

Variedade de palmeira encontrada no norte e nordeste do Brasil, de palmito comestível, cujos frutos de cor violácea, quase negra, são muito abundantes durante todo o ano, particularmente no mês de maio.

Com esses frutos prepara-se bebida muito conhecida e apreciada na região, bem como doces e sorvetes.

Usos Terapêuticos

Olhos 246

ACELGA

Beta vulgaris, var. *cycla*, família das quenopodiáceas

— 17 —

Hortaliça da qual se utilizam as folhas e os talos em saladas ou refogados. São conhecidas diversas variedades, tais como a acelga-crespa, acelga-de-cardo, acelga-japonesa, acelga-loura etc.

Usos Terapêuticos

Abscessos. Furúnculos 135
Anemias 140
Antiácidos 142
Bronquite 154
Cálculos (pedras) 159
Cistites 167
Estomacais 202
Hemorragia 226
Hemorróidas 227
Laxantes 234
Ossos 248
Queimaduras 262
Vesícula biliar 288

ACEROLA
Sinonímia: cereja-das-antilhas

Fruta originária do mar das Antilhas, da América Central e do norte da América do Sul, produzida por um arbusto da família das malpighiáceas: a *Malpighia glabra*. Foi introduzida no Brasil em 1955 pela professora Maria Celene Cardoso de Almeida, que a trouxe de Porto Rico para a Universidade Federal Rural de Pernambuco (UFRPE).

Usos Terapêuticos

Anemias 140
Gripe. Resfriado 222

AÇÚCAR

O açúcar de cana é conhecido desde a antiguidade mais remota (por volta de 8000 a.C.), tendo-se originado na Índia. Atualmente é produzido a partir da garapa, mediante processos de purificação, cristalização e refinação.

Usos Terapêuticos

Calmantes 161

AGRIÃO

Nasturtium officinale, Sisymbrium nasturtium, família das crucíferas

Erva muito rica em vitaminas e minerais – principalmente ferro e iodo – o agrião apresenta inúmeras propriedades terapêuticas.

Usos Terapêuticos

Ácido úrico 137
Anemias 140
Boca, doenças da 151
Bronquite 154
Cálculos (pedras) 159
Câncer (vegetais crucíferos) 165
Dentes 178
Depurativos 179
Desintoxicantes 182
Digestivos 188

Diuréticos 191
Estomacais 202
Expectorantes 205
Fígado 211
Magreza 236
Menstruação 239
Parasitas intestinais 251
Pele 253
Reumatismo. Artritismo 265
Tônicos 274
Tosse 278
Tuberculose 282
Vertigens 288
Vesícula biliar 288

AGRIÃO-DO-PARÁ
Sinonímia: agrião-do-brasil; jambu

Spilanthes acmella, família das compostas.

Planta originária do norte do país, medrando sobretudo no estado do Pará e cujas flores e folhas são utilizadas na alimentação, em saladas.

USOS TERAPÊUTICOS

Boca, doenças da 151
Dentes 178
Digestivos 188
Dor de dente 195
Febre 207

ÁGUA

A simples constatação da porcentagem de água no corpo humano (cerca de 65% no adulto e ainda mais nas crianças) constitui atestado eloqüente de sua importância no organismo.

USOS TERAPÊUTICOS

Diarréia 184

ALCACHOFRA

A alcachofra habitualmente consumida na alimentação é a *Cynara scolynus*, da família das compostas, planta de até 1 m de altura, com grandes folhas carnosas. Em geral, além das folhas, também são utilizados em culinária os receptáculos ("fundos de alcachofra"), considerados iguarias das mais finas.

É planta originária do sul da Europa e norte da África (regiões mediterrâneas), tendo sido introduzida no Brasil em São Roque (estado de São Paulo) pelos italianos, no começo deste século.

USOS TERAPÊUTICOS

Ácido úrico 137
Anemias 140
Apetite, estimulantes do ... 146
Arterioesclerose. Ateroesclerose 148
Colesterol 169
Depurativos 179
Diabetes 183
Diuréticos 191
Fígado 211
Gota 220
Laxantes 234

Maleita	236
Obesidade	244
Psoríase	261
Reumatismo. Artritismo	265
Tônicos	274
Uremia	285
Urticária	286
Vesícula biliar	288

ALCACHOFRA-DOS-TELHADOS

Sempervivum tectorum, família das crassuláceas

Planta encontrada sobre os tetos das habitações ou entre fendas de muros velhos e da qual comem-se as folhas adstringentes.

Usos Terapêuticos

Calos	163

ALCAÇUZ

Glycirriza glabra, família das leguminosas

Arbusto cujas raízes secas são empregadas na fabricação de balas muito apreciadas para purificar o hálito (mas a maioria das "balas de alcaçuz" existentes no comércio não contêm o alcaçuz verdadeiro).

Usos Terapêuticos

AIDS	139
Antiácidos	142
Antiinflamatórios	143
Baço, doenças do	151

Boca, doenças da	151
Bronquite	154
Cólicas	171
Coração. Aparelho circulatório	175
Dentes	178
Diuréticos	191
Fígado	211
Gripe. Resfriado	222
Hálito	225
Herpes	228
Laxantes	234
Rouquidão	268
Tosse	278
Úlceras gástricas e duodenais	284

ALCAPARRA

Capparris, família das caparáceas.

Planta cujos botões florais são muito apreciados em culinária (na preparação de molhos e temperos) ou como aperitivo de sabor acentuado.

Usos Terapêuticos

Apetite, estimulantes do	146
Ciática	166
Diuréticos	191
Nevralgia	242

ALCARAVIA
Sinonímia: carvi; cominho-do-prado; cominho-armênio

Carum carvi, família das umbelíferas

Planta cujas sementes têm, em culinária, os mesmos empregos que as do cominho.

USOS TERAPÊUTICOS

Digestivos 188
Flatulência 214
Menstruação 239
Orquite 248

ALECRIM
Sinonímia: rosmarinho;
rosmaninho.

Romarinus officinalis, da família das labiadas.

O alecrim, também conhecido como rosmarinho, rosmarino ou ainda rosmaninho, é um arbusto de origem européia, com pouco mais de 1 metro de altura; tem folhas duras e estreitas, de cor verde escura.

Em seu *habitat* natural cresce em solos rochosos, geralmente próximos do mar; daí seu nome botânico *rosmarinus*: rócio do mar, orvalho do mar.

USOS TERAPÊUTICOS

Abscessos. Furúnculos 135
Bronquite 154
Cabelos, queda dos 158
Circulação sangüínea 167
Cólicas 171
Coqueluche 174
Digestivos 188
Entorses (torções) 198
Enxaqueca 199

Estomacais 202
Expectorantes 205
Flatulência 214
Gripe. Resfriado 222
Hálito 225
Menstruação 239
Nariz entupido 241
Olhos 246
Palpitações 250
Reumatismo. Artritismo 265
Rouquidão 268
Sarna 271
Sinusite 271
Tônicos 274
Tônicos cerebrais 277
Tosse 278
Vesícula biliar 288
Vômitos 289

ALFACE

Lactuca sativa, família das compostas.

Hortaliça originária da Índia e da qual são conhecidas dezenas de variedades.

USOS TERAPÊUTICOS

Anemias 140
Aparelho urinário 144
Apetite, estimulantes do 146
Arterioesclerose. Aterosclerose 148
Calmantes 161
Coqueluche 174
Depurativos 179
Digestivos 188
Diuréticos 191
Equimoses 200
Expectorantes 205
Insônia 232
Menstruação 239

— 21 —

Nevralgia 242
Olhos 246
Pele 253
Pressão arterial 255

USOS TERAPÊUTICOS

Bronquite 154
Diarréia 184
Laxantes 234

ALFAFA
Sinonímia: luzerna

Medicago sativa, família das leguminosas.

Arbusto do qual existem dezenas de variedades, cujas folhas são utilizadas na alimentação humana (em saladas) e de animais e cujos brotos, de grande valor nutritivo, são muito saborosos.

USOS TERAPÊUTICOS

Aparelho urinário 144
Calmantes 161
Digestivos 188
Fígado 211
Hemorragia 226
Leite (aumentar a produção de) 234
Olhos (vista) 246
Próstata 260
Reumatismo. Artritismo 265
Tônicos 274

ALFARROBA

Vagem produzida pela alfarrobeira (*Ceratonia siliqua,* família das leguminosas), árvore do Mediterrâneo e da Síria, que cresce somente à beira d'água. A alfarroba contém polpa açucarada e muito nutritiva.

ALFAVACA

Designação comum a diversas espécies de plantas da família das labiadas, gênero *Ocimum.* Em culinária a alfavaca é usada para conferir sabor característico e muito apreciado a sopas e molhos.

USOS TERAPÊUTICOS

Aparelho urinário 144
Asma 149
Boca, doenças da 151
Cabelos, queda dos 158
Depressão 179
Digestivos 188
Expectorantes 205
Febre 207
Garganta 216
Gripe. Resfriado 222
Hálito 225
Histeria 229
Insônia 232
Laxantes 234
Soluço 271
Stress 272
Tônicos 274
Tuberculose 282
Vertigens 288
Vômitos 289

— 22 —

ALFAZEMA
Sinonímia: lavanda; lavândula

Lavandula officinalis, família das labiadas.

Planta arbustiva européia utilizada em culinária como tempero; nesse caso deve ser colocada após a cocção dos alimentos, deixando-se abafar, a fim de se evitar a evaporação do aroma.

Usos Terapêuticos

Calmantes 161
Cólicas 171
Digestivos 188
Gagueira 216
Garganta 216
Gota 220
Gripe. Resfriado 222
Insônia 232
Náuseas 241
Nervos (Tônicos dos) 242
Nevralgia 242
Reumatismo. Artritismo 265
Soluço 271
Tônicos cerebrais 277

ALGAROBA

Vagem da algarobeira (*Algarobia dulcis*, família das leguminosas), árvore de pequeno porte, de origem provavelmente oriental, que se aclimatou no Brasil, em particular no Rio Grande do Sul, onde é encontrada em quantidade.

As algarobas medem de 20 a 30 cm de comprimento e são utilizadas na alimentação humana e animal. Às vezes são adicionadas ao cacau para o fabrico de chocolate. Em alguns países fabrica-se com elas bebida denominada "chica".

Usos Terapêuticos

Diarréia 184

ALGAS

Vegetais sem raízes, flores ou sementes, cujo tamanho varia desde milésimos de milímetros a centenas de metros. Existem algas marinhas (que vivem no mar), fluviais (que vegetam em rios e lagos) e palustres (de pântanos, brejos e locais úmidos). Quanto à cor, podem ser verdes, marrons ou vermelhas.
Ao que sabemos até agora, apenas as algas marinhas têm sido utilizadas na alimentação humana.

Usos Terapêuticos

Acne (espinha) 138
AIDS 139
Anemias 140
Apetite, redutores do 148
Arterioesclerose. Ateroesclerose 148
Boca, doenças da 151
Bócio (papo) 154
Cálculos (pedras) 159
Câncer 163
Celulite 166
Descalcificação. Raquitismo 181
Desintoxicantes 182

Digestivos	188	Colesterol	169
Emagrecedores	196	Coqueluche	174
Envelhecimento precoce	198	Coração. Aparelho circulatório	175
Feridas, úlceras, ferimentos	209	Desintoxicantes	182
Herpes	228	Digestivos	188
Imunidade	231	Feridas, úlceras, ferimentos	209
Laxantes	234	Flatulência	214
Leucemia	235	Gripe. Resfriado	222
Obesidade	244	Impotência sexual	230
Ossos	248	Imunidade	231
Parasitas intestinais	251	Insônia	232
Pele	253	Laxantes	234
Protetor solar	260	Mau-humor	237
Tônicos cerebrais	277	Menstruação	239
Úlceras gástricas e duodenais	284	Neurites e polineurites	242
		Panarício	250
		Parasitas intestinais	251
		Pressão arterial	255
		Reumatismo. Artritismo	265
		Tosse	278
		Trombose	282

ALHO

Allium sativum, família das liliáceas

Vegetal cuja raiz, em forma de bulbo, é empregada há milênios como condimento, sendo também muito reputado por suas propriedades medicinais.

Usos Terapêuticos

Ácido úrico	137
AIDS	139
Anemias	140
Anti-sépticos	143
Arterioesclerose. Ateroesclerose	148
Bronquite	154
Calos	163
Câncer	163

ALHO-PORRO
Sinonímia: alho-macho

Allium porrum, família das liliáceas.

Hortaliça de sabor delicado e levemente adocicado, utilizada há milênios na alimentação humana, da qual se consomem, cozidos, o bulbo alongado e as folhas.

Usos Terapêuticos

Cálculos (pedras)	159
Diuréticos	191
Hemorróidas	227
Obesidade	244
Parasitas intestinais	251
Uremia	285

ALMEIRÃO
Sinonímia: chicória-amarga

Chicorium intybus, família das chicoriáceas.

Natural da Europa, o almeirão é cultivado em todo o mundo. Em virtude do sabor de suas folhas, é conhecido também como chicória-amarga. Além do emprego na alimentação humana, o almeirão constitui excelente planta forrageira.

Usos Terapêuticos

Depurativos 179
Diarréia 184
Estomacais 202
Fígado 211
Vesícula biliar 288

AMEIXA

Fruto da ameixeira (*Prunus domestica*, família das rosáceas), a ameixa, de cor roxa-escura, violácea, vermelha ou amarela, é carnosa e suculenta e seu caroço é quase liso. Quando seca constitui a conhecida ameixa-preta. No Japão é muito usado o *umeboshi*: ameixa salgada, em conserva.

Usos Terapêuticos

Bronquite 154
Cólicas (*umeboshi*) 171

Digestivos 188
Diuréticos 191
Dor de cabeça (*umeboshi*) 194
Gripe. Resfriado 222
Laxantes 234
Nevralgia (*umeboshi*) 242
Rouquidão 268
Tônicos cerebrais 277
Tosse 278

AMEIXA-AMARELA
Sinonímia: nêspera

Fruto da ameixeira ou nespereira (*Eriobotrya japonica*, família das rosáceas), árvore originária da China e do Japão, introduzida no Brasil há séculos, tornando-se uma das plantas frutíferas mais comuns em nosso país.

Usos Terapêuticos

Boca, doenças da 151
Diarréia 184
Diuréticos 191
Hemorragia 226

AMEIXA-DA-TERRA
Sinonímia: ameixa-do-brasil; ameixa-do-pará; ambuí

Fruto da ameixeira-do-brasil (*Ximenia americana*, família das olacáceas), pequena árvore de 3 a 4 m de altura, com caule e ramos cheios de espinhos.

A ameixa-da-terra tem cor amarelo-alaranjada, mede cerca de 5 cm e possui polpa aromática, de sabor agridoce.

— 25 —

Usos Terapêuticos

Laxantes 234

AMÊNDOA

Fruto da amendoeira (*Prunus amygdalus*, família das rosáceas), árvore histórica, muito citada na mitologia grega, originária da África e da Mesopotâmia e cultivada há cerca de 3.500 anos. Atinge até 12 m de altura e seu principal valor consiste justamente no fruto oleaginoso, universalmente apreciado.

Existem diversas variedades de amendoeira, que podem produzir amêndoas doces ou amargas.

Usos Terapêuticos

Descalcificação. Raquitismo 181
Eczema 196
Gravidez 221
Laxantes 234
Leite (aumentar a produção de) 234
Nervos (tônicos dos) 242
Pele 253
Tônicos 274
Úlceras gástricas e duodenais ... 284

AMÊNDOA-DA-ÍNDIA
Sinonímia: chapéu-de-sol

Fruto da amendoeira-da-índia (*Terminalia catappa*, família das combretáceas), árvore ornamental conhecida também como chapéu-de-sol.

As amêndoas-da-índia têm formato arredondado e podem ser amarelas ou cor-de-rosa. Apesar de seu sabor agradável, se ingeridas em excesso podem provocar disenteria com sangue.

Usos Terapêuticos

Cólicas 171
Diarréia 184

AMENDOIM

Arachis hypogaea, família das leguminosas.

Originário provavelmente da América, o amendoim, mendoim ou mendobi – como era conhecido pelos nossos indígenas – constitui alimento de alto valor nutritivo.

Usos Terapêuticos

Afrodisíacos 138
Tônicos 274

AMORA

Fruto da amoreira, da qual são conhecidas diversas variedades, algumas pertencentes à família das rosáceas: amoreira-brava (*Rubus imperialis*), amoreira-do-mato (*Rubus erythroclados* e *Rubus sellowii*), amoreira-da-silva ou amoreira-brasileira (*Rubus brasiliensis*), amoreira-vermelha (*Rubus rosaefolius*); outras pertencem à família das moráceas: amoreira-branca (*Morus alba*), amoreira-preta (*Morus nigra*).

USOS TERAPÊUTICOS

Boca, doenças da 151
Diuréticos 191
Garganta 216
Hemorragia 226
Laxantes 234
Pâncreas 250
Parasitas intestinais 251
Pressão arterial 255
Purgantes 261

ANANÁS
V. Abacaxi

ANGÉLICA

Angelica archiangelica, família das umbelíferas.

Planta com cerca de 3 m de altura, cujo caule, agradavelmente aromático, é empregado em confeitaria e na fabricação de licores.

Em alimentação é usada em saladas e também para aromatizar frutas assadas e bebidas.

USOS TERAPÊUTICOS

Calmantes 161
Digestivos 188
Flatulência 214
Hálito 225
Histeria 229
Menstruação 239

ANIS
Sinonímia: erva-doce

Pimpinella anisum ou Carum anisum, família das umbelíferas.

Erva originária do Oriente, cujas sementes são amplamente utilizadas em culinária, confeitaria, na fabricação de xaropes e licores (anisete), bem como em medicina e veterinária.

USOS TERAPÊUTICOS

Asma 149
Calmantes 162
Cistites 167
Cólicas 171
Digestivos 188
Flatulência 214
Hálito 225
Insônia 232
Leite (aumentar a produção de) 234
Menstruação 239
Piolho 255

ARAÇÁ

Fruto do araçazeiro, árvore do gênero Psidium (família das mirtáceas), da qual existem inúmeras variedades e cujas flores são muito visitadas por abelhas.

Os araçás são frutas comestíveis ao natural e também muito utilizadas na preparação de doces, geléias e compotas.

Na Bahia a goiaba é conhecida como araçá.

USOS TERAPÊUTICOS

Diarréia 184
Hemorragia 226

ARARUTA

Maranta arundinacea, família das marantáceas.

Planta que possui rizomas tuberosos dos quais é extraída a fécula branca, fina, luzidia e inodora que se conhece pelo mesmo nome: araruta. Por extensão costuma-se dar esse nome à fécula extraída de várias outras plantas (mandioca, inhame, batata), o que, evidentemente, não é correto.

Usos Terapêuticos

Diarréia	184
Garganta	216
Gripe. Resfriado	222
Picadas de insetos	254

ARATICUM
V. também cabeça-de-negro e graviola-do-norte

Do tupi *arati'kû*. Designação comum a diversas plantas da família das anonáceas, muitas das quais produzem frutos comestíveis, de sabor muito apreciado.
Inúmeras são as espécies e variedades de araticum.

Usos Terapêuticos

Emolientes	197
Parasitas intestinais	251
Reumatismo. Artritismo	265

ARECA

Areca catechu, família das aracáceas.

Palmeira asiática e indonésia, com 15 a 20 m de altura, tronco ereto, muito cultivada em parques e jardins graças a seu belo efeito ornamental. O palmito de areca é comestível.

Usos Terapêuticos

Calmantes	161
Insônia	232

AROEIRA
Sinonímia: pimenta-bastarda; pimenta-da-américa

Schinus molle, família das anacardiáceas.

Árvore de grande porte, cujos frutos, semelhantes à pimenta-do-reino, podem ser utilizados em substituição a esta.

Usos Terapêuticos

Aparelho urinário	144
Bronquite	154
Purgantes	261
Reumatismo. Artritismo	265

ARROZ

Oryza sativa, família das gramíneas.

Este cereal é cultivado há aproximadamente 5.000 anos, o que explica a existência de suas inúmeras variedades (só na Índia contam-se mais de 8.000). Entre elas podemos citar: amarelão, agulha, carioca, cateto, japonês, moti etc.

O arroz tem os seguintes

USOS TERAPÊUTICOS

Antiácidos (vinagre de arroz integral) 142
Anti-sépticos (vinagre de arroz integral) 143
Cálculos (pedras) – farelo de arroz 159
Câncer (arroz integral) 163
Depurativos (arroz integral) 179
Diarréia 184
Edemas (inchaços) 196
Energéticos 199
Estafa (arroz integral) 201
Gripe. Resfriado (arroz integral)222
Hemorróidas 227
Laxantes 234
Magreza 236
Obesidade (arroz integral) 244
Parasitas intestinais (arroz integral) 251
Prisão de ventre 256
Reumatismo. Artritismo (arroz integral) 265
Sinusite (arroz integral) 271

ARRUDA

Ruta graveolens, família das rutáceas.

Arbusto sempre verde, nativo do sul da Europa e do Oriente Próximo. Em culinária é usado em saladas e como aromatizante de vários pratos.

USOS TERAPÊUTICOS

Abscessos. Furúnculos 135
Emenagogos 197
Mau-olhado 238
Olhos 246
Parasitas intestinais 251
Tônicos 274

ARTEMÍSIA

Chrysantemum parthenium, família das compostas.

Erva cujas folhas, amargas, são utilizadas na Europa em sopas e assados, conferindo-lhes sabor peculiar. Colocadas na frigideira com ovos e tomates dão gosto diferente e característico a tais frituras.

USOS TERAPÊUTICOS

Apetite, estimulantes do 146
Cólicas 171
Dor de cabeça 194
Emenagogos 197
Enxaqueca 199
Histeria 229
Reumatismo. Artritismo 265
Tônicos 274
Vômitos 289

ÁRVORE-VACA

Tabernaemontana utilis, família das apocináceas.

Dessa curiosa árvore exsuda abundante líquido branco, muito doce e nutritivo, de aspecto semelhante ao leite de vaca e empregado no lugar deste pelo povo.

Usos Terapêuticos

Febre 207

ASPARGO
Sinonímia: espargo

Asparagus officinalis, família das liliáceas.

Herbácea de rizoma rastejante que, na primavera, dá brotos comestíveis, muito apreciados e sofisticados. Esses brotos – chamados turiões – são mantidos artificialmente debaixo da terra, sem luz, a fim de se conservarem brancos, isentos de clorofila.

Usos Terapêuticos

Calmantes 161
Diuréticos 191
Obesidade 244
Vômitos 289

AVEIA

Avena sativa, família das gramíneas.

Planta herbácea cultivada para alimentação humana e de animais (particularmente cavalos, que se tornam ágeis, vigorosos e de pêlos lisos e luzidios).

Usos Terapêuticos

Anemias 140
Aparelho urinário 144
Colesterol 169
Dentes 178
Diabetes 183
Energéticos 198
Gota 220
Laxantes 234
Lumbago 235
Prisão de ventre 256
Reumatismo. Artritismo 265
Tireóide 274
Tônicos 274
Vícios 289

AVELÃ

Fruto da aveleira (*Corylus avellana*, família das betuláceas), árvore originária da Europa e Ásia.

As varas de avelã, a um só tempo duras e elásticas, são empregadas em forquilhas de radiestesia e antigamente eram utilizadas como palmatórias nas escolas.

Usos Terapêuticos

Cabelos, queda dos 158
Câncer 163
Feridas, úlceras, ferimentos 209
Laxantes 234
Mau-olhado 238
Tônicos cerebrais 277

AZEDA-MIÚDA
Sinonímia: azedinha-da-horta; azeda-brava.

Rumex acetosa, família das poligonáceas.

Planta hortense cujas folhas são usadas em culinária no preparo de purês, guisados, refogados, sopas e saladas. Suas sementes fornecem fécula que, em alguns países, é empregada na fabricação de pães e biscoitos.

Usos Terapêuticos

Boca, doenças da	151
Cistites	167
Diuréticos	191
Febre	207
Fígado	211
Hálito	225
Laxantes	234
Tinha (pelada)	274

AZEDINHA-DE-FLOR-AMARELA

Oxalis chrysantha e *Oxalis eriorhiza*, família das oxalidáceas.

Planta que vegeta em campos do Rio Grande do Sul, conferindo belo aspecto à paisagem e cujo bulbo é comestível.

Usos Terapêuticos

Garganta 216

AZEITE (ÓLEO DE OLIVA)

Das azeitonas extrai-se o famoso óleo de oliva (azeite), muito conhecido e reputado como alimento, tempero, remédio e cosmético.

Usos Terapêuticos

Abcessos. Furúnculos	135
Aparelho urinário	144
Cálculos (pedras)	159
Calos	163
Colesterol	169
Equimoses	200
Flebite	215
Magreza	236
Ouvidos	195, 249
Ouvido (insetos no)	195, 249
Queimaduras	262
Úlceras gástricas e duodenais	284

AZEITONA
V. também azeite.

Fruto da oliveira (*Olea europoea*, família das oleáceas), árvore de extraordinária longevidade, podendo durar muitos e muitos séculos, originária da Ásia Menor e depois cultivada em quase toda a Europa, principalmente na região do Mediterrâneo.

Usos Terapêuticos

Boca, doenças da	151
Bronquite	154
Arterioesclerose. Ateroesclerose	148
Diabetes	183
Diarréia (azeitona verde)	184
Expectorantes	205
Febre	207
Laxantes	234

Panarício 250
Pressão arterial 255
Reumatismo. Artritismo 265

AZEITONA-DO-MATO
Sinonímia: camará; carará; capororocaçu; capororoca-vermelha; pororoca.

Rapanea ferruginea, família das mirsináceas.

Árvore encontrada em todo o território nacional. Produz frutos carnosos, pretos e oleaginosos, comestíveis em conserva.

(Com o mesmo nome, azeitona-do-mato, é designada também outra planta, o macuco: *Hirtella americana*, família das rosáceas).

Usos Terapêuticos

Depurativos 179
Diuréticos 191
Pele 253

BABACO

Carica pentagona, família das caricáceas.

Esta fruta, encontrada principalmente no Equador, é parente próxima do mamão e assemelha-se a ele; as cinco costelas discretas deste são bem mais acentuadas no babaco, o que lhe valeu o nome botânico que possui.

Quando maduro tem cor quase amarela e a polpa, em seu interior, é amarelo-clara, muito suculenta, de sabor ácido (semelhante ao da "grape-fruit"), derretendo-se na boca. Uma grande cavidade no centro da fruta é preenchida por substância com aspecto de algodão, a qual também se dissolve facilmente na boca.

Por ser muito ácido, o babaco habitualmente não é comido ao natural, sendo mais freqüentemente utilizado em bolos ou em xaropes, como o "rosado de Quito".

Usos Terapêuticos

Digestivos 188

BACUPARI

Designação comum a diversas espécies de planta.

O fruto amarelo do bacupari-de-capoeira, do tamanho de uma maçã, tem polpa doce e comestível. O bacupari-do-campo (ou laranjinha-do-campo) produz fruto semelhante a uma cereja, com polpa doce e mucilaginosa. Do bacupari-açu aproveitam-se não só os frutos de polpa comestível, como também as sementes, que são comidas cruas ou torradas.

Usos Terapêuticos

Aparelho urinário
  (bacupari-miúdo) 144
Tônicos (bacupari-açu) 274

BACURI

Fruto do bacurizeiro (*Platonia insig-*

— 33 —

nis, família das gutiferáceas), o bacuri mede cerca de 12 cm de diâmetro e pode pesar até 900 gramas. Possui polpa branca comestível, cremosa, perfumada, agridoce, muito apreciada para a confecção de doces, geléias, compotas, xaropes e refrescos. As sementes, também comestíveis, são feculentas e têm sabor de amêndoas.

Usos Terapêuticos

Cicatrizantes 166
Digestivos 188
Diuréticos 191

BAMBU

Ao contrário das demais espécies pertencentes à família das gramíneas, geralmente ervas de constituição delicada, os bambus podem atingir muitos metros de altura. Há cerca de 1000 variedades de bambu espalhadas pelo mundo. Seus brotos, ricos em nutrientes, de sabor semelhante ao do palmito, em alimentação são consumidos refogados.

Usos Terapêuticos

Afrodisíacos 138
Diarréia 184
Hemorragia 226

BANANA

Fruto da bananeira (*Musa paradisiaca*, família das musáceas), árvore muito interessante sob o aspecto botânico, uma vez que seu verdadeiro tronco é subterrâneo: o caule aparente nada mais é, na verdade, que o conjunto das bainhas das folhas enroladas umas às outras.

Existem mais de 30 tipos de bananeiras no Brasil.

Usos Terapêuticos

Bronquite 154
Diarréia 184
Estomacais 202
Feridas, úlceras, ferimentos 209
Icterícia 230
Laxantes 234
Queimaduras 262
Quelóides 263
Tuberculose 282
Úlceras gástricas e duodenais ... 284
Verrugas 287

BAOBÁ

Adansonia digitata, família das bombacáceas.

Árvore originária da África e aclimatada no Brasil. É considerada o gigante da floresta, a rainha da flora mundial; pode chegar a viver por milênios.

As folhas, frutos e sementes do baobá são comestíveis.

Usos Terapêuticos

Aparelho urinário 144
Diarréia 184
Emolientes 197

BARDANA

Lappa major ou *Arctium lappa*, da família das compostas.

Conhecida pelos japoneses como *gobô*, a bardana é um arbusto que atinge cerca de um metro de altura, tem folhas de cor violeta e raiz comestível.

Usos Terapêuticos

Abcessos. Furúnculos	135
Afrodisíacos	138
Asma	149
Bronquite	154
Cabelos, queda dos	158
Cálculos (pedras)	159
Caspa; seborréia; crosta láctea	165
Cistites	167
Cólicas	171
Contusões	173
Depurativos	179
Desintoxicantes	182
Diabetes	183
Diuréticos	191
Eczema	196
Estomacais	202
Feridas, úlceras, ferimentos	209
Fígado	211
Ginecológicos, problemas	219
Gota	220
Hemorróidas	227
Herpes	228
Orquite	248
Pele	253
Reumatismo. Artritismo	265
Seborréia	271
Úlceras gástricas e duodenais	284
Vesícula biliar	288

BASILICÃO

Nome comum a diversas espécies da família das labiadas, gênero *Ocimum*.

O basilicão, originário da África, tem folhas comestíveis que podem ser consumidas frescas (sabor suave e aromático) ou secas (ardidas e picantes).

Usos Terapêuticos

Digestivos	188
Diuréticos	191

BATATA

Solanum tuberosum, família das solanáceas.

Também conhecida como batata-inglesa, embora originária da América. Foi levada do continente americano ao europeu pelos espanhóis, tendo sido plantada pela primeira vez na Europa pelo botânico Clausicus.

São conhecidas centenas de variedades de batata.

Usos Terapêuticos

Cistites	167
Coqueluche	174
Corrimentos vaginais	176
Energéticos	198
Feridas, úlceras, ferimentos	209
Olhos	246
Panarício	250
Pele	253
Picadas de insetos	254
Queimaduras	262

— 35 —

BATATA-DOCE

Convolvulus batatas, família das convolvuláceas.

Vegetal originário provavelmente da Índia e do qual existem diversas variedades, de acordo com a coloração externa e interna dos tubérculos: branca, amarela, vermelha ou roxa.

Usos Terapêuticos

Anemias 140
Boca, doenças da 151
Energéticos 198
Hemorragia (batata-doce japonesa) 226

BELDROEGA

Portulaca oleracea, família das portulacáceas.

Erva originária do Brasil, muito comum em roçados, plantações e lugares abandonados. Suas folhas, bem como os talos, são comestíveis e usados habitualmente em saladas.

Usos Terapêuticos

Bronquite 154
Diuréticos 191
Estomacais 202
Feridas, úlceras, ferimentos 209
Laxantes 234
Leite (aumentar a produção de) 234
Parasitas intestinais 251
Queimaduras 262

BERINJELA

Solanum melongena, família das solanáceas.

Planta hortícola originária da Índia e introduzida na Europa pelos árabes, por ocasião da invasão da península ibérica.

De acordo com a cor de seus frutos, esse vegetal pode apresentar três variedades: roxa, branca ou amarela.

Usos Terapêuticos

Boca, doenças da 151
Colesterol 169
Dentes 178
Diuréticos 191
Fígado 211
Gota 220
Reumatismo. Artritismo 265
Vesícula biliar 288

BERTALHA

Designação comum a várias espécies da família das baseláceas, semelhantes ao espinafre e muito consumidas principalmente no estado do Rio.

Usos Terapêuticos

Fígado 211

Hemorragia 226
Olhos 246

BETERRABA

Beta vulgaris, família das quenopodiáceas.

Planta da qual são cultivadas atualmente três variedades: a *hortense*, destinada à alimentação humana; a *forrageira*, para a alimentação animal e a *industrial*, utilizada para a produção de açúcar.
Quanto à cor, podem ser vermelhas, amarelas ou brancas.

USOS TERAPÊUTICOS

Anemias 140
Antiácidos 142
Baço, doenças do 151
Bronzeadores 157
Câncer 163
Coqueluche 174
Diuréticos 191
Fígado 211
Energéticos 198
Laxantes 234
Reumatismo. Artritismo 265
Tônicos 274
Tônicos cerebrais 277
Tosse 278

BIRU-MANSO
Sinonímia: araruta-de-porco; araruta-bastarda; meru; beri.

Planta com cerca de 2 m de altura, cujos rizomas amarelos externamente encerram fécula comestível, sucedânea da araruta.

USOS TERAPÊUTICOS

Cistites 167
Diuréticos 191

BISTORTA

Polygonium bistorta, família das poligonáceas.

Planta originária da Europa que se aclimatou bem no Brasil. Suas raízes (torcidas, daí o nome da planta) produzem fécula nutritiva, freqüentemente misturada à farinha de trigo para a fabricação do pão.

USOS TERAPÊUTICOS

Aparelho urinário 144
Boca, doenças da 151
Diarréia 184
Febre 207
Feridas, úlceras, ferimentos 209
Garganta 216
Ginecológicos, problemas 219
Hemorragia 226

BOLDO

Peumus boldus, família das monimiáceas.

Vegetal originário do Chile e aclimatado no Brasil, que produz um óleo essencial muito utilizado na fabricação de doces e bolos.

Usos Terapêuticos

Apetite, estimulantes do	146
Baço, doenças do	151
Calmantes	161
Digestivos	188
Diuréticos	191
Estomacais	202
Fígado	211
Insônia	232
Laxantes	234
Vesícula biliar	288

BORRAGEM
Sinonímia: foligem

Borrago officinalis, família das boragináceas.

Planta herbácea de origem mediterrânea, com cerca de 50 cm de altura, da qual utilizam-se em culinária as folhas (refogadas, em saladas), os talos tenros (cozidos ou em omeletes) e as flores (em saladas ou doces).

Usos Terapêuticos

Asma	148
Cistites	167
Depurativos	179
Diuréticos	191
Emolientes	197

Escarlatina	201
Gripe. Resfriado	222
Leite (aumentar a produção de)	234
Obesidade	244
Orquite	248
Reumatismo. Artritismo	265
Sarampo	270
Sudoríferos	272
Urticária	286

BREDO
Sinonímia: bredo-verdadeiro; caruru-de-porco.

Amaranthus graecizans, família das amarantáceas.

Planta originária da Europa, tendo se tornado subespontânea em muitos estados do Brasil, onde é encontrada em construções velhas e à margem de estradas.

Possui caule reto e ascendente, verde ou avermelhado (como os ramos). As folhas verdes, freqüentemente confundidas com o caruru – razão pela qual o bredo é também conhecido como caruru-de-porco – são comestíveis.

Além do bredo-verdadeiro, também se utiliza na alimentação o bredo-de-espinho (*Amaranthus spinosus*), conhecido também como crista-de-galo.

Usos Terapêuticos

Diuréticos	191

BREDO-DE-ESPINHO
Sinonímia: crista-de-galo.

Amaranthus spinosus, família das amarantáceas.

Variedade de bredo utilizada na alimentação humana.

Usos Terapêuticos

Emolientes 197
Laxantes 234

BRÓCOLOS

Brassica oleracea, var. Botrytis asparagoides, família das crucíferas.

Constituem uma variedade de couve-flor. Os tipos mais cultivados entre nós são o especial-da-sicília e o roxo-da-itália.

Usos Terapêuticos

Anemias 140
Calmantes 161
Câncer (vegetais crucíferos) 163
Coração. Aparelho circulatório 175
Diabetes 183
Laxantes 234
Tônicos 274

BUCHA-DE-PURGA

Luffa acutangula, família das cucurbitáceas.

Trepadeira cujos frutos, quando ainda verdes e pequenos, são comestíveis e costumam ser utilizados em substituição ao pepino. Após maduros e secos, são empregados na fabricação de esponjas de limpeza, luvas para massagens e fricções, cestos, chinelos de banho, chapéus etc.

Usos Terapêuticos

Purgantes 261

BUCHA-PAULISTA
Sinonímia: maxixe-do-pará; esfregão; pepino-bravo.

Luffa aegypciaea, família das cucurbitáceas.

Planta de origem asiática que pode atingir 5 m de altura e cujos frutos fusiformes, depois de secos e sem as sementes, são utilizados para limpeza, em particular de utensílios de cozinha e no banho.

Além disso, tais frutos, bem como as folhas, podem ser empregados na alimentação humana.

Usos Terapêuticos

Fígado 211
Parasitas intestinais 251

BURANHÉM
Sinonímia: casca-doce; pau-doce.

Chysophyllum buranhem, família das sapotáceas.

Árvore de grande altura (cerca de 25 m), encontrada nas matas do litoral, desde a Bahia até São Paulo. Produz fruto alongado, comestível, com uma única semente de casca lisa e fina, a qual, quando mastigada, é a princípio adocicada, tornando-se depois amarga.

Usos Terapêuticos

Diarréia 184

BURITI
Sinonímia: boriti; carandaguaçu, muriti.

Designação comum a várias espécies da família das palmáceas, das quais a mais conhecida é a *Mauritia vinifera*, a mais alta palmeira do Brasil, medindo de 45 a 50 m de altura e 50 cm de diâmetro.

A medula da árvore fornece fécula muito semelhante ao sagu. O broto terminal fornece palmito de paladar muito apreciado. A polpa comestível do fruto é utilizada no preparo do famoso doce de buriti.

Usos Terapêuticos

Olhos (vista) 246

BUTIÁ
Sinonímia: butiá-verdadeiro.

Cocos eriospatha, família das palmáceas.

Palmeira campestre muito comum no Rio Grande do Sul, onde vegeta habitualmente em grandes grupos e produz frutos amarelos.

Tais frutos, medindo de 2 a 3 cm de diâmetro, são muito apreciados e produzem, por fermentação, bebida vinosa bastante aromática.

Usos Terapêuticos

Leite (aumentar a produção de) 234

CAAPEBA-DO-NORTE
Sinonímia: caapeúva, catajé.

Piper peltatum, família das piperáceas.

Variedade de caapeba encontrada na região amazônica, que produz frutos miúdos e comestíveis.

Usos Terapêuticos

Aparelho urinário 144
Fígado 211

CABAÇA
Sinonímia: poronga.

Fruto do cabaceiro-amargoso (*Lagenaria vulgaris*, família das cucurbitáceas), comestível enquanto verde e pequeno.

As cabaças, ou porongas, medem até 50 cm de comprimento e chegam a pesar 10 quilos, podendo comportar 8 litros. Depois de secas e esvaziadas são largamente empregadas pela população do interior como recipientes, vasilhas e cuias (usadas no Rio Grande do Sul para tomar chimarrão). Além disso, são utilizadas também como instrumentos musicais de uso corrente no candomblé e em conjuntos musicais populares.

Usos Terapêuticos

Purgantes 261

CABEÇA-DE-NEGRO
Sinonímia: araticum-do-campo; araticum-dos-lisos; marolinho.

Anona coriacea, família das anonáceas.

Arbusto que produz frutos com cerca de 20 cm de comprimento, cujo aspecto lembra o da fruta-do-conde. A

— 41 —

polpa branca, comestível e adocicada, encobre muitas sementes.

Usos Terapêuticos

Diarréia 184

CABELUDA

Fruto da planta do mesmo nome (*Eugenia tormentosa*, família das mirtáceas), medindo cerca de 2 cm de diâmetro, com uma única semente e casca amarela. A polpa, comestível, é adocicada e aromática.

Usos Terapêuticos

Diarréia 184

CACAU

Fruto do cacaueiro (*Theobroma cacao*, família das esterculiáceas), pequena árvore originária da América, onde era cultivada pelos incas, astecas e outros povos que aqui habitavam antes da chegada de Colombo. A planta foi introduzida na Europa pelos espanhóis, que, adicionando açúcar às sementes torradas, começaram a preparar o chocolate.

Usos Terapêuticos

Estimulantes gerais 201

CAFÉ

Fruto do cafeeiro (*Coffea arabica*, família das rubiáceas), cujas sementes, secas, torradas e moídas, são utilizadas no preparo da bebida.

No Brasil o café foi introduzido em 1723, no Pará, pelo brasileiro Francisco de Mello Palheta, que o trouxe da Guiana Francesa.

Usos Terapêuticos

Alcoolismo 140
Asma 148
Cabelos, escurecer 159
Desodorantes 183
Digestivos 188
Diuréticos 191
Dor de cabeça 194
Emagrecedores 196
Estimulantes gerais 201
Flatulência 214
Obesidade 244
Reumatismo. Artritismo 265
Tosse 278

CAGAITEIRA

Stenocalyx dysentericus, família das mirtáceas.

Árvore de ramos tortuosos, folhas grandes, flores brancas e frutos amarelos, saborosos e refrescantes, que costumam ser comidos ao natural.

Usos Terapêuticos

Aparelho urinário 144
Cistites 167
Diarréia 184
Diuréticos 191
Purgantes 261

CAIMITO
Sinonímia: abio-do-pará; abio-roxo

Crysophyllum caimito, família das sapotáceas.

Árvore que produz frutos roxo-azulados, pesando cerca de 200 g cada e contendo quatro sementes escuras. A polpa, branca ou rosada, doce e gelatinosa, é comestível.

Usos Terapêuticos

Diarréia 184
Diuréticos 191
Febre 207

CAJÁ
Sinonímia: cajá-miúdo; cajá-mirim; taperibá

Fruto da cajazeira (*Spondia lutea*, família das anacardiáceas), árvore frondosa e imponente, que pode atingir mais de 25 m de altura, originária do Brasil.

O cajá tem o tamanho aproximado de uma ameixa e cor amarelo-ouro. Sua polpa, pequena em relação ao grande caroço, tem sabor ácido e é utilizada principalmente para a fabricação de sorvetes, doces, geléias, compotas e refrescos. Com ela se produz também o vinho de taperibá, bebida refrigerante muito conhecida e apreciada no Amazonas.

Usos Terapêuticos

Cólicas 171
Coração. Aparelho circulatório 175
Diarréia 184
Erisipela 200
Garganta 216
Tônicos 274
Vômitos 289

CAJU

Considerado erroneamente como sendo a fruta do cajueiro (*Anacardium occidentale*, família das anacardiáceas), o caju nada mais é que o pedúnculo ou receptáculo do verdadeiro fruto da árvore: a castanha.

Usos Terapêuticos

Afrodisíacos 138
Boca, doenças da 151
Bronquite 154
Calos 163
Cicatrizantes 166
Diabetes 183
Diarréia 184
Diuréticos 191
Expectorantes 205
Febre 207
Garganta 216
Gripe. Resfriado 222
Impotência sexual 230
Pele 253
Sudoríferos 272
Tônicos 274
Tônicos cerebrais 277
Tosse 278
Verrugas 287

CÁLAMO
Sinonímia:
Cálamo-aromático; ácoro

Acorus calamus, família das aráceas.

Planta herbácea cujas raízes, secas e transformadas em pó, são empregadas para aromatizar e dar sabor a doces, em substituição à canela.

Usos Terapêuticos

Apetite, estimulantes do 146

CALÊNDULA
Sinonímia:
maravilha-dos-jardins; mal-me-quer; verrucária

Calendula officinalis, da família das compostas

Planta de origem européia muito bem aclimatada no Brasil, onde é encontrada com facilidade. Em culinária suas folhas são utilizadas como tempero em grande número de iguarias.

Usos Terapêuticos

Abscessos. Furúnculos 135
Anti-sépticos 143
Ânus 144
Boca, doenças de 151
Calos 163
Cicatrizantes 166
Estomacais 202
Feridas, úlceras, ferimentos 209
Frieiras 215
Garganta 216

Histeria 229
Mamas 237
Menstruação 239
Parasitas intestinais 251
Picadas de insetos 254
Verrugas 287

CAMAPU
Sinonímia:
camambu; camaru

Designação comum a cinco espécies de ervas da família das solanáceas, gênero *Physalis*.

A mais comum é a *Physalis peruviana*, chamada popularmente de bate-testa ou erva-nova-do-peru, que possui frutos amarelos, aromáticos e comestíveis, ligeiramente acidulados.

Outra espécie comestível é a *Physalis angulata*, conhecida como juá-de-capote ou bucho-de-rã.

Usos Terapêuticos

Baço, doenças do 151
Cistites 167
Depurativos 179
Diuréticos 191
Dor de ouvido 195
Fígado 211
Laxantes 234
Pele 253
Reumatismo. Artritismo 265

— 44 —

CAMBARÁ

Sinonímia: camará; cambará-verdadeiro; cambará-de-chumbo; cambará-de-folha-grande

Lantana camara, família das verbenáceas.

Arbusto originário da América tropical, que medra abundantemente por todo o Brasil, sobretudo em pastagens, capoeiras, beiras de estradas e terrenos baldios. Seus frutos, comestíveis, têm aspecto de grão de chumbo.

Usos Terapêuticos

Bronquite 154
Coqueluche 174
Expectorantes 205
Febre 207
Gripe. Resfriado 222
Reumatismo. Artritismo 265
Rouquidão 268
Sarna 271
Sudoríferos 272
Tônicos 274
Tosse 278

CAMBUCÁ

Designação comum aos frutos produzidos por duas árvores da família das mirtáceas: *Eugenia edulis* (ou *Marlierea edulis*), que produz o "cambucá-verdadeiro", e a *Myrciaria plicatocostata*.

Usos Terapêuticos

Diarréia 184
Diuréticos 191

CAMBUCI

Paivaea langsdorfii, família das mirtáceas.

Fruto com aspecto de um disco-voador. Muito aromático e de sabor adstringente, pode ser ingerido ao natural, sob a forma de refresco, ou curtido em pinga, à qual confere paladar muito apreciado.

Usos Terapêuticos

Cicatrizantes 166
Diarréia 184
Diuréticos 191

CAMBUÍ

Designação comum a várias árvores da família das mirtáceas, entre as quais as mais conhecidas são: *Myrtus rubra* (cambuí-verdadeiro ou cambuí-roxo), *Myrtus alba* (cambuí-amarelo), *Myrtus silvestris* e *Myrcia alloiota* (cambuí-de-cachorro) e *Myrciaria tenella* (cambuí-preto).

Usos Terapêuticos

Boca, doenças da 151
Diarréia (cambuí preto e
  cambuí-verdadeiro) 184
Hemorragia (cambuí-
  verdadeiro) 226

CANA-DE-AÇÚCAR

Saccharum officinarum, família das gramíneas

Planta originária da Ásia e introduzida na Europa pelos árabes. No Brasil as primeiras mudas chegaram em 1502, vindas da ilha da Madeira.

Usos Terapêuticos

Anemias 140
Coluna vertebral 173
Diuréticos 191
Energéticos 198
Pressão arterial 255
Reumatismo. Artritismo 265

CANA-DE-MACACO
Sinonímia: canela-de-ema

Costus speciosus, família das zingiberáceas

Erva ornamental originária da Ásia e cujos rizomas, comestíveis, fornecem fécula muito semelhante à da araruta.

Usos Terapêuticos

Diuréticos 191
Tônicos 274

CANA-DO-BREJO
Sinonímia: jacuacanga; cana-do-mato; cana-roxa

Costus spicatus, família das zingiberáceas

Planta ornamental cujo suco, misturado com água e açúcar ou mel, produz bebida refrigerante de paladar muito apreciado.

Usos Terapêuticos

Anemias 140
Aparelho urinário 144
Tônicos 274

CANELA

Cinnamonum zeylanicum ou *Laurus cinnamonum*, família das lauráceas.

Árvore originária do Ceilão cuja casca, de aroma peculiar e muito apreciada, é bastante utilizada em culinária (*in natura* ou reduzida a pó).

Usos Terapêuticos

Anemias 140
Diabetes 183
Digestivos 188
Estomacais 202
Febre 207
Gripe. Resfriado 222
Hemorragia 226
Menstruação 239
Tônicos 274
Tosse 278

CANJICA
V. Milho

CANOLA

Planta da família das crucíferas, selecionada por cientistas canadenses a partir da colza. No Canadá, o maior produtor mundial, são colhidas cerca de 3 milhões de toneladas por ano. Seu óleo começou recentemente a ser utilizado entre nós.

Usos Terapêuticos

Arterioesclerose. Ateroesclerose 148
Câncer (vegetais crucíferos) 163
Coração. Aparelho circulatório 175

CAPUCHINHA
Sinonímia: chagas

Tropaeolum majus, família das tropeoláceas.

Planta ornamental originária do Peru e cujas flores, vermelhas ou amarelas, são muito utilizadas em culinária como enfeite ou condimento (graças ao sabor picante).
Os frutos verdes e os botões, em vinagre, são usados como sucedâneos da alcaparra. As folhas, consumidas em saladas ou em ensopados, têm sabor semelhante ao do agrião.

Usos Terapêuticos

Eczema 196
Pele 253
Psoríase 261
Purgantes 261

CAQUI

Fruto do caquizeiro (*Diospyros kaki*, família das ebanáceas), árvore originária do Japão. Existem vários tipos de caqui: coração-de-boi, ramaforte, taubaté, chocolate, estrela etc.

Usos Terapêuticos

Anemias 140
Diarréia 184
Estomacais 202
Fígado 211
Laxantes 234
Tosse 278

CARÁ

Designação comum a centenas de espécies da família das dioscoreáceas, todas com tubérculos de tamanho e forma extremamente variáveis, geralmente subterrâneos.

Usos Terapêuticos

Energéticos 198

CARAGUATÁ
Sinonímia: caraguá

Designação comum a dezenas de espécies da família das bromeliáceas, entre as quais a mais popular é a *Ananas muricata*, cujos frutos amarelos, do tamanho aproximado de um ovo, crescem em cachos.
Embora comestíveis, esses frutos são consumidos principalmente sob a forma de suco.

Usos Terapêuticos

Bronquite 154
Coqueluche 174
Diuréticos 191
Expectorantes 205

CARAMBOLA

Fruto da caramboleira (*Averrhoa carambola,* família das oxalidáceas), pequena árvore originária da Índia e aclimatada no Brasil, onde foi introduzida em 1817 pelo agrônomo Paul Germain.

Da caramboleira utilizam-se, para comer, não apenas as frutas, mas também as flores, empregadas culinariamente em saladas.

Usos Terapêuticos

Diarréia 184
Diuréticos 191
Eczema 196
Febre 207

CARDO-SANTO
Sinonímia: cardo-bento
(V. também serralha)

Carbenia benedicta, família das compostas.

Erva com cerca de 50 cm de altura, que entra na composição do famoso licor dos beneditinos.

Usos Terapêuticos

Apetite, estimulantes do 146
Cálculos (pedras) 159

Depurativos 179
Diuréticos 191
Enxaqueca 199
Estomacais 202
Febre 207
Fígado 211
Gripe. Resfriado 222
Icterícia 230
Pleuris 255
Tônicos 274

CARDO-SELVAGEM

Onopordon acanthium, família das compostas.

Planta ereta de até 2 m de altura e cujos receptáculos são comestíveis à maneira de alcachofra.

Usos Terapêuticos

Diuréticos 191

CARURU

Designação comum a várias plantas da família das amarantáceas, herbáceas em sua maioria, cujas folhas são comidas cruas ou ensopadas, bem como os talos.

A mais cultivada entre nós é o *Amaranthus,* encontrado em todo o território nacional.

Usos Terapêuticos

Cistites (caruru-verde) 167
Fígado 211

— 48 —

CARURU-AMARELO

Amaranthus flavus, família das amarantáceas.

Planta de caule sulcado e estriado, com até 1 m de altura, flores amarelas ou esverdeadas e folhas tenras, comestíveis.

Usos Terapêuticos

Diuréticos 191

CARURU-AZEDO
Sinonímia:
rosela; vinagreira

Hibiscus sabdariffa, família das malváceas.

Arbusto anual, medindo geralmente 1,5 m de altura (podendo entretanto atingir o dobro), que produz flores róseas ou púrpuras e pedúnculos e frutos vermelhos (ou brancos na variedade "alba").

Os frutos são utilizados na confecção de doces, geléias, pastas, xaropes e vinhos fracos.

A geléia lembra a de groselha e constitui produto de exportação do Havaí e da Queenslândia.

Usos Terapêuticos

Febre 207

CARURU-DE-SAPO

Designação comum a duas espécies de plantas da família das oxalidáceas, uma das quais, a *Oxalis martiana*, fornece bolbilhos comestíveis, de sabor agridoce.

Usos Terapêuticos

Febre 207

CARURU-VERDADEIRO

Amaranthus blitum, família das amarantáceas.

Planta originária da Ásia e bastante disseminada em todo o mundo, sendo muito comum no Brasil. Muito apreciada em culinária, geralmente é utilizada à guisa de espinafre.

Usos Terapêuticos

Leite (aumentar a produção de) 234

CARURU-VERDE

Amaranthus viridis, família das amarantáceas.

Planta cujas folhas são usadas como legumes em muitos países.

Usos Terapêuticos

Diuréticos 191
Emolientes 197

— 49 —

CASTANHA
Sinonímia: castanha-de-natal; castanha-portuguesa

Fruto do castanheiro (*Castanea sativa* ou *Castanea vesca*, família das fagáceas), árvore que cresce em locais montanhosos e frios. A castanha pode ser comida crua, cozida ou assada, bem como sob a forma de purês ou doces.

Usos Terapêuticos

Bronquite 154
Diarréia 184
Gota 220
Leite (aumentar a produção de) 234
Tosse 278

CASTANHA-DO-MARANHÃO
Sinonímia: castanha-da-guiana; carolina; mamorana

Fruto do castanheiro-do-maranhão (*Pachira aquatica*, família das bombacáceas), árvore frondosa, de ramos radiados e numerosos, encontrada na região amazônica, onde vegeta em solos úmidos.

A castanha-do-maranhão é uma cápsula ovóide ou alongada, de cor ferruginosa, medindo quase 40 cm de comprimento. Contém várias sementes, ricas em amido e fosfato, que costumam ser consumidas cruas ou assadas. Quando torradas, produzem beberagem que substitui o café ou o cacau.

Usos Terapêuticos

Laxantes 234

CASTANHA-DO-PARÁ

Por tal nome é conhecida a semente do fruto da castanheira-do-pará (*Bertholletia excelsa*, família das lecitidáceas), árvore frondosa, de aspecto majestoso, que ocorre em toda a Amazônia (em matas de terra firme), no Maranhão e no Mato Grosso, sendo conhecida nesses lugares pelos nomes de tocari, juviá ou tururi.

Os frutos, chamados ouriços, chegam a pesar dois quilos e medem de 10 a 15 cm de diâmetro. Quando maduros caem da árvore com grande estrondo e, abertos a golpes de facão ou machadinha, deles são retiradas as sementes: as castanhas-do-pará.

Usos Terapêuticos

Câncer 163
Depressão 179
Leite (aumentar a produção de) 234
Mau-humor 237
Tônicos 274
Tônicos cerebrais 277

CEBOLA

Allium cepa, família das liliáceas.

Vegetal originário da Pérsia e cujas virtudes são conhecidas e utilizadas há milênios, sendo até hoje sobejamente empregada quer em culinária, quer em terapêutica.

Usos Terapêuticos

Afrodisíacos 138
Anemias 140
Anti-sépticos 143
Aparelho urinário 144
Arterioesclerose.
Ateroesclerose 148
Asma 148
Cabelos, queda dos 158
Calmantes 161
Calos 163
Câncer 163
Ciática 166
Colesterol 169
Coração. Aparelho circulatório 175
Depurativos 179
Diabetes 183
Diuréticos 191
Estomacais 202
Fígado 211
Frieiras 215
Garganta 216
Gripe. Resfriado 222
Hemorragia 226
Hemorróidas 227
Insônia 232
Laxantes 234
Obesidade 244
Ossos 248
Panarício 250
Parasitas intestinais 251
Picadas de insetos 254
Próstata 260
Rachaduras, fissuras 264
Reumatismo. Artritismo 265
Tireóide 274
Tosse 278

Trombose 282
Uremia 285

CEBOLINHA
Sinonímia: cebolinha-verde; cebola-de-cheiro

Allium fistulosum, família das liliáceas.

Vegetal introduzido no Brasil pelos portugueses e do qual são utilizados, em culinária, os bulbos e as folhas verdes, crus ou refogados.

Usos Terapêuticos

Apetite, estimulantes do 146

CENOURA

Daucus carota, família das umbelíferas

Planta cosmopolita, originária da Europa, hoje muito cultivada no Brasil e da qual existem inúmeras variedades.

Usos Terapêuticos

Afonia 138
Afrodisíacos 138
Anemias 140
Aparelho urinário 144
Asma 149

Bronquite 154
Bronzeadores 157
Cabelos, queda dos 158
Cálculos (pedras) 159
Câncer 163
Cicatrizantes 166
Colesterol 169
Cólicas 171
Coração. Aparelho circulatório 175
Dentes 178
Diarréia 184
Feridas, úlceras, ferimentos 209
Fígado 211
Gota 220
Gravidez 221
Leite (aumentar a produção de) 234
Menstruação 239
Olhos 246
Ossos 248
Parasitas intestinais 251
Pele 253
Queimaduras 262
Reumatismo. Artritismo 265
Rouquidão 265
Tônicos 274
Tônicos cerebrais 277
Tosse 278
Trombose 282
Úlceras gástricas e duodenais ... 284
Varizes 287

macios, encontrados no mercado, são misturados com trigo).

Usos Terapêuticos

Arterioesclerose. Ateroesclerose 148
Coração. Aparelho circulatório 175
Enurese 198
Fígado 211
Laxantes 234
Prisão de ventre 256

CERCEFI
Sinonímia:
salsifi; barba-de-bode

Tragoponon porrifolius, família das compostas.

Planta hortense cujas raízes (carnudas e levemente açucaradas) e folhas são utilizadas em culinária: cruas (em saladas) ou cozidas.

Usos Terapêuticos

Apetite, estimulantes do 146
Diuréticos 191
Tosse 278

CENTEIO

Secale cereale, família das gramíneas.

Cereal que se adapta bem a solos arenosos e ácidos e cujos maiores produtores mundiais são Rússia, Polônia e Alemanha. Por conter pouco glúten, a farinha de centeio produz um pão bem mais duro que o de trigo, embora mais facilmente digerível que este (os pães de centeio

CEREFÓLIO

Anthriscus cerefolium, família das umbelíferas.

Planta cujas folhas costumam ser consumidas cruas, em saladas, constituindo também base de muitos pratos e molhos. Suas raízes, quando cruas, podem conter princípios tóxicos; se forem consumidas devem ser fervidas antes.

USOS TERAPÊUTICOS

Apetite, estimulantes do 146
Diuréticos 191
Hemorróidas 227
Menstruação 239
Olhos 246
Pele 253

CEREJA

Fruto da cerejeira, designação genérica de várias árvores e arbustos da família das rosáceas, entre as quais podemos citar *Prunus avium*, *Prunus cerasus* etc. As várias espécies de cerejeiras produzem frutas róseas, vermelhas, roxas ou pretas.

USOS TERAPÊUTICOS

Ácido úrico 137
Cálculos (pedras) 159
Digestivos 188
Diuréticos 191
Escarlatina 200
Gota 220
Laxantes 234
Obesidade 244
Reumatismo. Artritismo 265

CEVADA

Hordeum vulgaris, família das gramíneas.

Este cereal, utilizado principalmente na fabricação de cerveja, pode ser consumido à guisa de arroz (cozido), germinado (cru) ou utilizado no preparo de mingaus e mamadeiras (farinha de cevada). O grão sem a casca é conhecido no comércio como cevadinha. Ao produto obtido da cevada germinada e torrada dá-se o nome de *malte*.

USOS TERAPÊUTICOS

Aparelho urinário 144
Bronquite 154
Cistites 167
Depressão 179
Diuréticos 191
Estomacais 202
Expectorantes 205
Fígado 211
Leite (aumentar a produção de) 234
Tônicos 274
Tônicos cerebrais 277

CHÁ-PRETO e
CHÁ-VERDE
Sinonímia: chá; chá-da-índia; chá-ribeira

Thea chinensis ou *sinensis*, família das teáceas.

No Brasil, as primeiras sementes de chá foram trazidas em 1812 pelo português Luiz de Abreu. Hoje em dia é cultivado em larga escala, principalmente no vale do Ribeira, em São Paulo.

Se o chá for colhido e preparado no mesmo dia é verde; se for preparado a partir do dia seguinte sofre fermentação e adquire cor escura,

— 53 —

quase preta. O chá verde é considerado de melhor qualidade e mais saboroso que o preto.

Usos Terapêuticos

Cálculos (pedras)	159
Câncer	163
Diarréia	184
Digestivos	188
Estimulantes gerais	201
Febre	207
Olhos	246
Tônicos	274

CHICÓRIA
Sinonímia:
endívia; catalônia

Planta da família das chicoráceas, que apresenta várias espécies. Entre as mais comuns podemos citar a *Chicorium endivia* e a *Chicorium intybus*.

A primeira delas compreende a chicória-crespa e a escarola (conhecida também como endívia, em alguns lugares).

A segunda apresenta duas variedades: o almeirão e a catalônia, sendo esta a mais amarga de todas.

Usos Terapêuticos

Apetite, estimulantes do	146
Cálculos (pedras)	159
Cólicas	171
Depurativos	179
Digestivos (endívia)	188
Diuréticos (endívia)	191
Emolientes (endívia)	197
Estomacais	202

Fígado	211
Icterícia	230
Laxantes	234
Obesidade	244
Orquite	248
Tônicos	274
Vesícula biliar	288

CHUCHU
Sinonímia: machucho

É o fruto de uma trepadeira da família das cucurbitáceas (*Sechium edule*), originária provavelmente do México e da América Central.

Além do fruto, o chuchu, as raízes da planta (que às vezes chegam a pesar mais de 5 quilos), também são comestíveis: cozidas, fritas ou reduzidas a fécula para preparação de doces.

Usos Terapêuticos

Diuréticos	191
Pressão arterial	255

CHUCRUTE

É o produto obtido pela fermentação lática de várias espécies de repolhos. Os fermentos láticos, produzidos por bactérias que se encontram nas folhas do vegetal, devem atuar durante algumas semanas, até que a concentração do ácido lático atinja 1,5%.

Usos Terapêuticos

Fígado	211

CIDRA

Fruto da cidreira (*Citrus medica*, família das rutáceas), de suco (pouco abundante) com sabor amargo e ácido. É utilizada no preparo de doces e compotas.

Usos Terapêuticos

Aparelho urinário	144
Apetite, estimulantes do	146
Calmantes	161
Digestivos	188
Estomacais	202
Histeria	229
Vômitos	289

COCA

Erythroxylum coca, família das eritroxiláceas.

Arbusto frondoso, com caule de cerca de 3 m de altura e 10 cm de diâmetro, cujas folhas contêm vários alcalóides, principalmente a cocaína, encontrada também na casca do vegetal.
    A coca é empregada na fabricação de bebidas, em particular de refrigerantes gasosos.

Usos Terapêuticos

Estimulantes gerais	201
Tônicos cerebrais	277

COCO-DA-BAÍA

Fruto do coqueiro-da-baía (*Cocus nucifera*, família das palmáceas), introduzido no Brasil pelos portugueses em 1553, na Bahia.

Usos Terapêuticos

Desidratação	182
Diarréia	184
Magreza	236
Parasitas intestinais	251
Tosse	278

COENTRO

Coriandrum sativum, família das umbelíferas.

Deste vegetal, cujo caule atinge até 60 cm de altura, utilizam-se em culinária as folhas frescas, os frutos secos e, principalmente, as sementes aromáticas (em sopas, peixes e molhos).

Usos Terapêuticos

Apetite, estimulantes do	146
Diarréia	184
Digestivos	188
Flatulência	214
Hemorragia	226
Sudoríferos	272

COGUMELO

Além dos *champignons*, fina iguaria muito apreciada pelos *gourmets*, existem inúmeras outras variedades de cogumelos, de importância alimentar, industrial e farmacêutica.

No Brasil os cogumelos são colhidos verdes, lavados e clarificados com substâncias tóxicas que, além de prejudicar à saúde, diminuem seu sabor. Preferir sempre aqueles maduros, não lavados e não branquinhos, isto é, não submetidos a tratamentos químicos. Evitar também, sempre, o produto em conserva, o qual leva bissulfito de sódio, substância cancerígena.

Usos Terapêuticos

AIDS 139
Arterioesclerose. Ateroesclerose 148
Câncer 163
Colesterol 169
Diabetes 183
Fígado 211
Gripe. Resfriado 222
Hemorragia 226
Imunidade 231
Laxantes 234
Obesidade 244
Pressão arterial 255
Tosse 278

COLA

Cola acuminata ou *Sterculia acuminata*, família das esterculiáceas.

Árvore bastante copada, com folhas pontiagudas medindo de 17 a 20 cm de comprimento. É empregada na fabricação de várias bebidas, em particular refrigerantes gasosos.

Usos Terapêuticos

Estimulantes gerais 201

COMINHO

Cuminum cyminum, família das umbelíferas.

Planta cujas sementes, aromáticas e oleaginosas, são amplamente utilizadas como condimento em bolos, queijos, pães, linguiças e na fabricação da bebida Kummel. Entram também na composição do famoso tempero *curry*.

Usos Terapêuticos

Aparelho urinário 144
Apetite, estimulantes do 146
Emenagogos 197
Estomacais 202
Flatulência 214

CONFREI
Sinonímia: consólida; consolda

Symphytum officinale, família das borragináceas.

Erva originária da Rússia, utilizada como planta forrageira na Ásia há muitos séculos, o confrei culinariamente pode ser empregado cozido ou cru, em saladas. Esta planta possui alcalóides: a alantoína (*glioxil-diuréida*) e o sinfito-cinoglossina, aos quais têm sido atribuídos propriedades cancerígenas. Tais alcalóides, porém, parecem ser encontrados apenas no caule e nas folhas do vegetal, inexistindo nas raízes e nos rizomas.

Usos Terapêuticos

Alergia	140
Antiácidos	142
Apetite, estimulantes do	146
Asma	149
Cicatrizantes	166
Colite	172
Diarréia	184
Diuréticos	191
Estomacais	202
Expectorantes	205
Ginecológicos, problemas	219
Laxantes	234
Mamas	237
Ossos	248
Queimaduras	262
Sinovite	271
Sudoríferos	272
Tônicos	274
Úlceras gástricas e duodenais	284

COUVE

Brassica oleracea, família das crucíferas.

Hortaliça de origem provavelmente européia, muito bem aclimatada no Brasil e da qual muitos tipos são conhecidos e utilizados em culinária.

Usos Terapêuticos

Anemias	140
Asma	149
Bócio (papo)	154
Bronquite	154
Cabelos, queda dos	158
Cálculos (pedras)	159
Câncer (vegetais crucíferos)	163
Caspa; seborréia, crosta láctea	165
Cólicas	171
Coração. Aparelho circulatório	175
Descalcificação. Raquitismo	181
Erisipela	200
Feridas, úlceras, ferimentos	209
Garganta	216
Gota	220
Laxantes	234
Nervos (tônico dos)	242
Olhos (vista)	246
Ossos	248
Parasitas intestinais	251
Reumatismo. Artritismo	265
Rouquidão	268
Tumores	283
Úlceras gástricas e duodenais	284

COUVE-DE-BRUXELAS

Brassica oleracea, var. *gemmifera*, família das crucíferas.

Planta com caule de até 1 m de altura

e cujas folhas pequenas, sobrepostas umas às outras, formam no conjunto pequenos repolhos laterais fechados. Entre nós a couve-de-bruxelas não é muito conhecida. Em alguns países, como por exemplo na França, é considerada iguaria finíssima, sendo consumida em grande quantidade.

Usos Terapêuticos

Câncer (vegetais crucíferos) 163

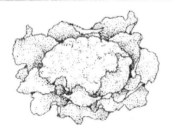

COUVE-FLOR

Brassica oleracea var. *Botrytis cauliflora*, família das crucíferas.

Esta variedade de couve se desdobra em numerosas subvariedades (imperial, holanda, primus, paris, bola-de-neve etc.) e sua cultura vem sendo praticada pelo menos desde o século XII.

Usos Terapêuticos

Antiácidos 142
Calmantes 161
Câncer (vegetais crucíferos) 163
Estomacais 202
Laxantes 234

CRAVO-DA-ÍNDIA

Syzgium, família das mirtáceas.

O cravo-da-índia, ou simplesmente cravo, é especiaria conhecida desde 600 a.C. na Índia, China e Egito. Foi introduzido na Europa no século XVI, tornando-se muito apreciado nesse continente.

Os botões florais dessa planta são colhidos ainda verdes para a produção do produto muito utilizado em doces, chás e no preparo do quentão.

Usos Terapêuticos

Dor de dente 195
Gravidez 221

CRUÁ
Sinonímia: curuá; melão-de-caboclo

Sicana odorifera ou *Cucurbita odorata*, família das cucurbitáceas.

Trepadeira ornamental que fornece frutos cilíndricos e perfumados, medindo cerca de 50 cm de comprimento por 8 cm de largura. A casca, dura e resistente, pode ser amarela, vermelha, alaranjada ou, às vezes, negra. A polpa, comestível cozida ou sob a forma de doces, é avermelhada como a da abóbora e muito rica em vitamina A.

Do fruto exala aroma muito intenso e agradável, sendo usado para perfumar roupas, casas e até altares de igrejas.

Usos Terapêuticos

Emenagogos 197
Febre 207
Tônicos 274

CUITÉ (CUIA)
Sinonímia: árvore-de-cuia

Crescentia cujete, família das bignoniáceas.

Árvore baixa e frondosa, de caule tortuoso, que ocorre da Amazônia até o Rio de Janeiro e Goiás.
Quando frutifica adquire aspecto extremamente interessante e bonito, vergando-se ao peso dos frutos grandes e abundantes, chamados cuias; as sementes desses frutos podem ser comidas cozidas ou assadas.

Usos Terapêuticos

Emolientes 197
Expectorantes 205
Febre 207
Purgantes 261

CUTITIRIBÁ

Lucuma rivicoa, família das sapotáceas.

Árvore grande, de até 30 m de altura. Seus frutos, comestíveis, contêm polpa amarela, doce e saborosa.

Usos Terapêuticos

Diarréia 184
Expectorantes 205

DAMASCO
Sinonímia: abricó

Fruto do damasqueiro (*Prunus armeniaca*, família das rosáceas), árvore originária da Ásia e aclimatada no Brasil.

Usos Terapêuticos

Anemias	140
Dentes	178
Fígado	211
Garganta	216
Unhas	285

DENDÊ

Fruto do dendezeiro (*Elaeis guineensis* ou *Palma spinosa*, família das palmáceas), palmeira de origem africana, medindo até 15 m de altura.

Da polpa e da amêndoa do dendê extrai-se o famoso óleo (azeite de dendê) que entra na composição de grande variedade de pratos da cozinha baiana. Do resíduo da extração faz-se o catetê e a farofa de bambá, pratos muito apreciados pelos baianos.

O azeite de dendê, além de muito nutritivo, tem a grande vantagem de ser obtido por pressão a frio.

Usos Terapêuticos

Câncer	163
Olhos (vista)	246

DENTE-DE-LEÃO
Sinonímia:
taráxaco; amor-dos-homens

Taraxacum officinale, família das compostas.

Esta planta, utilizada em saladas, é muito resistente, floresce o ano inteiro e cresce em qualquer terreno, inclusive frestas e pedras.

Usos Terapêuticos

Anemias 140
Apetite, estimulantes do 146
Cálculos (pedras) 159
Cólicas 171
Depurativos 179
Diuréticos 191
Fígado 211
Ginecológicos, problemas 219
Hemorróidas 227
Laxantes 234
Olhos 246
Tônicos 274
Varizes 287
Vesícula biliar 288

ENDRO
Sinonímia: endrão; aneto

Anethum graveolens, família das umbelíferas.

É uma planta semelhante ao funcho: as pequenas folhas parecem peninhas e as flores, grandes, têm cor amarela.

As folhinhas, de sabor suavemente picante, são usadas (bem como as sementes) em molhos, saladas e também misturadas com ricota para passar no pão.

Usos Terapêuticos

Abscessos. Furúnculos 135
Boca, doenças da 151
Cólicas 171
Digestivos 188
Enxaqueca 199
Flatulência 214
Vômitos 289

ERUCA

Eruca sativa, família das crucíferas.

Erva perene que vegeta em terrenos rochosos.

Suas folhas, de sabor amargo, são utilizadas em saladas.

Usos Terapêuticos

Impotência sexual 230

ERVA-ARMOLES
Sinonímia: armole; armolão

Atriplex hortensis, família das quenopodiáceas.

Planta originária da Ásia, com duas variedades cultivadas nas hortas: uma de cor verde esmaecida e outra vermelha (a qual é também cultivada em jardins, como ornamento).

Suas folhas, preparadas à maneira do espinafre, têm sabor suave e adocicado.

Usos Terapêuticos

Purgantes 261
Vômitos 289

ERVA-CIDREIRA
Sinonímia: melissa

Melissa officinalis, família das labiadas.

Esta planta é cultivada principalmente para a preparação de licores, remédios e chás. Em culinária é usada em saladas.

Usos Terapêuticos

Cólicas 171
Digestivos 188

ERVA-DE-SANTO-ANTONIO

Epilobium angustifolium, família das enoteráceas.

Planta vistosa, de folhas estreitas e lanceoladas e flores de cor rosa ou púrpura.

Os brotos novos, cortados, são comidos da mesma maneira que os aspargos. Em alguns países as folhas secas são usadas no preparo de chás.

Usos Terapêuticos

Diarréia 184
Tônicos 274

ERVA-DE-SÃO-PEDRO

Crysanthemum balsamita, família das compostas.

Erva originária do Oriente, de sabor amargo mas muito aromático (semelhante ao da hortelã), empregada como condimento em saladas.

Usos Terapêuticos

Digestivos 188
Diuréticos 191
Fígado 211

ERVILHA

Pisum sativum, família das leguminosas.

Podemos dividir esta leguminosa em dois tipos principais: a "ervilha de descascar" (da qual são aproveitadas apenas as sementes) e a "ervilha come-se tudo" (cujas vagens são comestíveis, além das sementes). Em ambos encontram-se centenas de variedades hortícolas (a ervilha-torta é uma variedade do segundo tipo).

Usos Terapêuticos

Digestivos 188

ESCORCIONEIRA
Sinonímia: escorzoneira

Scorzonera hispanica, família das compostas.

Hortaliça originária da Espanha e cujas raízes brancas e carnosas, de sabor amargo mas agradável, são usadas (bem como as folhas) em saladas.
A escorcioneira é também excelente planta forrageira.

Usos Terapêuticos

Depurativos 179
Diuréticos 191
Laxantes 234

ESPINAFRE

Spinacia oleracea, família das quenopodiáceas.

A verdura do marinheiro Popeye, da qual existem numerosas variedades, é originária do Oriente, provavelmente da Pérsia.

Usos Terapêuticos

Anemias 140
Calmantes 161
Câncer 163
Catarata 166
Depressão 179
Digestivos 188
Diuréticos 191
Laxantes 234
Obesidade 244

ESPINAFRE-DA-GUIANA

Phytolacca icosandra, família das fitoláceas.

Arbusto de até 3 m de altura encontrado na Amazônia e nas Guianas. Suas folhas e brotos são utilizados na alimentação humana, à guisa de espinafre.

Usos Terapêuticos

Purgantes 261

ESPINAFRE-DA-NOVA-ZELÂNDIA
Sinonímia:
beldroega-de-folha grande;
beldroega-do-sul

Tetragonia expansa, família das aizoáceas.

Vegetal originário da Austrália e da Nova Zelândia, com as mesmas qualidades do espinafre comum e com a vantagem de não conter ácido oxálico.

Usos Terapêuticos

Calmantes 161
Laxativos 234

ESTRAGÃO

Artemisia dacunulus, família das compostas.

Erva originária da Sibéria, de gosto forte e pronunciado, usada em saladas e molhos, bem como em tempero para carnes, peixes e frangos.

Usos Terapêuticos

Digestivos 188
Estomacais 202
Nevralgia 242

FAIA

Fagus sylvatica, família das fagáceas.

Árvore florestal encontrada em todas as regiões temperadas ao norte do Equador. Seus frutos são muito apreciados como alimento.

Usos Terapêuticos

Apetite, estimulantes do 146
Colesterol 169

FAVA

Vicia faba, família das leguminosas.

Planta originária da região do Cáspio e do norte da África. Sua introdução na Europa é antiquíssima, pré-histórica mesmo. Os navegantes europeus trouxeram-na para a América, onde foram desenvolvidas diversas variedades.

Usos Terapêuticos

Lumbago 235
Mamas 237

FEIJÃO

Phaseolus vulgaris, família das leguminosas.

Herbácea anual muito conhecida e largamente utilizada entre nós, constituindo mesmo a base da alimentação do brasileiro. Pode ser consumida verde (vagem) ou seca (o feijão propriamente dito).

Alguns atribuem sua origem à Índia, enquanto outros afirmam ser originário da América, provavelmente do Brasil ou do Paraguai.

Existem mais de mil variedades e subvariedades de feijão, cuja cor varia do branco até o negro.

Usos Terapêuticos

Erisipela 200

FEIJÃO-AZUKI

Phaseolus angularis, família das leguminosas.

Este feijão, de grãos pequenos e do qual existem numerosas variedades, é originário da Ásia, onde é empregado principalmente na confecção de doces.

Usos Terapêuticos

Ácido úrico 137
Aparelho urinário 144
Calmantes 161
Depurativos 179
Diuréticos 191

FENO-GREGO
Sinonímia: alforba

Trigonella foenum-grecum, da família das leguminosas.

Planta originária da Ásia e aclimatada no Brasil, onde é usada principalmente como forragem. Em vários locais suas sementes são amplamente empregadas na alimentação humana, sobretudo na forma de farinha, que é misturada ao trigo na panificação ou no preparo de pastas alimentares (a *psisa* dos árabes).

Usos Terapêuticos

Abscessos. Furúnculos 135
Anemias 140
Diabetes 183
Diarréia 184
Estimulantes gerais 201
Garganta 216
Gravidez 221
Impotência sexual 230
Magreza 236
Stress 272
Suor 273
Tônicos 274
Unhas 285

FIGO

Fruto da figueira (*Ficus carica*, família das moráceas), arbusto ou pequena árvore originária da Ásia Menor e dos países mediterrâneos, conhecida desde os primórdios da humanidade.

Usos Terapêuticos

Boca, doenças da 151
Bronquite 154
Cálculos (pedras) 159
Calos 163
Diarréia 184
Diuréticos 191
Expectorantes 205

Garganta	216
Gripe. Resfriado	222
Hemorróidas	227
Laxantes	234
Magreza	236
Parasitas intestinais	251
Tosse	278
Úlceras gástricas e duodenais	284
Verrugas	287

FIGO-DA-ÍNDIA
Sinonímia: figo-da-bavária; figo-da-palma

Fruto da figueira-da-índia (*Opuntia ficus indica*, família das cactáceas), o figo-da-índia tem casca recoberta de espinhos. A polpa amarelo-avermelhada é doce e contém numerosas sementes, também comestíveis.

Usos Terapêuticos

Aparelho urinário	144
Cistites	167
Coqueluche	174
Diarréia	184
Diuréticos	191
Expectorantes	205
Tosse	278

FORMIGA

Existem mais de 7.000 espécies de formigas, pertencentes a vários gêneros: *Atta, Formica, Acromyrmex* etc.

Esses insetos são usados na China como alimento, constituindo parte essencial da alimentação de alguns grupos étnicos.

No Brasil também são utilizados alguns tipos de formigas na alimentação, como por exemplo a içá (que é a tanajura-fêmea).

Usos Terapêuticos

Fígado	211
Impotência sexual	230
Infertilidade	232
Olhos	246
Reumatismo. Artritismo	265

FRAMBOESA

Fruto da framboeseira (*Rubus idaeus*, família das rosáceas), arbusto espinhoso medindo de 30 cm a 2 m de altura, conhecido e utilizado pelo homem desde épocas remotíssimas.

Usos Terapêuticos

Boca, doenças da	151
Cólicas	171
Corrimentos vaginais	176
Diarréia	184
Diuréticos	191
Feridas, úlceras, ferimentos	209
Fígado	211

Garganta 216
Laxantes 234
Náuseas 241
Olhos 246
Vesícula biliar 288

Usos Terapêuticos

Calmantes 161
Diuréticos 191

FRUTA-DE-BURRO
Sinonímia: pimenta-de-bugre; pimenta-do-sertão; pimenta-de-macaco

Xylopia xylopiodes, família das anonáceas.

Árvore grande cujos frutos, antes de completar a maturação, têm sabor acre, picante e aromático, sendo utilizados como substitutos da pimenta-do-reino.

Usos Terapêuticos

Digestivos 188
Estomacais 202
Febre 207
Parasitas intestinais 251

FRUTA-DE-LOBO

Solanum lycocarpum, família das solanáceas.

Planta encontrada principalmente em São Paulo, Minas Gerais e Rio de Janeiro. Seus frutos, de cor verde e do tamanho aproximado de uma maçã, são comestíveis ao natural ou utilizados no preparo de doce muito apreciado.

FRUTA-DO-CONDE
Sinonímia: ata; pinha

Fruto da pinheira (*Anona squamosa*, família das anonáceas), pequena árvore originária das Antilhas, a fruta-do-conde tem este nome por ter sido importada pelo conde D. Diogo Luís de Miranda, então governador da Bahia, em 1626. No Rio de Janeiro foi introduzida em 1811 por um agrônomo francês, funcionário da corte de D. João VI, que a trouxe de Caiena.

Usos Terapêuticos

Cicatrizantes 166
Diuréticos 191
Estomacais 202
Laxantes 234
Purgantes 261
Reumatismo. Artritismo 265

FRUTA-PÃO

Artocarpus incisa, família das moráceas.

Fruto de árvore originária das Molucas e introduzida no Brasil em 1801, a fruta-pão pode atingir até 2 quilos de peso e costuma ser consumida assada, com um pouco de sal, ou com mel ou melado.

USOS TERAPÊUTICOS

Abscessos. Furúnculos	135
Aparelho urinário	144
Dor de ouvido	195
Estomacais	202
Laxantes	234

FRUTAS EM GERAL

USOS TERAPÊUTICOS

Coração	175
Derrame cerebral	181
Pressão arterial	255

FRUTAS OLEAGINOSAS
(nozes, amêndoas, avelãs, castanhas-do-pará, pistaches, macadâmias)

USOS TERAPÊUTICOS

Colesterol	169
Coração	175

FRUTOS DO MAR

Consideram-se "frutos-do-mar" os crustáceos, moluscos e peixes.

Crustáceos – São animais geralmente aquáticos, quase todos marinhos, possuindo dois pares de antenas e carapaça quitinosa. Constituem vastíssima classe, com cerca de 300.000 espécies.

Entre os crustáceos comestíveis mais comuns podemos citar: camarão, lagosta, lagostim, pitu, caranguejo, siri.

Moluscos – Sob este nome compreendem-se animais invertebrados, de corpo mole, às vezes providos de concha dorsal.

Entre as aproximadamente 70.000 espécies de moluscos, encontram-se vegetarianas (que se alimentam de algas), carnívoras e onívoras.

Os moluscos comestíveis mais comuns são: ostras, amêijoas, lulas, polvos, caracóis, berbigões (vôngolis), mexilhões ou mariscos.

Peixes – V. verbete à parte.

USOS TERAPÊUTICOS

Crescimento, estimulantes do	177
Imunidade	231
Mau-humor	237

FUNCHO
Sinonímia: erva-doce

Foenicolum officinale, família das umbelíferas.

O funcho, assim como o anis, é conhecido também como erva-doce.

Suas sementes são amplamente empregadas em culinária no preparo de pães e doces, bem como na fabricação de determinadas bebidas alcoólicas (anisete, absinto etc.). A base comum das folhas do funcho é carnosa e pode ser usada na alimentação.

Usos Terapêuticos

Anemias 140
Apetite, estimulantes do 146
Caxumba 166
Cólicas 171
Estomacais 202
Flatulência 214
Impotência sexual 230
Leite (aumentar a produção de) 234
Mamas 237
Olhos 246
Soluço 271
Vômitos 289

GELÉIA REAL

Substância viscosa e amarela, produzida pelas abelhas operárias encarregadas de criar as larvas. Estas consomem a geléia real nos dois primeiros dias de seu desenvolvimento, passando, a partir do terceiro dia, a alimentar-se com água, mel e pólen.

As larvas "reais", por sua vez, continuam a alimentar-se unicamente de geléia real, que seguirá sendo o alimento exclusivo da abelha-rainha durante toda a sua vida.

Usos Terapêuticos

Envelhecimento precoce 198
Pele 253
Stress 272
Tônicos 274

GENCIANA

O gênero *Gentiana*, da família das gencianáceas, compreende cerca de 400 espécies nativas das regiões temperadas da Europa e da Ásia.

As raízes de algumas espécies, em particular da *Gentiana lutea*, quando secas são utilizadas na preparação de uma bebida tônica chamada amargo de genciana, ou *bitter* de genciana.

Tais raízes eram empregadas na produção de cerveja, anteriormente à era do lúpulo.

Usos Terapêuticos

Tônicos 274

GENGIBRE
Sinonímia: mangarataia

Zingiber officinalis, família das zingiberáceas.

Vegetal originário da Ásia e cujo rizoma (impropriamente considerado como raiz) pode ser comido puro (em pedacinhos misturados a verduras e legumes vários), em conservas ou utilizado no preparo de numerosos doces, bebidas e temperos (como o quentão, *ginger-ale, curry* etc.).

Usos Terapêuticos

Abscessos. Furúnculos 135
Acne (espinha) 138
Antiinflamatórios 143
Apetite, estimulantes do 146
Artrite 149
Bronquite 154
Cólicas 171
Digestivos 188
Enxaqueca 199
Estomacais 202
Feridas, úlceras, ferimentos 209
Flatulência 214
Gripe 222
Náuseas 241
Reumatismo. Artritismo 265
Tosse 278
Vômitos 289

GERGELIM
Sinonímia: sésamo

Sesamum orientale, família das pedaliáceas.

Arbusto com cerca de 1 metro de altura, originário provavelmente da África e conhecido desde a antiguidade remota. Foi trazido da África ao nosso país pelos portugueses.

Usos Terapêuticos

Anemias 140
Antiácidos 142
Cabelos, escurecer 159
Cabelo, queda dos 158
Catarata 166
Descalcificação. Raquitismo 181
Dor de ouvido 195
Laxantes 234
Olhos 246
Reumatismo. Artritismo 265
Tônicos 274

GILBARBEIRA

Ruscus aculeatus, família das liliáceas.

Arbusto de até 1 m de altura, originário da Europa, que produz fruto comestível, avermelhado e de forma esférica, com o tamanho de uma cereja.

Os ramos da gilbarbeira também são comestíveis e costumam ser utilizados em substituição ao aspargo.

Usos Terapêuticos

Apetite, estimulantes do 146
Diuréticos 191

GINJA-DA-JAMAICA

Fruto da ginjeira-da-jamaica (*Malpighia glabra*, família das malpighiáceas), arbusto ou árvore pequena, com no máximo 6 m de altura, muito ramosa e frondosa.

A ginja-da-jamaica, que pode ser comida crua ou em compota, é um fruto ovóide, vermelho, com 1 cm de diâmetro, contendo 3 sementes triangulares.

Usos Terapêuticos

Diarréia 184

GINSENG

Panax ginseng, família das araliáceas.

Arbusto baixo, originário do leste da Ásia e da América do Norte, cuja raiz, transformada em farinha, é utilizada no preparo de doces e iguarias.

Usos Terapêuticos

Câncer 163
Desintoxicantes 182
Envelhecimento precoce 198
Stress 272
Tônicos 274
Tônicos cerebrais 277

GIRASSOL

Helianthus annuus, família das compostas.

Planta medindo de 1 a 3 m de altura, originária do Peru e de outros países da América, levada à Europa pelos espanhóis e portugueses.

Suas sementes, utilizadas entre nós quase que apenas na alimentação de papagaios e outras aves domésticas, atualmente são comercializadas já descascadas e torradas, como o amendoim, e usadas como aperitivo. Moídas, fornecem farinha excelente para a alimentação infantil.

Usos Terapêuticos

Câimbras 159
Corrimentos vaginais 176
Desintoxicantes 182
Dor de cabeça 194
Enxaqueca 199
Estomacais 202
Feridas, úlceras, ferimentos 209
Pleuris 255
Tônicos 274

GOIABA

Fruto da goiabeira (*Psidium guajava*, família das mirtáceas), árvore de porte médio, com 3 a 6 m de altura, originária do Brasil, onde vegeta em quase todo o território nacional (*Koiab*, em tupi, significa "sementes aglomeradas").

Encontram-se habitualmente duas variedades de goiaba: a branca e a vermelha. Na Bahia, a goiaba é conhecida como araçá.

Usos Terapêuticos

Diarréia 184
Hemorragia 226
Tosse 278
Úlceras gástricas e duodenais ... 284

— 74 —

GOIABA-PRETA
Sinonímia: puruí.

Fruta produzida por árvore de porte médio (*Alibertia edulis*, família das rubiáceas), comum na Amazônia.

A goiaba-preta, fruta comestível e refrigerante, é utilizada no preparo de um xarope de uso freqüente na região amazônica.

Usos Terapêuticos

Estomacais 202

GRÃO-DE-BICO

Cicer arietinum, família das leguminosas.

Arbusto com 40 a 50 cm de altura, oriundo das costas do Mediterrâneo, o grão-de-bico já era cultivado na Grécia no século I de nossa era, ao tempo de Plínio e Dioscórides.

Usos Terapêuticos

Orquite 248
Parasitas intestinais 251

GRÃOS GERMINADOS
(v. também Trigo)

Ao que consta, os grãos germinados foram introduzidos na alimentação à época da construção da Grande Muralha da China, aproximadamente três séculos antes de Cristo. O imperador os recomendava como meio de conservar a saúde.

Posteriormente, vários outros povos passaram a utilizá-los como alimento e hoje em dia vários estudos científicos têm demonstrado seu extraordinário valor nutritivo. Quando em fase de germinação, os grãos apresentam mudanças que aumentam de forma notável seu valor nutritivo: tornam-se ricos em enzimas e proteínas e apresentam quantidade cinco vezes maior de vitaminas.

Usos Terapêuticos

Descalcificação. Raquitismo 181
Tônicos 274

GRAPEFRUIT
Sinonímia:
toranja; toronja; turíngia.

Fruto da *Citrus decumana*, família das rutáceas, a *grapefruit* tem polpa suculenta de sabor ácido e amargo, geralmente pouco apreciada entre nós. A casca costuma ser empregada na feitura de doces.

Usos Terapêuticos

Aparelho urinário 144
Apetite, estimulantes do 146
Estomacais 202
Rejeição (a transplantes) 264
Varizes 287

GRAVIOLA-DO-NORTE
Sinonímia:
araticum-de-comer;
araticum-do-grande;
jaca-de-pobre;
coração-de-rainha.

Fruto da *Anona muricata* (família das anonáceas), árvore de até 10 m de altura, encontrada principalmente na Amazônia, Venezuela, América Central e Antilhas.

A graviola-do-norte tem formato ovóide, pode atingir 30 cm de comprimento e até 3 quilos de peso. Tem casca verde-escura, escamosa e espinhenta. A polpa branca, suculenta, lactescente e muito aromática, é comida ao natural ou sob a forma de refresco ou sorvete.

Usos Terapêuticos

Cólicas 171
Diabetes 183
Diarréia 184
Diuréticos 191
Nevralgia 242
Reumatismo. Artritismo 265
Tosse 278

GROSELHA

Fruto de um arbusto da família das rosáceas, originário das regiões setentrionais da Europa e que apresenta duas variedades: *Rubus rubrum* (groselha-vermelha) e *Rubus nigrum* (groselha-preta).

Fruta de mesa, a groselha é também empregada em confeitaria e na indústria de bebidas licorosas e de refrigerantes.

A groselha-preta, conhecida também como cassis, é empregada na fabricação do licor do mesmo nome.

Usos Terapêuticos

Circulação sangüínea 167
Digestivos 188
Estomacais 202

Febre 207
Fígado 211
Ossos 248
Reumatismo. Artritismo 265
Sangue, fluidificantes do 270
Tônicos 274

GROSELHA-DA-ÍNDIA
Sinonímia: ginja; pitanga-branca.

É o fruto de uma árvore da família das euforbiáceas: a *Phyllanthus acidus*.

A groselha-da-índia não é comestível crua, sendo empregada no preparo de compotas, geléias, doces em geral, refrescos e picles.

Usos Terapêuticos

Expectorantes 205
Purgantes 261

GRUMIXAMA

Fruto da grumixameira (*Eugenia brasiliensis*, família das mirtáceas), árvore de até 6 m de altura, a grumixama é arroxeada com manchas vermelhas, tem duas ou três sementes, mede cerca de 2 cm de diâmetro, tem sabor ligeiramente ácido e é comida ao natural ou sob a forma de refrescos, doces ou conservas.

Usos Terapêuticos

Diarréia 184
Diuréticos 191
Reumatismo. Artritismo 265

GUABIROBA

Designação a mais de uma dezena de espécies da família das mirtáceas, entre as quais se encontra a *Campomanesia corymbosa*, planta de pequeno porte (no máximo 1 m de altura), que vegeta espontaneamente em São Paulo, Minas, Goiás e Mato Grosso. Produz frutos pequenos, amarelos, aromáticos e comestíveis.

USOS TERAPÊUTICOS

Cistites 167
Diarréia 184
Febre 207

GUAJIRU
Sinonímia:
ajuru; milho-preto-cozido.

Licania incania, família das rosáceas.

Arbusto encontrado na Amazônia, Rio de Janeiro e Minas Gerais, com o qual costuma-se fazer cercas vivas.

Produz frutos comestíveis de cor rósea e depois arroxeada, de casca adstringente e polpa branca adocicada contendo caroço oval.

USOS TERAPÊUTICOS

Diarréia 184

GUAJURU

Chysobalanus icaro, família das rosáceas.

Vegetal cujo tamanho varia desde arbustos rasteiros até árvores grandes, com 10 m de altura. O fruto, de polpa branca adocicada e adstringente, é comestível, sendo consumido ao natural ou sob a forma de conservas e doces.

USOS TERAPÊUTICOS

Diarréia 184

GUANDO
Sinonímia: guandu; andu.

Cajamus indicus, família das leguminosas.

Sub-arbusto medindo até 3 m de altura, originário da África oriental e introduzido no Brasil pelos africanos.

Na época da escravidão era largamente utilizado em culinária. A partir da Lei Áurea, seu emprego entrou em declínio, sendo hoje utilizado na Bahia e no Rio de Janeiro, onde entra na preparação de vários pratos.

Na Índia, o guando alimenta dezenas de milhões de pessoas, ali ocupando o terceiro lugar entre as plantas alimentares. Na África, sua cultura estende-se por quase todo o continente.

USOS TERAPÊUTICOS

Diuréticos 191
Garganta 216
Tosse 278

GUARANÁ

Paullinia cupana, família das sapindáceas.

São descritas duas variedades: a *Paullinia cupana* var. *sorbilis* e a *Paullinia cupana tipica*, a qual fornece flores e frutos maiores que a primeira.

É planta nativa do Brasil (Amazônia), da Venezuela (alto Orinoco) e das Guianas, sendo cultivada também, atualmente, em algumas regiões do estado de São Paulo.

Usos Terapêuticos

Afrodisíacos 138
Apetite, redutores do 148
Arteriosclerose. Ateroesclerose 148
Dor de cabeça 194
Estimulantes gerais 201
Febre 207
Flatulência 214

HISSOPO

Hyssopus officinalis, família das labiadas.

Planta herbácea perene, de folhas violáceas, com forte odor aromático e sabor amargo. É utilizada em culinária como condimento.

Usos Terapêuticos

Apetite, estimulantes do 146
Depurativos 179
Equimoses 200
Estimulantes gerais 201
Tosse 278

HORTELÃ
Sinonímia: menta.

Designação comum a todas as espécies de menta (cerca de 25), da família das labiadas, entre as quais a mais conhecida é a hortelã-pimenta (*Mentha piperita*), originária da Inglaterra. Esta planta, de flores vermelhas dispostas em espigas, é utilizada em culinária como condimento.

Usos Terapêuticos

Calmantes 161
Coceira 169
Cólicas 171
Digestivos 188
Flatulência 214
Gripe. Resfriado 222
Hálito 225
Impotência sexual 230
Insônia 232
Menstruação 239
Parasitas intestinais 251
Pele 253
Picadas de insetos 254
Reumatismo. Artritismo 265
Suor 273
Tônicos 274
Vômitos 289

IBABIRABA
Sinonímia: ubucaba

Britoa triflora, família das mirtáceas.

Árvore nativa do Pará, que produz frutos redondos e marrons, do tamanho de uma cereja, contendo polpa mole e comestível, de sabor doce.

Usos Terapêuticos

Dor de cabeça 194

INGÁ

Sob este nome genérico são conhecidas mais de duzentas espécies da família das leguminosas, originárias do Brasil. O nome, de origem indígena, significa "embebido", "empapado", provavelmente devido à polpa doce e mole, rica em água, que envolve as sementes.

Os ingazeiros são geralmente encontrados à beira de cursos d'água. Os frutos, ingás, são vagens esverdeadas contendo sementes escuras envoltas por polpa branca, doce, saborosa e muito refrescante.

Usos Terapêuticos

Diarréia 184
Feridas, úlceras, ferimentos 209
Laxantes 234

INHAME

Este termo designa várias plantas (com algumas características comuns a todas) das famílias das aráceas e dioscoráceas, que produzem grandes tubérculos de cores diversas, conforme a variedade, em geral comestíveis. O inhame medicinal é o pequeno, cabeludo, marronzinho por fora, o chamado inhame-chinês.

Usos Terapêuticos

Abscessos. Furúnculos 135

Acne (espinha) 138
AIDS 139
Aparelho urinário 144
Câncer 163
Corpos estranhos 176
Dengue 178
Depurativos 179
Desintoxicantes 182
Energéticos 198
Febre-amarela 209
Garganta 216
Gota 220
Imunidade 231
Maleita 236
Ossos 248
Ouvidos 249
Reumatismo. Artritismo 265
Sinusite 271
Tuberculose 282
Tumores 283
Unhas 285
Verrugas 287

IOGURTE

Usos Terapêuticos

Câncer 163
Diarréia 184
Imunidade 231
Vulvovaginites 290

ITU
Sinonímia: jataipeba

Dialium divaricatum, família das leguminosas-cesalpiniáceas.

Árvore alta, com cerca de 20 m de altura, cujo fruto é uma vagem de polpa comestível de sabor muito semelhante ao da uva-passa.

Usos Terapêuticos

Gota 220
Reumatismo. Artritismo 265

JABUTICABA

Fruto da jabuticabeira (*Myrciaria cauliflora*, família das mirtáceas), árvore originária do Brasil e da qual existem numerosas espécies.

Usos Terapêuticos

Boca, doenças da 151
Diarréia 184
Hemorragia 226

JABUTICABA-BRANCA

Myrciaria aureana, família das mirtáceas.

Árvore da região da Mata Atlântica, com até 3 m de altura, que frutifica no mês de janeiro e que produz frutos comestíveis verde-claros, com cerca de 2 cm de diâmetro, contendo até quatro sementes.

Usos Terapêuticos

Diarréia 184
Tosse 278

JACA

Fruto da jaqueira (*Artocarpus integra*, família das moráceas), grande árvore da Ásia muito bem aclimatada no Brasil, onde é encontrada profusamente.

A jaca, habitualmente considerada como fruto, na realidade é um imenso sinantocarpo (concrescência de vários frutos contíguos em desenvolvimento, produzindo uma infrutescência), com numerosas "sementes", que são os frutos verdadeiros.

Usos Terapêuticos

Afrodisíacos 138
Diuréticos 191
Tosse 278

JAMBOLÃO
Sinonímia: jamelão

Fruto de árvore de grande altura, a *Eugenia jambolana*, família das mirtáceas, originária da Índia e aclimatada no Brasil.

O jambolão, ou jamelão, tem formato redondo, cor roxa e sabor agradável, embora adstringente ("pega" na boca). Quando espremido expele um corante roxo que mancha as mãos e as roupas.

Usos Terapêuticos

Diabetes 183

JENIPAPO

Fruto do jenipapeiro (*Genipa americana*, família das rubiáceas), o jenipapo tem forma e tamanho de uma laranjinha; quando maduro apresenta cor marron e contém polpa comestível, amarela, de sabor agridoce e adstringente.

Usos Terapêuticos

Afrodisíacos 138
Anemias 140
Asma 149
Diarréia 184
Diuréticos 191
Fígado 211
Vômitos 289

JILÓ

Fruto do jiloeiro (*Solanum gilo*, família das solanáceas), de sabor amargo, comestível apenas enquanto verde e depois de cozido.

Usos Terapêuticos

Cálculos (pedras) 159
Diarréia 184
Digestivos 188
Estomacais 202
Fígado 211
Garganta 216
Parasitas intestinais 251
Tônicos 274
Vesícula biliar 288

JUÁ

Fruto do juazeiro (*Zizyphus joazeiro*, família das ranáceas), bela árvore brasileira, encontrada nas caatingas e sertões do Nordeste (principalmente no Ceará), que chega a medir mais de 10 m de altura, fornece sombra acolhedora e folhas ricas em água, que mitigam a sede do gado. O fruto, juá, tem cor amarelada e o tamanho de uma cereja.

Usos Terapêuticos

Cabelos, queda dos 158
Diarréia 184
Febre 207
Pele 253

JUJUBA
Sinonímia: açofeifa; anáfega

Ziziphus vulgaris ou *Ziziphus jujuba*, família das ranáceas.

Esse gênero compreende cerca de cem espécies, procedentes da América tropical, África e Austrália.

A espécie *Ziziphus vulgaris* é nativa do leste do Mediterrâneo. Seus frutos, do tamanho de azeitonas, são bem vermelhos e, quando maduros, doces e suculentos, podendo ser comidos ao natural ou sob a forma de refrescos. Secos tornam-se ainda mais doces e são consumidos como alternativa a figos e tâmaras.

Usos Terapêuticos

Laxantes 234

JUNÇA

Cyperus esculentus, família das ciperáceas.

Planta com cerca de meio metro de altura, que produz tubérculos e rizomas comestíveis, conhecidos pelo povo como "amêndoas da terra".

Usos Terapêuticos

Afrodisíacos 138

JURUBEBA

Planta da família das solanáceas, gênero *Solanum* e da qual existem numerosas espécies, entre as quais a *Solanum paniculatum*, conhecida também como jurubeba-verdadeira e jurubebinha, que ocorre desde as Guianas até São Paulo e Minas Gerais, de preferência em solos arenosos.

No estado de Minas Gerais as folhas da jurubeba são utilizadas como condimento. Após lavadas são colocadas em vidros com caldo fervido de limão e sal, deixadas de molho durante alguns dias e em seguida usadas culinariamente, em particular misturadas ao feijão.

Usos Terapêuticos

Cistites 167
Estomacais 202
Feridas, úlceras, ferimentos 209
Fígado 211

JUTAÍ

Por esse nome são conhecidas várias plantas do gênero *Hymenacea*, família das leguminosas-cesalpináceas. Seus frutos comestíveis, muito utilizados para alimentação de porcos, têm polpa doce e mucilaginosa.

Usos Terapêuticos

Laxantes 234

KIWI

Fruto de uma trepadeira da família das actinidáceas (*Actinidia chinensis*), originária da Ásia. Pode ser esférico, ovóide ou alongado, e tem a casca marrom recoberta de pêlos curtinhos e macios.

Usos Terapêuticos

Apetite, estimulantes do 146
Arterioesclerose. Ateroesclerose 148
Gota 220
Laxantes 234
Reumatismo. Artritismo 265
Tumores 283

LARANJA

Fruto da laranjeira, designação comum a várias espécies do gênero *Citrus* (família das rutáceas), originárias da Ásia. Foi trazida à América por Colombo.

Usos Terapêuticos

Ácido úrico 137
Antiácidos 142
Apetite, estimulantes do 146
Calmantes 161
Depurativos 179
Digestivos 188
Diuréticos 191
Escaras 201
Estomacais 202
Febre 207
Gota 220
Gripe. Resfriado 222
Insônia 232
Laxantes 234
Pressão arterial 255
Reumatismo. Artritismo 265
Tosse 278

LECHIA

Nephelium litchi, família das sapindáceas.

Árvore originária das regiões quentes da China e da Índia e introduzida no Brasil pelo Jardim Botânico do Rio de Janeiro, ao tempo de sua fundação, no século passado.

Seus frutos são vermelho-amarronzados, dispostos em cachos; possuem polpa branca, de aspecto gelatinoso, com aroma e sabor muito apreciados (semelhantes ao do abio).

Usos Terapêuticos

Diuréticos 191
Febre 207
Fígado 211

LEGUMES EM GERAL

Usos Terapêuticos

Coração 175
Pressão arterial 255

LEGUMINOSAS

Usos Terapêuticos

Colesterol 169

LEITE

Diz Aurélio em seu dicionário: "Leite (do latim *lacte*) S.m. Líquido branco, opaco, segregado pelas glândulas mamárias das fêmeas dos animais mamíferos".
Que nos desculpe o saudoso e venerando mestre, mas somos obrigados a discordar: de fato o leite não é secretado apenas pelas fêmeas dos animais mamíferos; crianças recém-nascidas, de ambos os sexos, podem secretar leite, chamado pelo povo de "leite de bruxa"; além disso refere-se que em algumas tribos de índios, após a mulher dar à luz, o pai passa a produzir leite para amamentar o filho.

Usos Terapêuticos

Dentes 178
Descalcificação. Raquitismo 181

LENTILHA

Lens esculenta, família das leguminosas-papilionáceas.

Originária do Oriente e citada no Antigo Testamento, a lentilha é uma das mais antigas plantas cultivadas, tendo sido muito conhecida pelos egípcios e persas. Começou a ser introduzida na Europa após a época dos romanos.

Usos Terapêuticos

Anemias 140
Caxumba 166
Descalcificação. Raquitismo 181

LEVEDURA DE CERVEJA

A levedura de cerveja (*Saccharomyces cerevisiae*), bem como as demais leveduras comestíveis (*Candida utilis, Torulopsis utilis, Saccha-*

romyces fragilis etc.), contêm proteínas ricas em aminoácidos de alto valor biológico.

Além disto, é ótima fonte de vitaminas do complexo B e também a fonte mais rica em cromo de que se tem notícia.

USOS TERAPÊUTICOS

Crescimento, estimulantes do...	177
Diabetes	183
Laxantes	234
Pele	253
Tônicos cerebrais	277

LIMA

Fruto da limeira, árvore da família das rutáceas, originária da Ásia, e da qual são conhecidas duas espécies: a *Citrus bergamita* (lima-da-pérsia) e a *Citrus limetta* (lima-de-umbigo).

A lima é uma fruta muito doce, embora a película entre os gomos tenha sabor bastante amargo. É consumida ao natural e também utilizada para a confecção de um doce muito delicado: o melindre.

USOS TERAPÊUTICOS

Calmantes	161
Diuréticos	191
Escaras	201
Estomacais	202
Febre	207
Flatulência	214
Laxantes	234
Pele	253

LIMÃO

Fruto do limoeiro (*Citrus limonum*, família das rutáceas), árvore originária da Índia e muito bem aclimatada no Brasil. Entre as inúmeras variedades de limão podemos citar o limão-doce (*Citrus limonum edulis*), de sabor doce, praticamente sem nenhuma acidez ao paladar.

USOS TERAPÊUTICOS

Antiácidos	142
Antiinflamatórios	143
Anti-sépticos	143
Arterioesclerose. Ateroesclerose	148
Boca, doenças da	151
Bronquite	154
Cálculos (pedras)	159
Cistites	167
Corrimentos vaginais	176
Depurativos	179
Desodorantes	183
Diarréia	184
Diuréticos	191
Dor de cabeça	194
Enxaqueca	199
Escaras	201
Expectorantes	205
Febre	207
Flebite	215
Frieiras	215
Garganta	216
Ginecológicos, problemas	219
Gota	220
Gripe. Resfriado	222
Hálito	225
Hemorragia	226
Menopausa	238
Menstruação	239
Náuseas	241
Nevralgia	242
Obesidade	244

Olhos	246
Palpitações	250
Pele	253
Pressão arterial	255
Rachaduras, fissuras	264
Reumatismo. Artritismo	265
Rouquidão	268
Soluço	271
Trombose	282
Urticária	286
Varizes	287
Vômitos	289

LINHAÇA

É o nome que se dá à semente do linho, usada na alimentação como recheio de pães e também, ocasionalmente, na cozinha macrobiótica.

Usos Terapêuticos

Abscessos. Furúnculos	135
Bronquite	154
Estomacais	202
Laxantes	234
Mamas	237
Menopausa	238
Neurites e polineurites	242
Nevralgia	242

LÓTUS

Nelumbo nucifera, família das ninfeáceas.

Planta originária da Ásia Meridional cujos rizomas feculentos (impropriamente chamados raízes) são consumidos principalmente pelos povos asiáticos e seus descendentes. As folhas novas são usadas como verduras. As sementes secas também são empregadas em alimentação, sendo consideradas fina iguaria.

Usos Terapêuticos

Calmantes	161
Tosse	278
Tuberculose	282

LOURO

Laurus nobilis, família das lauráceas.

Planta originária do Mediterrâneo oriental, utilizada como condimento em vários pratos, especialmente no preparo de leguminosas às quais confere sabor quente e forte.

Usos Terapêuticos

Aparelho urinário	144
Bronquite	154
Contusões	173
Digestivos	188
Flatulência	214
Gripe. Resfriado	222
Hemorróidas	227
Lumbago	235
Reumatismo. Artritismo	265
Torcicolo	278

LÚPULO

Humulus lupulus, família das moráceas.

Vegetal cujas flores femininas são utilizadas na fabricação da cerveja, o lúpulo tem os seguintes

Usos Terapêuticos

Antiácidos 142
Cabelos, queda dos 158
Calmantes 161
Cistites 167
Cólicas 171
Digestivos 188
Insônia 232
Laxativos 234
Nevralgia 242

MAÇÃ

Fruto da macieira (*Pyrus malus*, família das rosáceas), árvore histórica, cultivada desde tempos imemoriais. São conhecidas atualmente cerca de 4.000 variedades de maçã.

Usos Terapêuticos

Anemias 140
Antiácidos 142
Apetite, estimulantes do 146
Arterioesclerose. Ateroesclerose 148
Boca, doenças da 151
Cálculos 159
Cistites 167
Colesterol 169
Corrimentos vaginais 176
Depurativos 179
Desodorantes 183
Diarréia 184
Digestivos 188
Diuréticos 191
Estomacais 202
Febre 207
Fígado 211
Gota 220
Gripe. Resfriado 222
Insônia 232
Laxantes 234
Obesidade 244
Reumatismo. Artritismo 265
Tônicos 274
Tônicos cerebrais 277
Úlceras gástricas e duodenais ... 284

MALTE

Produto obtido da cevada germinada e torrada, usado principalmente na fabricação da cerveja, junto com o lúpulo e a levedura.

Usos Terapêuticos

Digestivos 188

MALVA

Malva silvestris, família das malváceas.

Planta herbácea muito louvada desde a antiguidade, mercê de suas propriedades medicinais, e utilizada também como verdura comestível. Existem mais de trezentas outras espécies de malva, entre as quais destaca-se a *Malva rotundifolia* (malva-de-folha-redonda ou malva-pequena), cujos frutos comestíveis são muito apreciados.

Usos Terapêuticos

Antiácidos 142
Aparelho urinário 144
Boca, doenças da 151
Calmantes 161
Colite 172
Dor de dente (malva-grande) ... 195
Entorses (torções)
  [malva-grande] 198
Garganta 216
Ginecológicos, problemas
  [malva-grande] 219
Gripe. Resfriado
  [malva-grande] 222
Laxantes 234
Mamas 237
Olhos [malva-grande] 246
Sinusite [malva-grande] 271
Tosse 278

MAMA-DE-CACHORRA

Eugenia formosa, família das mirtáceas.

Arbusto pequeno, encontrado habitualmente em Minas Gerais, de folhas adstringentes e fruto comestível.

Usos Terapêuticos

Diarréia 184

MAMÃO

Fruto do mamoeiro (*Carica papaya*, família das caricáceas), planta de origem incerta, provavelmente asiática ou americana, cultivada em nosso país (inicialmente na Bahia) desde 1607.

Usos Terapêuticos

Acne (espinha) 138
Apetite, estimulantes do 146
Cálculos 159
Calos 163
Câncer 163
Colesterol 169
Colite 172
Digestivos 188
Estomacais 202
Fígado 211
Flatulência 214
Gripe. Resfriado 222
Laxantes 234
Nervos, tônicos dos 242
Olhos (vista) 246
Parasitas intestinais 251
Pele 253
Tosse 278
Úlceras gástricas e duodenais ... 284
Verrugas 287

MANÁ

Fraxinus ornus, família das oleáceas.

Planta originária da Europa Meridional e Ásia Ocidental e cujo nome, proveniente do hebraico *man*, significa "dávida do céu".

Da árvore, que é pouco alta, exsuda um suco de sabor adocicado que, em pequenas quantidades, pode ser consumido como alimento, sendo muito apreciado pelas crianças.

(Não se sabe ao certo se o maná citado na Bíblia corresponde à planta acima referida, a um líquen, a uma exsudação da tamargueira ou a formações comestíveis açucaradas, de consistência pulverulenta, que aparecem em locais áridos).

Usos Terapêuticos

Diuréticos	191
Febre	207
Gota	220
Laxantes	234
Reumatismo. Artritismo	265
Tônicos	274
Tosse	278

MANDACARU
Sinonímia: jamacaru; urumbeva; cardeiro-rajado

Cereus peruvianus, família das cactáceas.

Cacto gigante, de até 8 m de altura, que medra do Piauí até São Paulo e Mato Grosso. Seu caule, cortado transversalmente, é empregado para fazer doce muito apreciado; sendo rico em fécula, é utilizado também no preparo de pães, biscoitos, broas, doces e mingaus; extraída a casca pode ser comido cru.

O fruto, de casca grossa e vermelha quando maduro, contém polpa branca, suculenta e comestível.

Usos Terapêuticos

Bronquite	154
Gripe. Resfriado	222
Tosse	278

MANDIOCA
Sinonímia: macaxeira (Nordeste)

Manihot utilissima, família das euforbiáceas.

Este vegetal, já muito conhecido e utilizado por nossos antepassados indígenas, continua sendo largamente empregado na alimentação do brasileiro, substituindo o pão, a batata e mesmo cereais.

A mandioca de caule vermelho tem o nome de *tucumã*.

Usos Terapêuticos

Diarréia	184
Energéticos	198

MANDIOQUINHA
Sinonímia: batata-baroa; batata-brava; batata-suíça; batata-cenoura

Arracacia xanthorrhiza, família das umbelíferas.

Planta originária dos Andes e empregada quer na alimentação humana, quer na animal (principalmente de suínos).

Usos Terapêuticos

Diuréticos 191
Energéticos 198

MANGA

Fruto da mangueira (*Mangifera indica*, família das anacardiáceas), árvore natural da Índia, trazida ao Brasil pelos portugueses, de espessa copa frondosa, podendo atingir até 30 m de altura.

Existem mais de 600 variedades de manga, entre as quais: rosa, espada, bourbon, coquinho, coração-de-boi, sabina, haden etc.

Usos Terapêuticos

Boca, doenças da 151
Bronquite 154
Cólicas 171
Contusões 173
Depurativos 179
Diarréia 184
Diuréticos 191
Estomacais 202
Leite (aumentar a produção de) 234
Olhos (vista) 246
Parasitas intestinais 251
Tosse 276

MANGARITO

Por este nome são conhecidas duas plantas da família das aráceas: *Xanthosoma riedelianum* e *Xanthosoma sagittifolium*. Ambas fornecem pequenos tubérculos comestíveis, de paladar muito apreciado, geralmente saboreados como sobremesa (com melado).

Usos Terapêuticos

Energéticos 198

MANGOSTÃO
Sinonímia: mangusto

Caroinia mangostana, família das gutíferas.

Bela árvore de procedência asiática, com flores semelhantes a rosas e frutos globosos, de casca marrom grossa, com polpa comestível de cor branca, muito saborosa, levemente adstringente e suavemente ácida.

Usos Terapêuticos

Cistites 167
Diarréia 184
Estomacais 202
Parasitas intestinais 251

MANJAR-GRAÚDO

Glechon ciliata, família das labiadas.

Arbusto encontrado na Bahia e em Pernambuco, com flores brancas e frutos piriformes, amarelados, contendo polpa comestível de consistência gelatinosa.

Usos Terapêuticos

Diarréia 184

MANJERICÃO

Designação comum a várias espécies do gênero *Ocinum* (família das labiadas), originárias da Ásia e África, de folhas fortemente aromáticas.

Usos Terapêuticos

Afrodisíacos 138
Cólicas 171
Diarréia 184
Digestivos 188
Emenagogos 197
Flatulência 214

MANJERONA

Origanum majorana, família das labiadas.

Planta originária do Oriente, de folhas comestíveis, usadas principalmente como condimento. Quando frescas, têm sabor suave, ao passo que, depois de secas, adquirem gosto forte e picante.

Usos Terapêuticos

Cólicas 171
Digestivos 188
Enxaqueca 199
Flatulência 214
Gripe. Resfriado 222
Hemiplegia 226
Nariz entupido 241
Reumatismo. Artritismo 265
Torcicolo 278

MANTEIGA

A manteiga pode ser considerada como suspensão de gorduras (80%) em água (15 a 20%).

Usos Terapêuticos

Olhos (vista) 246

MARACUJÁ

Com este nome são conhecidas várias dezenas de espécies da família das passifloráceas, gênero *Passiflora*. O fruto, ingerido ao natural ou sob a forma de sorvetes, doces, batidas e refrescos, pode pesar desde algumas gramas até 3 quilos, como é o caso do maracujá-melão (*Passiflora macrocarpa*), cujo aspecto lembra o de uma mortadela.

Usos Terapêuticos

Calmantes 161
Febre 207
Insônia 232
Menopausa 238
Menstruação 239

Palpitações	250
Parasitas intestinais	251
Stress	272
Vertigens	288
Vômitos	289

MARMELO

Fruto do marmeleiro (*Pyrus cidonia* ou *Cydonia vulgaris*, família das rosáceas), árvore provavelmente originária da Pérsia e trazida ao Brasil por Martim Afonso de Souza. Por ser muito ácido e duro, o marmelo não costuma ser comido ao natural, sendo porém amplamente empregado no preparo de geléias, compotas e doces em massa.

Usos Terapêuticos

Boca, doenças da	151
Corrimentos vaginais	176
Garganta	216
Hemorróidas	227
Mamas	237
Rachaduras, fissuras	264
Tosse	278

MASTRUÇO
Sinonímia: mentruz; mentrusto

Lepidium bonariense, família das cruciferas.

As folhas desta planta, de sabor forte e picante, costumam ser usadas em saladas.

Usos Terapêuticos

Bronquite	154
Câncer (vegetais crucíferos)	163
Contusões	173
Diuréticos	191
Tireóide	274
Tosse	278

MASTRUÇO-DO-PERU

Tropaeolum majus, família das cruciferas.

Esta planta, de flores suavemente perfumadas, apresenta folhas comestíveis de sabor forte e picante (semelhante ao do agrião), que são consumidas cruas, em saladas, temperadas com um pouco de limão e sal.

Usos Terapêuticos

Bronquite	154
Câncer (vegetais crucíferos)	163
Contusões	173
Diuréticos	191
Feridas, úlceras, ferimentos	209
Tosse	278

MATE

Ilex paraguayensis, família das aquifoliáceas.

Planta originária da América do Sul, conhecida e utilizada desde épocas muito remotas pelos indígenas, os quais mascavam as folhas cruas. Os jesuítas foram grandes conhecedores e cultivadores desse vegetal, tanto asssim que o mate até hoje é conhecido como "chá-dos-jesuítas" ou "chá-das-missões".

Pode ser consumido de várias maneiras: como chá, em infusão; gelado (depois de frio, colocar a infusão na geladeira ou acrescentar pedras de gelo); batido (torna-se espumante); macerado em água fria (tereré); preparada com água quente na cuia ou cabaça e sorvido aos goles com bombilha (chimarrão).

Usos Terapêuticos

Digestivos	188
Diuréticos	191
Estimulantes gerais	201
Laxantes	234
Pressão arterial	255

MAXIXE

Fruto do maxixeiro (*Cucumis anguria*, família das cucurbitáceas), planta provavelmente originária da Ásia. No Brasil, é encontrada principalmente em São Paulo, Rio de Janeiro, Minas Gerais e Mato Grosso.

O maxixe é espinhento, tem formato oblongo e, quando novo, é comido cru, sob a forma de salada, substituindo com vantagem o pepino, por ser menos indigesto do que este (aliás, o maxixe é conhecido também como pepino-espinhoso). É muito apreciado também com picadinho de carne e quiabo, acompanhado de angu de fubá.

Usos Terapêuticos

Crescimento, estimulantes do	177
Hemorróidas	227

MEDRONHO

Fruto do medronheiro (*Arbustus unedo*, família das ericáceas), arbusto de no máximo 5 m de altura, encontrado em regiões mediterrâneas, onde vegeta espontaneamente em terrenos áridos.

Os medronhos, semelhantes a morangos, são bagas globosas vermelhas com 1 a 2 cm de diâmetro, recobertas por protuberâncias piramidais. São suculentos e quanto ao paladar, levemente ácidos, um pouco insossos; podem ser comidos ao natural ou sob a forma de doces, compotas ou geléias.

Usos Terapêuticos

Diuréticos	191

MEL

Geralmente produzido pelas abelhas a partir do néctar das flores, o mel nem sempre tem origem floral: pode ser produzido a partir de resinas adocicadas de determinadas árvores (bracatinga, por exemplo), a partir da cana moída ou de seu caldo (garapa) etc.

Usos Terapêuticos

Afrodisíacos	138
Anti-sépticos	143

Bronquite 154
Cabelos, queda dos 158
Energéticos 198
Feridas 209
Fígado 211
Garganta 216
Gripe. Resfriado 222
Laxantes 234
Pele 253
Próstata 260
Rouquidão 268
Sinusite 271
Tônicos 274
Tosse 278

MELANCIA

Citrullus vulgaris ou *Cucurbita citrullus*, família das cucurbitáceas.

Planta originária da Ásia e da qual existem muitas variedades, sendo a mais comum a de polpa vermelha.

Usos Terapêuticos

Cistites 167
Diuréticos 191
Fígado 211
Laxantes 234
Próstata 260

MELÃO

Cucumis melo, família das cucurbitáceas.

Planta rasteira originária da África e da Ásia e da qual existem centenas de variedades. Algumas espécies de melão, chamadas *cantalupo*, são muito perfumadas, com odor de almíscar.

Usos Terapêuticos

Antiácidos 142
Aparelho urinário 144
Arterioesclerose. Ateroesclerose 148
Cálculos 159
Calmantes 161
Circulação sangüínea 167
Cistites 167
Depurativos 179
Diuréticos 191
Fígado 211
Gota 220
Hemorróidas 227
Laxantes 234
Menopausa 238
Menstruação 239
Parasitas intestinais 251
Pele 253
Reumatismo. Artritismo 265

MELÃO-DE-SÃO-CAETANO

Momordica charantia, família das cucurbitáceas.

Trepadeira originária da África e muito bem aclimatada entre nós, sendo bastante comum em cercas, no litoral e no interior. Seus frutos, semelhantes a um pepino cor-de-abóbora, são comestíveis e têm sabor amargo.

O melão-de-são-caetano entra na composição de vários molhos e temperos picantes. Quando verde é utilizado no preparo de conservas e picles.

USOS TERAPÊUTICOS

Expectorantes 205
Febre 207
Fígado 211
Laxantes 234
Reumatismo. Artritismo 265

MEXERICA
Sinonímia: laranja-cravo;
tangerina; mandarina;
bergamota

Fruto da mexeriqueira (*Citrus nobilis*, família das rutáceas), árvore de pequeno a médio porte, de ramos muito espinhentos, originária da Ásia. Existem inúmeras variedades de mexericas: margote, carioca, poncã etc.

USOS TERAPÊUTICOS

Apetite, estimulantes do 146
Arterioesclerose. Ateroesclerose 148
Cálculos 159
Escaras 201
Gota 220
Gripe. Resfriado 222
Laxantes 234
Reumatismo. Artritismo 265
Tumores 283

MIL-FOLHAS
Sinonímia: aquiléa

Achillea millefolium, família das compostas.

Erva de grande beleza, com uma infinidade de folhinhas verdes e de florzinhas de cores variadas. As folhas bem novinhas e tenras podem ser usadas em saladas, as quais podem ser enfeitadas com as flores da erva.

USOS TERAPÊUTICOS

Antiácidos 142
Anti-sépticos 143
Ânus, doenças do 144
Aparelho urinário 144
Cólicas 171
Escarlatina 200
Feridas, úlceras, ferimentos 209
Flatulência 214
Ginecológicos, problemas 219
Hemorragia 226
Hemorróidas 227
Menopausa 238
Sarampo 270
Vômitos 289

MILHO

Zea mays, família das gramíneas.

Cereal originário da América e introduzido na Europa pelos espanhóis no século XVI, sendo utilizado na alimentação humana sob as mais variadas formas: cozido na espiga, refogado, em pratos salgados (polenta, cuscuz) e doces (curau, pamonha, mingaus, bolos, sorvetes), como refresco, pipoca etc.

— 99 —

Usos Terapêuticos

Ácido úrico 137
Aparelho urinário 144
Arterioesclerose. Ateroesclerose 148
Cálculos 159
Caxumba 166
Colesterol 169
Cólicas 171
Diuréticos 191
Energéticos 198
Gota 220
Laxantes 234
Leite (aumentar a produção de) 234
Orquite 248
Prisão de ventre 256
Reumatismo. Artritismo 265

Antiácidos 142
Aparelho urinário 144
Asma 149
Boca, doenças da 151
Bronquite 154
Cálculos 159
Cistites 167
Colesterol 169
Diarréia 184
Diuréticos 191
Fígado 211
Gota 220
Laxantes 234
Parasitas intestinais 251
Pressão arterial 255
Reumatismo. Artritismo 265
Suor 273
Tônicos 274

MORANGO

Fruto do morangueiro (*Fragaria vesca*, família das rosáceas), arbusto de pequeno porte, encontrado em grande parte da Europa e nativo também da América.

Embora normalmente considerados como frutos, os morangos na verdade são apenas os receptáculos para os frutos propriamente ditos: os pontinhos escuros que cobrem a superfície vermelha, carnosa e comestível.

Usos Terapêuticos

Ácido úrico 137
Anemias 140

MORINGA

Moringa oleifera, família das moringáceas.

Árvore medindo até 10 m de altura, originária da Índia. Entre nós geralmente é cultivada apenas como planta ornamental, mas seus frutos, quando verdes, podem ser utilizados como alimentos, após cozidos ou ensopados.

Usos Terapêuticos

Apetite, estimulantes do 146
Digestivos 188

MOSTARDA

Erva originária da Itália, pertencente à família das crucíferas e que apresenta diversas variedades, tais como: mostarda-branca (*Brassica alba* ou

Sinapis alba), mostarda-negra (*Brassica nigra*) ou *Sinapis nigra*, mostarda-da-índia (*Brassica juncea*).

Suas folhas, principalmente as da variedade branca, são comestíveis e de paladar muito apreciado.

As sementes da mostarda-branca, reduzidas a pó, fornecem o famoso condimento amarelo, conhecido e usado em todo o mundo. Com a mostarda-negra obtém-se condimento mais escuro, marrom.

Usos Terapêuticos

Câncer (vegetais crucíferos) 163
Ciática 166
Digestivos 188
Laxantes 234
Neurites e polineurites 242
Nevralgia 242
Reumatismo. Artritismo 265

MURICI

Por esse nome são conhecidas dezenas de plantas da família das malpighiáceas e uma da família das voquisiáceas. São originárias do Brasil e quase todas produzem fruto comestível.

O murici típico é uma fruta pequena, com cerca de 1 cm de diâmetro, de cor amarela, contendo geralmente três sementes. É comida ao natural ou utilizada no preparo de doces.

Usos Terapêuticos

Bronquite 154
Febre 207
Tosse 278

MUTAMBA

Guazuma ulmifolia, família das esterculiáceas.

Árvore de tamanho médio, com copa larga, que produz frutos redondos e de cor negra, comestíveis.

Usos Terapêuticos

Cabelos, queda dos 158
Feridas, úlceras, ferimentos 209
Tosse 278

NABIÇA
Sinonímia:
rabanete-de-cavalo

Raphanus raphanistrum, família das crucíferas.

Hortaliça de folhas comestíveis, riquíssima em cálcio, fósforo e vitaminas (principalmente A e C).

Usos Terapêuticos

Câncer (vegetais crucíferos) 163

NABO

Brassica napus, família das crucíferas.

Vegetal muito apreciado na mesa do brasileiro e que apresenta diversas variedades, tais como o nabo-redondo (*Brassica campestris* var. *rapa* subvar. *depressa*), nabo-arredondado (*Brassica asperifolia*), nabo-de-azeite ou colza (*Brassica napus* var. *oleifera*), que produz óleo muito utilizado em iluminação.

Usos Terapêuticos

Câncer (vegetais crucíferos) 163
Cistites 167
Colesterol 169
Corrimentos vaginais 176
Diuréticos 191
Ginecológicos, problemas 219
Hemorróidas 227
Menstruação 239
Obesidade 244
Olhos 246

Ossos	248
Próstata	260
Reumatismo. Artritismo	265
Tônicos	274
Tônicos cerebrais	277
Tosse	278

NIGELA

Nigella sativa, família das ranunculáceas.

Planta herbácea cujas sementes, pequenas e negras, conhecidas como *cominho-preto*, são utilizadas em alguns países para dar aroma e sabor a pães e queijos. São empregadas também como condimento, principalmente em pratos à base de ovos.

Usos Terapêuticos

Apetite, estimulantes do	146

NOZ

Fruto da nogueira (*Juglans regia*, família das juglandáceas), árvore originária da Ásia ocidental, medindo de 10 a 25 m de altura, com vida média de 900 anos.

Usos Terapêuticos

Ácido úrico	137
Afrodisíacos	138
Boca, doenças da	151
Cabelos, escurecer	159
Caxumba	166
Corrimentos vaginais	176
Diarréia	184
Diuréticos	191
Frieiras	215
Hemorragia	226
Laxantes	234
Leite (aumentar a produção de)	234
Magreza	236
Maleita	236
Nervos (tônico dos)	242
Olhos	246
Parasitas intestinais	251
Reumatismo. Artritismo	265
Tônicos	274
Tônicos cerebrais	277

NOZ-MOSCADA

Fruto da moscadeira (*Myristica fragrans*, família das miristicáceas), árvore piramidal, com cerca de 10 m de altura, originária das ilhas Molucas e cultivada atualmente em nosso país.

A noz-moscada, de sabor "sui-generis", é muito utilizada como condimento (ralada). Costuma-se também acrescentá-la, em doses diminutas, a bebidas quentes e ao ponche.

Como sucedânea da verdadeira noz-moscada, existe a noz-moscada-do-brasil (*Cryptocarya moschata*, família das lauráceas), conhecida também como canela-fogo.

Usos Terapêuticos

Digestivos	188
Flatulência	214

ÓLEOS

Os diversos óleos comestíveis (milho, girassol, arroz, canola, oliva, dendê etc.) devem ter sido extraídos a frio (procurar informações no rótulo ou na embalagem). Nada constando, supõe-se que tenha sido prensado a quente, o que desnatura o óleo, retirando sua vitalidade.

Além disso, e pela mesma razão, procurar sempre que possível utilizar o óleo após os alimentos terem sido preparados, sem levá-lo ao fogo, sem aquecê-lo.

Usos Terapêuticos

Enxaqueca 199

OLMO-VERMELHO
Sinonímia: olmo-campestre

Ulmus rubra, família das ulmáceas.

Árvore pequena e de ramos delgados. Suas folhas são comestíveis, tendo sido, durante muitos séculos, o alimento dos peles-vermelhas da América do Norte, onde a árvore é muito abundante.

Usos Terapêuticos

Estomacais 202

ORA-PRO-NOBIS
Sinonímia: mata-velha

Pereskia aculeata, família das cactáceas.

Arbusto encontrado em vários estados do Brasil e muito utilizado na construção de cercas vivas.

Possui folhas carnosas e espinhentas, produz frutos pequenos, angulosos e amarelos. Ambos, folhas e frutos, são comestíveis, sendo servidos geralmente em guisados com feijão.

Usos Terapêuticos

Emolientes 197
Expectorantes 205

ORÉGANO

Origanum vulgare, família das labiadas.

Erva originária do Mediterrâneo e com a qual se produz condimento muito usado em molhos. É também muito utilizada em pizzas.

Usos Terapêuticos

Afrodisíacos	138
Digestivos	188
Diuréticos	191
Dor de dente	195
Emenagogos	197
Enxaqueca	199
Expectorantes	205
Flatulência	214
Nevralgia	242
Rouquidão	268

OSTRA

Usos Terapêuticos

Imunidade 231

OVA

É o ovário dos peixes, consumido salgado e seco.

O famoso e internacionalmente conhecido caviar é preparado tradicionalmente a partir de ovas do peixe esturjão.

Usos Terapêuticos

Tônicos cerebrais 277

OVO

Produto resultante da fecundação do óvulo pelo espermatozóide.

Usos Terapêuticos

Anemias	140
Dentes	178
Descalcificação. Raquitismo	181
Ossos	248

PACIÊNCIA
Sinonímia: espinafre-silvestre

Rumex patientia, família das poligonáceas.

Vegetal originário da Europa que pode atingir até 2 m de altura. Suas folhas tenras são comestíveis e costumam ser preparadas como as do espinafre.

Usos Terapêuticos

Depurativos 179
Fígado 211
Pele 253

PACOVÁ

Por este nome são conhecidas várias plantas da família das zingiberáceas, entre as quais a *Alpinia speciosa,* originária da Ásia e cujas sementes são, em muitos lugares, usadas como condimento.

Usos Terapêuticos

Digestivos 188
Estomacais 202
Reumatismo. Artritismo 265
Tônicos 274

PAINÇO
Sinonímia: milho-pequeno

Paniculum miliaceum, família das gramíneas.

Cereal de grãos pequenos, duros e arredondados que, embora utilizados quase que exclusivamente na alimentação de pássaros, podem ser empregados na confecção de deliciosos mingaus e sopas.

Usos Terapêuticos

Cabelos, queda dos 158
Dentes 178
Laxantes 234
Pele 253

Prisão de ventre 256
Unhas 285

PAJURÁ-DA-MATA

Parinarium montanum, família das rosáceas.

Árvore nativa da Amazônia, medindo cerca de 12 m de altura, de folhas longas e cobertas de pêlos brancos na face inferior.

Os frutos, redondos ou oblongos, são comestíveis e têm sabor agradável, bastante doce.

USOS TERAPÊUTICOS

Diarréia 184

PALMATÓRIA

Opunthia monacantha, família das cactáceas.

Cacto encontrado desde a Bahia até a Argentina, cujos frutos comestíveis são semelhantes ao figo-da-índia.

USOS TERAPÊUTICOS

Calmantes 161

PALMITO

O palmito é a parte interna do colete verde formado pelas bainhas foliares de certas palmeiras, sendo produzido principalmente pelas palmáceas do gênero *Euterpe*. Entre estas destaca-se a *Luterpe edulis*, que recebe nomes diversos conforme a região onde é encontrada: palmiteiro, palmiteiro-doce, palmiteiro-juçara, juçara, içara, ripeira, ripa, ensarova.

Com a retirada do palmito, que se encontra no topo do vegetal, a árvore morre. Por isso as palmeiras não devem ser abatidas antes de completarem oito anos, quando atingem a maioridade e podem germinar as sementes, garantindo assim a preservação da espécie.

Infelizmente, porém, a extração do palmito é praticada de maneira desordenada e indiscriminada, impedindo completamente a regeneração natural. Trata-se de exemplo típico de economia predatória.

USOS TERAPÊUTICOS

Cicatrizantes 166
Hemorragia 226

PAPAIA
V. Mamão

PAPOULA

Planta do gênero *Papaver*, família das papaveráceas, a qual compreende cerca de 100 espécies.

A *Papaver rhoeas* apresenta flores

vermelhas, cujas pétalas entram na composição de remédios peitorais. Tais pétalas, de duração muito efêmera, são logo substituídas por grandes bulbos globulares contendo pequenas sementes negras e arredondadas, usadas como aromatizantes de pães e doces. Essas sementes, muito nutritivas, fornecem óleo de uso culinário.

Usos Terapêuticos

Cólicas 171
Coqueluche 174
Insônia 232
Micoses 240
Tosse 278

PARIPAROBA
Sinonímia: catajé, malvaísco, capeba, caapeba, caapeba-do-norte (existem outras plantas conhecidas como capeba ou caapeba)

Potomorphe umbellata, família das piperáceas.

Planta originária provavelmente do Brasil, ocorrendo principalmente no norte, nordeste e sudeste. Trata-se de arbusto que atinge de uma um metro e meio de altura, cujos frutos, miúdos, bem como as grandes folhas são comestíveis.

Usos Terapêuticos

Abscessos. Furúnculos 135
Aparelho urinário 144
Baço, doenças do 151

Bronquite 154
Diuréticos 191
Emolientes 197
Estomacais 202
Febre 207
Fígado 211
Gripe. Resfriado 222
Queimaduras 262
Tônicos 274
Tosse 278

PECÃ
Sinonímia: noz-americana

Fruto da *Carya illinoensis*, família das juglandáceas, espécie de nogueira originária do México, Estados Unidos e Guiana, só recentemente cultivada no Brasil (região Sul).

Usos Terapêuticos

Reumatismo. Artritismo 265

PEIXES

Durante muito tempo este alimento sofreu injusto descrédito por sua ingestão estar ligada à idéia de penitência, jejum, abstinência e sacrifício. Sabe-se, entretanto, que se trata de ótima fonte nutritiva, muito rica em nutrientes de vários tipos. Em peixes que habitam águas geladas dos oceanos é encontrada uma substância denominada *esqualene*, possuidora de várias ações medicinais.

Usos Terapêuticos

Afrodisíacos	138
AIDS	139
Alcoolismo	140
Artrite	149
Asma	149
Cabelos, queda dos	158
Celulite	166
Colesterol	169
Coração. Aparelho circulatório	175
Derrame cerebral	181
Descalcificação. Raquitismo	181
Envelhecimento precoce	198
Enxaqueca	199
Feridas, úlceras, ferimentos	209
Imunidade	231
Nervos (tônico dos)	242
Obesidade	244
Olhos (vista)	246
Ossos	248
Parkinson, Mal de	252
Pele	253
Pressão arterial	255
Psoríase	261
Reumatismo. Artritismo	265
Sangue, fluidificantes do	270
Stress	272
Tônicos cerebrais	277
Trombose	282
Úlceras gástricas e duodenais	284
Unhas	285
Vitiligo	289

PENTE-DE-MACACO
Sinonímia: bagaceiro; amaparana

Bagassa guyanensis, família das moráceas.

Árvore de porte grande, encontrada nas Guianas e na Amazônia e que produz frutos comestíveis, adstringentes.

Usos Terapêuticos

Diarréia	184

PEPINO

Cucumis sativus, família das cucurbitáceas.

Erva rasteira originária da Ásia e cultivada pelo homem desde tempos imemoriais. Era o prato predileto do imperador Tibério.

Usos Terapêuticos

Ácido úrico	137
Aparelho urinário	144
Apetite, estimulantes do	146
Cabelos, queda dos	158
Diuréticos	191
Fígado	211
Garganta	216
Gota	220
Olhos	246
Pele	253
Reumatismo. Artritismo	265
Unhas	285

PEPINO-DO-MATO

Designação comum a duas plantas da família das apocináceas, encontradas na Amazônia: *Ambelania acida* e *Ambelania tenuiflora*.

A primeira é uma árvore grande, enquanto a segunda é um arbusto. Ambas produzem frutos comestíveis.

Usos Terapêuticos

Laxantes (*Ambelania acida*) 234
Tosse (*Ambelania tenuiflora*) 278

PÊRA

Fruto da pereira (*Pirus communis*, família das rosáceas), árvore de procedência européia, cultivada hoje no mundo inteiro, e da qual existem atualmente numerosas variedades.

Usos Terapêuticos

Aparelho urinário 144
Cálculos 159
Circulação sangüínea 167
Depurativos 179
Digestivos 188
Diuréticos 191
Laxantes 234
Pressão arterial 255
Próstata 260
Tônicos 274

PÊSSEGO

Fruto do pessegueiro (*Prunus persica* ou *Amygdalus persica*, família das rosáceas), árvore originária da Pérsia (atual Irã) e da China, introduzida no Brasil em 1532 por Martim Afonso de Souza. Hoje em dia existem mais de 3.000 variedades dessa fruta.

Usos Terapêuticos

Apetite, estimulantes do 146
Calmantes 161
Coqueluche 174
Diabetes 183

Digestivos 188
Diuréticos 191
Gota 220
Laxantes 234
Reumatismo. Artritismo 265

PIMENTA

Nome comum a várias plantas de famílias diversas (solanáceas, piperáceas etc.) cujos frutos são largamente empregados como condimento pelo sabor, ardência e aroma.

Usos Terapêuticos

Apetite, estimulantes do 146
Asma 149
Bronquite 154
Colesterol 169
Expectorantes 205
Garganta 216
Gripe 222
Trombose 282

PIMENTÃO

Capsicum annuum, família das solanáceas.

Planta da qual existem muitas variedades, das quais as mais conhecidas são a verde, a amarela e a vermelha. Com o pimentão vermelho reduzido a pó prepara-se a páprica, condimento muito utilizado, sobretudo na culinária húngara.

Muitas pessoas não toleram bem o pimentão, tendo dificuldade para digeri-lo; comido sem a película que o recobre, sua digestão torna-se mais fácil.

Usos Terapêuticos

Ciática 166
Coqueluche 174
Dor de dente 195
Tônicos 274

PINHÃO

É a semente comestível das pinhas (que são os frutos do pinheiro), árvore geralmente pertencente à família das pináceas ou das araucáriáceas e da qual são conhecidas cerca de 100 espécies.

Usos Terapêuticos

Afrodisíacos 138
Energéticos 198
Reumatismo. Artritismo 265
Tônicos 274
Tosse 278

PITANGA

Fruto da pitangueira, designação comum a várias espécies de plantas da família das mirtáceas, originárias do Brasil. A variedade mais conhecida é a pitanga-comum ou pitanga-da-praia (*Eugenia pitanga*), fruto tipo baga, com oito sulcos longitudinais de formato redondo-achatado e cor vermelha, medindo cerca de 3 cm de comprimento.

O sabor agridoce da pitanga é muito apreciado ao natural ou sob forma de doces, geléias, xaropes, sorvetes e refrescos.

Usos Terapêuticos

Diarréia 184
Febre 207
Gota 220
Reumatismo. Artritismo 265

PITOMBA

Fruto da pitombeira (*Talisia esculenta*, família das sapindáceas), árvore de até 12 m de altura, originária do Brasil e muito comum em Pernambuco.

A fruta mede cerca de 2,5 cm de diâmetro, apresenta casca dura e áspera de cor amarelo-acinzentada; contém um caroço alongado coberto por polpa agridoce, branco-gelatinosa, de sabor agradável.

Usos Terapêuticos

Diarréia 184
Diuréticos 191
Febre 207
Reumatismo. Artritismo 265

PÓLEN

De acordo com a Grande Enciclopédia Delta Larousse, pólen é a "poeira vegetal que escapa da antera dos estames maduros e cujos elementos (grãos) germinam sobre o estigma de uma outra flor da mesma espécie, dando um minúsculo protalo macho, cujas células sexuais asseguram a fecundação". podem ser comidas cruas, em saladas.

USOS TERAPÊUTICOS

Afrodisíacos 138
Anti-sépticos 143
Próstata 260
Stress 272
Tônicos 274
Tônicos cerebrais 277

PRIMAVERA
Sinonímia: prímula

Primula officinallis, família das primuláceas.

Planta vivaz, ornamental, com flores de aroma agradável e folhas que

USOS TERAPÊUTICOS

Bronquite 154
Cálculos 159
Calmantes 161
Cólicas 171
Depurativos 179
Equimoses 200
Gagueira 216
Gota 220
Hemiplegia 226
Histeria 229
Insônia 232
Menopausa 238
Reumatismo. Artritismo 265
Tosse 278
Vertigens 288

QUIABO
Sinonímia:
nafé; quingombô; gombó; quibombô

Fruto do quiabeiro (*Hibiscus esculentus,* família das malváceas), planta de origem africana introduzida no Brasil pelos negros escravos.

Usos Terapêuticos

Aparelho urinário 144
Emolientes 197
Laxantes 234
Tosse 278

QUIXABA

Fruto da quixabeira (*Bumelia sertorum*, família das sapotáceas), árvore com 10 a 15 m de altura, encontrada desde o Piauí até o norte de Minas Gerais. Possui caule recoberto de fortes espinhos e produz flores perfumadas.

As quixabas têm sabor adocicado e, quando maduras, são quase negras.

Usos Terapêuticos

Diabetes 183
Tônicos 274

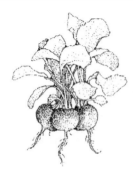

Coqueluche	174
Depurativos	179
Digestivos	188
Diuréticos	191
Laxantes	234
Neurites e polineurites	242
Tosse	278
Vesícula biliar	288

RABANETE
Sinonímia: nabo-chinês

Raphanus sativus, família das crucíferas.

Planta introduzida no Brasil pelos europeus e da qual habitualmente é utilizada a raiz que pode ser branca, vermelha ou preta, com volume e forma muito variado.

Usos Terapêuticos

Aparelho urinário 144
Apetite, estimulantes do 146
Câncer (vegetais cruciferos) 163

RÁBANO

Raphanus sativus var. *niger*, família das crucíferas.

Trata-se de vegetal muito semelhante ao rabanete, do qual é uma variedade, porém mais picante que este e de raiz mais comprida, não arredondada.

Usos Terapêuticos

Apetite, estimulantes do 146
Câncer (vegetais cruciferos) 163
Digestivos 188

Diuréticos 191
Laxantes 234
Rouquidão 268
Vesícula biliar 288

RAIZ-FORTE
Sinonímia: rábano-rústico; rabanete-selvagem; salsão-silvestre; ráfano

Cochlearea armoracea, família das crucíferas.

Trata-se de uma variedade de rábano cuja raiz, adicionada a vários pratos (macarrão, verduras, peixes, carnes) lhes confere sabor particularmente picante e muito apreciado. As folhas, em algumas localidades, são usadas em saladas.

Usos Terapêuticos

Apetite, estimulantes do 146
Boca, doenças da 151
Câncer (vegetais crucíferos) 163
Digestivos 188
Diuréticos 191
Enxaqueca 199
Expectorantes 205
Pele 253
Tônicos cerebrais 277

RAPÚNCIO
Sinonímia: rapôncio.

Campanula rapuncus, família das campanuláceas.

Erva bianual originária da Europa, Ásia e África, cujas raízes, carnosas, são usadas em culinária, apresentando sabor adocicado e bastante apreciado.

Usos Terapêuticos

Boca, doenças da 151
Rachaduras, fissuras 264

REPOLHO

Brassica oleracea var. *capitata*, família das crucíferas.

O repolho nada mais é do que uma variedade de couve, apresentando a particularidade de ter as folhas fechadas umas sobre as outras, muito encostadas entre si, formando novelos globosos.

Existem 3 variedades principais de repolhos: lisos, crespos e roxos, com numerosas subvariedades.

Usos Terapêuticos

Abscessos. Furúnculos 135
Câncer (vegetais crucíferos) 163
Caspa, seborréia, crosta láctea .. 165
Ciática 166
Erisipela 200
Feridas, úlceras, ferimentos 209
Gota 220
Gravidez 221
Hemorróidas 227

Mamas	237
Náuseas	241
Nevralgia	242
Panarício	250
Rachaduras, fissuras	264
Reumatismo. Artritismo	265
Rouquidão	268
Úlceras gástricas e duodenais	284

ROMÃ

Fruto da romãzeira (*Punica granatum*, família das punicáceas), árvore originária da Europa, medindo cerca de 2 a 5m de altura, muito ramosa, com caule e ramos um pouco espinhentos. Seus frutos, as romãs, são considerados símbolos de prosperidade e riqueza.

Usos Terapêuticos

Afrodisíacos	138
Apetite, estimulantes do	146
Boca, doenças da	151
Depurativos	179
Diarréia	184
Diuréticos	191
Enxaqueca	199
Febre	207
Garganta	216
Olhos	246
Parasitas intestinais	251

RÚCULA
Sinonímia: pinchão; agrião-de-terra-seca.

Eruca sativa, família das crucíferas.

Planta anual originária da Europa, Ásia e África, cujas folhas picantes habitualmente são comidas cruas, em saladas.

Usos Terapêuticos

Câncer (vegetais crucíferos)	163
Colite	172
Depurativos	179
Diuréticos	191
Tônicos	274

RUIBARBO

Rheum palmatum, família das poligonáceas.

Planta herbácea originária da China, onde é conhecida pelo menos desde 3000 anos a.C. Parece ter chegado à Europa no ano I a.C., sendo praticamente desconhecida entre nós. Os pecíolos de suas folhas são usados quer em saladas, quer na confecção de doces, bolos e purês.

Usos Terapêuticos

Apetite, estimulantes do	146
Depurativos	179
Fígado	211
Purgantes	261
Tônicos	274

SABUGUEIRO

Sambucus nigra, família das caprifoliáceas. Em São Paulo e nos estados do Sul medra o *Sambucus australis*, espécie nativa que apresenta as mesmas ações terapêuticas que a anterior.

Pequena árvore de 3 a 4 m de altura, cujas flores, pequenas e brancas, são comestíveis à milanesa ou sob a forma de panquecas. Com os frutos do sabugueiro produz-se bebida alcoólica.

Usos Terapêuticos

Abscessos. Furúnculos	135
Boca, doenças da	151
Cálculos (pedras)	159
Depurativos	179
Diuréticos	191
Erisipela	200
Febre	207
Fígado	211
Garganta	216
Gota	220
Hemorragia	226
Hemorróidas	227
Icterícia	230
Mamas	237
Olhos	246
Queimaduras	262
Reumatismo. Artritismo	265
Rouquidão	268
Sarampo	270
Sudoríferos	272

SAL

O uso do sal na alimentação humana teve origem em tempos muito remotos. A palavra salário origina-se de sal, que na Antiguidade era utilizado como moeda em vários locais.

O sal refinado contém apenas cloreto de sódio. O chamado sal marinho, ao contrário, contém dezenas de minerais (magnésio, cálcio, bromo e muitos outros), sendo, portanto, alimento bem mais rico que o refinado; deve, entretanto, à exemplo do que ocorre com este, ser usado em quantidades mínimas.

Usos Terapêuticos

Contusões 173
Dentes 178
Garganta 216
Nariz entupido 241
Pressão arterial 255
Tônicos 274

SALEPO

Tubérculo comestível produzido por três variedades de orquídeas (*Orchis mascula*, *Orchis morio* e *Orchis maculata*), procedentes da Europa, Ásia e Oriente Próximo.

Os salepos contêm substância amilácea e possuem agradável sabor adocicado, sendo utilizados no preparo de uma bebida muito nutritiva, denominada *shalep* pelos árabes e *salep* pelos europeus.

Usos Terapêuticos

Estomacais 202

SALSA

Petroselinum sativum, família das umbelíferas.

Erva bianual, originária da Europa e muito cultivada entre nós como condimento. Juntamente com a cebolinha constitui o chamado cheiro-verde.

A raiz, aperitiva, é utilizada como legume.

Usos Terapêuticos

Antiinflamatórios 143
Apetite, estimulantes do 146
Cálculos (pedras) 159
Cicatrizantes 166
Depurativos 179
Digestivos 188
Diuréticos 191
Dor de dente 195
Dor de ouvido 195
Emenagogos 197
Expectorantes 205
Feridas, úlceras, ferimentos 209
Fígado 211
Flatulência 214
Hálito 225
Hemorragia 226
Icterícia 230
Impotência sexual 230
Menstruação 239
Olhos 246
Picadas de insetos 254
Pressão arterial 255
Sarampo 270
Tônicos 274

SALSÃO
Sinonímia: aipo; aipo-de-raiz.

Apium graveolens, família das umbelíferas.

Desta planta são utilizadas na alimentação as folhas frescas ou secas, os talos e as raízes, que apresentam odor pronunciado, bem como sabor amargoso e picante.

Usos Terapêuticos

Ácido úrico	137
Afrodisíacos	138
Antiácidos	142
Apetite, estimulantes do	146
Boca, doenças da	151
Cálculos (pedras)	159
Calmantes	161
Colesterol	169
Depurativos	179
Diuréticos	191
Expectorantes	205
Febre	207
Flatulência	214
Garganta	216
Gota	220
Leite (aumentar a produção de)	234
Pressão arterial	255
Reumatismo. Artritismo	265
Tônicos	274

Usos Terapêuticos

Anti-sépticos	143
Boca, doenças da	151
Bronquite	154
Cálculos	159
Cólicas	171
Coqueluche	174
Dentes	178
Depressão	179
Dor de dente	195
Enxaqueca	199
Expectorantes	205
Feridas, úlceras, ferimentos	209
Garganta	216
Gravidez	221
Gripe. Resfriado	222
Hálito	225
Impotência sexual	230
Laxantes	234
Maleita	236
Menstruação	239
Picadas de insetos	254
Suor	273
Tosse	278
Vômitos	289

SÁLVIA
Sinonímia: salva

Salvia officinalis, família das labiadas.

Arbusto pequeno, originário da Europa, bem aclimatado no Brasil, cujas folhas, frescas ou secas, são muito utilizadas como condimento.

    Do ponto de vista terapêutico, é, desde a Antiguidade remota, dos mais renomados vegetais, graças às numerosas virtudes que possui. Seu nome, aliás, significa "saúde".

SAMAMBAIA-CABELUDA
Sinonímia: samambaia-da-mata-virgem.

Uertensia pectinata, família das gleicheniáceas.

Bela planta de 2 a 3m de altura, muito ornamental e cujo rizoma é empregado em culinária.

Usos Terapêuticos

Diarréia	184

SAMAMBAIA-VERDADEIRA
Sinonímia:
samambaia-das-taperas;
samambaia-das-queimadas;
samambaia-das-roças;
feto-águia.

Pteridium aquilinum, família das polipodiáceas.

Planta encontrada em todo o território nacional e cujos brotos, conhecidos pelo povo como *munheca*, são comestíveis cozidos.

Usos Terapêuticos

Reumatismo. Artritismo 265
Tosse 278

SAPOTI

Fruto do sapotizeiro (*Achras sapota*, família das sapotáceas), o sapoti é globoso, carnudo, com sementes pretas e luzidias, revestido por casca muito fina, de cor marrom. A polpa, mole, tem sabor muito apreciado, sendo consumida ao natural ou sob a forma de doces.

Usos Terapêuticos

Apetite, estimulantes do 146
Cálculos (pedras) 159
Febre 207

SARRACENO
Sinonímia:
trigo-sarraceno;
trigo-mourisco;
trigo-negro;
trigo-vermelho.

Fagopyrum esculentum, família das poligonáceas.

Vegetal originário da Sibéria e da Manchúria, o sarraceno foi levado da Ásia para a Europa pelos cruzados e trazido ao Brasil pelos japoneses e chineses.

As denominações trigo-sarraceno, trigo-mourisco etc., embora comuns, são impróprias, uma vez que o sarraceno não é uma variedade de trigo: este, além de pertencer à família das gramíneas, é monocotiledôneo. O sarraceno pertence à família das poligonáceas e é dicotiledôneo.

Quando tostado, o sarraceno é conhecido como *cacha*.

Usos Terapêuticos

Descalcificação. Raquitismo 181
Tônicos 274

SEGURELHA

Satureja hortensis, família das labiadas.

Erva anual, aromática, originária da Europa mediterrânea.

Suas hastes e folhas, de sabor acre e levemente amargo, são utilizadas como tempero de legumes e carnes.

Usos Terapêuticos

Apetite, estimulantes do 146
Diarréia 184
Digestivos 188
Fígado 211
Icterícia 230
Parasitas intestinais 251

SERPILHO
Sinonímia:
serpão; serpol.

Thymus serpillum, família das labiadas.

Planta de aroma muito agradável, empregada em culinária no preparo de molhos, saladas, bem como tempero de carnes e outros pratos.

Usos Terapêuticos

Aparelho urinário 144
Bronquite 154
Coqueluche 174
Digestivos 188
Flatulência 214
Garganta 216
Mamas 237
Nevralgia 242
Pressão arterial 255
Reumatismo. Artritismo 265
Rouquidão 268
Sinusite 271
Torcicolo 278

SERRALHA

Nome comum a várias plantas da família das compostas, algumas das quais são utilizadas na alimentação humana, quer cruas, em saladas, ou cozidas, como acompanhamento de carnes.

Usos Terapêuticos

Cálculos (pedras) 159
Diarréia 184
Pressão arterial 255

 SOJA

Glycine hispida, família das leguminosas.

Originária da China e do sul do Japão, a soja, ou feijão-soja, é planta cultivada há milênios no Oriente, tendo sido introduzida na América (Estados Unidos), em 1890.

São conhecidas cerca de 500 variedades de feijão-soja e seu uso acha-se cada vez mais difundido no mundo. A soja dá origem a mais de 50 produtos alimentares, tais como: missô (pasta fermentada de soja e arroz ou outro cereal), shoyu (molho de soja), tofu (queijo de soja), tamari (molho tradicional de soja), seitan (carne de soja), leite de soja etc.

Usos Terapêuticos

Arterioesclerose. Ateroesclerose 148
Câncer 163
Colesterol 169
Contusões 173
Desintoxicantes 182
Garganta 216
Menopausa 238
Nervos, tônico dos 242

SORGO
Sinonímia:
mapira; milho-zaburro.

Sorghum, família das gramíneas.

Cereal quase desconhecido entre nós, o sorgo é muito utilizado na África e na Índia, seus locais de origem. Sua introdução no Brasil deve-se aos africanos, que o conhecem com o nome de *mapira*.

O povo negro dos países africanos utiliza amplamente a cerveja de sorgo, quer para comemorar ocasiões festivas, quer como alimento, principalmente em fazendas.

A variedade *Sorghum vulgaris*, muito nutritiva, é bastante empregada em seus países de origem, na confecção de pães, bolos e mingaus. Entre nós seu emprego restringe-se quase que exclusivamente à alimentação do gado e de aves domésticas.

Usos Terapêuticos

Bócio (papo) 154
Bronquite 154
Gripe. Resfriado 222
Laxantes 234
Menstruação 239
Prisão de ventre 256
Rouquidão 268
Tosse 278

SORVA-DA-EUROPA
Sinonímia: sorva-mansa.

Sorbus domestica, família das rosáceas.

Originária da Europa e cultivada desde tempos muito remotos, esta planta produz frutos comestíveis, de sabor adstringente, muito apreciados ao natural e com os quais se preparam também bebidas alcoólicas.

Usos Terapêuticos

Diarréia 184
Hemorróidas 227

STÉVIA

Stevia rebaudiana, família das compostas.

Planta natural do Paraguai, que possui um edulcorante, o esteviosídeo, com poder adoçante cerca de 300 vezes superior ao da sacarose.

Usos Terapêuticos

Contraceptivos 173
Tônicos 274

TABOA ou TABUA
Sinonímia:
partazana (na Amazônia).

Typha dominguensis, família das tifáceas.

Planta que pode atingir vários metros de altura, encontrada em regiões temperadas e tropicais de todo o mundo, espalhadas pelos brejos, margens de rios, lugares úmidos e pantanosos, onde costuma formar associações densas, tendo a função natural de depurar as águas.

Seu rizoma é saboroso e nutritivo, fornecendo abundante quantidade de amido; é muito utilizado na alimentação como substituto do palmito. Com ele costumam ser preparados bolos muito apreciados.

Usos Terapêuticos

Diarréia 184
Diuréticos 191

TAIOBA
Sinonímia:
taiova; orelha-de-veado.

Xanthosoma violaceum, família das aráceas.

Planta herbácea que apresenta tubérculo suculento e comestível, o qual, por ser rico em amido, constitui bom alimento energético.

Além dos tubérculos são também comestíveis as longas folhas, com mais de 20 cm de comprimento, e os talos, que podem ser comidos refogados ou utilizados na preparação de suflês (cuidado, no entanto: além da taioba de folhas comestíveis, mais claras, existe outra, de folhas mais escuras, altamente cáustica).

Usos Terapêuticos

Cicatrizantes 166
Fígado 211

TÂMARA

Fruto da tamareira (*Phoenix dactylifera*), bela árvore da família das palmáceas, natural da Ásia, medindo em média de 7 a 8 m de altura, mas que pode atingir até 30 m.

No Brasil, a tamareira vem sendo plantada com sucesso no Nordeste, produzindo frutos já aos dois anos de idade, enquanto nas regiões de origem a primeira frutificação ocorre aos 4 anos.

Usos Terapêuticos

Calmantes	161
Câncer	163
Cistites	167
Diarréia	184
Garganta	216
Gravidez	221
Insônia	232
Tônicos	274
Tosse	278

TAMARINDO

Fruto do tamarindeiro (*Tamarindus indica*, família das leguminosas), árvore majestosa de 10 a 25 m de altura, originária da Ásia.

O tamarindo é uma vagem oblonga e achatada, de cor marrom, contendo polpa de sabor azedo, no meio da qual se encontram, comprimidas, as sementes.

A polpa é consumida ao natural, como acompanhamento de carnes e assados, e principalmente sob a forma de doces, refrescos e sorvetes.

Usos Terapêuticos

Esquistossomose	201
Fígado	211
Laxantes	234
Parasitas intestinais	251

TANCHAGEM
Sinonímia:
tranchagem; transagem, tanchagem-maior.

Plantago major, família das plantagináceas.

Erva originária da Europa, de folhas comestíveis, que podem ser consumidas refogadas ou acrescidas à sopa.

Além desta, numerosas outras variedades existem, como por exemplo a tanchagem-branca, a tanchagem-redonda, a tanchagem-de-monge etc.

Usos Terapêuticos

Ânus, doenças do	144
Aparelho urinário	144
Boca, doenças da	151
Câncer	163
Cicatrizantes	166
Depurativos	179
Diarréia	184
Dor de dente	195
Estomacais	202
Expectorantes	205
Garganta	216
Ginecológicos, problemas	219
Hemorragia	226
Olhos	246

TATAJUBA
Sinonímia: amaparana; bagaceira.

Bagassa guianensis, família das moráceas.

Árvore grande, atingindo por vezes porte gigantesco, encontrada no Pará e que fornece frutos comestíveis de sabor adstringente, de cor alaranjada, contendo numerosas sementes.

Usos Terapêuticos

Diarréia 184

TOMATE

Solanum lycopersicum, família das solanáceas.

Fruto do tomateiro, erva natural da América do Sul e da qual existem numerosas variedades.

Usos Terapêuticos

Abscessos. Furúnculos 135
Ácido úrico 137
Cabelos, queda dos 158
Calos 163
Câncer 163
Cistites 167
Colite 172
Diuréticos 191
Estomacais 202
Feridas, úlceras, ferimentos 209
Garganta 216
Gota 220
Gripe. Resfriado 222
Hemorróidas 227
Laxantes 234
Menopausa 238
Picadas de insetos 254
Queimaduras 262
Reumatismo. Artritismo 265
Uremia 285
Verrugas 287

TOMILHO
Sinonímia: timo.

Thymus vulgaris, família das labiadas.

Sub-arbusto de 10 a 30 cm de altura, originário da Europa, cujos brotos e folhas, muito aromáticos e de sabor picante, são empregados em culinária no preparo de sopas e molhos, bem como para rechear pepinos, tomates, pimentões e berinjelas.

Usos Terapêuticos

Bronquite 154
Cólicas 171
Desintoxicantes 182
Digestivos 188
Dor de dente 195
Flatulência 214
Hemiplegia 226
Lumbago 235
Olhos 246
Rachaduras, fissuras 264
Rouquidão 268
Sinusite 271

Suor 273
Tosse 278

TRAPOERABA
Sinonímia: marianinha; trapoeraba-azul.

Commelina rudiflora, família das comelináceas.

Planta cosmopolita, cujas folhas e caules são usados como alimentos, crus (em saladas) ou refogados.
É também planta forrageira.

Usos Terapêuticos

Aparelho urinário 144
Baço, doenças do 151
Coceira 169
Fígado 211
Pele 253
Picadas de insetos 254
Tosse 278
Verrugas 287

TREVO-AZEDO
Sinonímia: pé-de-pombo; três-corações.

Oxalis corniculata, família das oxalidáceas.

Variedade de azedinha que em alguns locais, como por exemplo a Índia, é largamente empregada na alimentação.

Usos Terapêuticos

Diarréia 184
Febre 207

TRIGO

Triticum vulgare, família das gramíneas.

Cereal do qual existem milhares de variedades, sendo empregado universalmente como alimento e cuja origem remonta à época persa. No Brasil, a cultura de trigo foi iniciada em 1534, na capitania de São Vicente, com sementes remetidas por Martim Afonso.

Usos Terapêuticos

Câncer 163
Crescimento, estimulantes do ... 177
Depressão 179
Energéticos 198
Envelhecimento precoce 198
Feridas, úlceras, ferimentos 209
Gravidez 221
Hemorragia 226
Laxantes 234
Leite, aumentar a produção de . 234
Mamas 237
Ossos 248
Prisão de ventre 256
Reumatismo. Artritismo 265
Tônicos cerebrais 277

UMARI
Sinonímia: mari.

Geoffraea spinosa, família das leguminosas.

Árvore grande encontrada no Pará e nas várzeas dos estados do Nordeste. Tem flores amareladas e perfumadas e frutos ovóides, verde-amarelados, pendentes de longo pedúnculo. Costumam ser comidos cozidos ou em mingaus.

Usos Terapêuticos

Diarréia	184
Parasitas intestinais	251
Tosse	278

URUCU ou URUCUM

Bixa orellana, família das bixáceas.

Arbusto ou árvore pequena, de até 5 m de altura, cujos frutos, com cápsula recoberta de espinhos, até hoje são empregados em culinária e pela indústria, que utiliza o pó de suas sementes para fabricar o colorau.

Usos Terapêuticos

Afrodisíacos	138
Digestivos	188
Expectorantes	205
Febre	207
Picadas de insetos	254
Protetor solar	260
Queimaduras	262

UVA

Fruto da videira (*vitis vinifera*, família das vitáceas), também conhecida como parreira. Sua pátria é o Oriente, de onde foi levada para a Europa. No Brasil, foi introduzida em 1532 por Martim Afonso de Souza.

Usos Terapêuticos

Ácido úrico	137

Antiácidos 142
Apetite, estimulantes do 146
Bronquite 154
Câncer 163
Colesterol 169
Depurativos 179
Desintoxicantes 182
Diuréticos 191
Fígado 211
Flatulência 214
Laxantes 234
Obesidade 244
Tônicos 274

UVA-DO-MAR

Coccoloba uvifera, família das poligonáceas.

Natural das costas mexicanas, a uva-do-mar é uma baga redonda com menos de 1,5 cm de diâmetro, cuja cor varia de gelo a purpúrea, quase negra.
É empregada na produção de geléias, vinhos e sucos.

Usos Terapêuticos

Febre 207

VAGEM

É o fruto das leguminosas (feijão, grão-de-bico, ervilha, lentilha, tremoço etc.), chamado também legume, dentro do qual se encontram as sementes. A vagem, ao se romper, fica presa à planta enquanto as sementes são expelidas.

Denomina-se também vagem o fruto ainda verde do feijão, usado como alimento (é aproveitado *in totum*: envoltório e sementes).

Usos Terapêuticos

Laxantes 234
Tônicos 274

VEGETAIS CRUCÍFEROS

A família das crucíferas compreende cerca de 350 gêneros, de ampla distribuição nas regiões temperadas do hemisfério norte. Entre nós, são poucos os representantes que crescem espontaneamente e, em geral, são encontrados nos terrenos baldios próximos às cidades.

Esta família botânica tem importância apreciável pelo grande número de plantas a ela pertencentes, utilizadas na alimentação. Entre as mais comuns, temos o agrião, brócolo, couve, couve-de-bruxelas, couve-flor, mostarda, rabanete, rábano, raiz-forte, repolho, rúcula, nabo, mastruço, mastruço-do-peru, nabiça.

Usos Terapêuticos

Câncer 163

VERDURAS EM GERAL

Usos Terapêuticos

Derrame cerebral 181
Hemorragia 226

VINAGRE

Condimento líquido constituído por solução aquosa contendo ácido acético (em torno de 5%) e resultante da fermentação de vinho ou qualquer líquido alcoólico (cidra, hidromel, álcool de cereais etc).

Usos Terapêuticos

Antiácidos 142
Anti-sépticos 143
Cabelos, queda dos 158
Caspa, seborréia, crosta láctea .. 165
Desintoxicantes 182
Garganta 216
Pele 253
Reumatismo. Artritismo 265
Seborréia 271
Varizes 287

VINHO

O vinho, considerado por Pasteur como a "mais higiênica e saudável das bebidas", possui vários

Usos Terapêuticos

Anti-sépticos 143
Colesterol 169
Digestivos 188
Trombose 282

VIOLETA

Viola odorata, família das violáceas.

Planta perene, tendo de 5 a 10 cm de altura, amplamente conhecida por suas belas e aromáticas flores azuladas.

Na Grécia antiga, as flores da violeta eram incluídas em saladas para lhes dar frescor e colorido. Por serem tão apreciadas pelos gregos, chegaram a converter-se no símbolo de Atenas.

Ainda hoje são utilizadas em confeitaria para decorar doces.

Usos Terapêuticos

Escarlatina 200
Garganta 216
Gota 220
Vômitos 289

YAKON
Sinonímia: batata-yakon

Planta originária da América do Sul, da região dos Andes. É um vegetal semi-arbustivo, cuja altura pode chegar a 2 metros.

Sua raiz, suculenta, é rica em vitaminas e minerais; apresenta também substância semelhante à insulina, a qual produz redução da taxa de glicose no sangue. Trata-se de um tubérculo grande, com aspecto de batata-doce e cujo sabor lembra o da pêra.

Usos Terapêuticos

Diabetes 183
Pressão arterial 255

ZIMBRO
Sinonímia: junípero.

Juniperus communis, família das pináceas.

Arbusto ou pequena árvore cujo fruto é globoso, carnoso, de cor azul forte e sabor ao mesmo tempo doce, ácido e amargo, com aroma acentuado.

Tais frutos, conhecidos como bagas de zimbro, entram na composição de duas bebidas muito conhecidas: gim e genebra. São utilizados também para aromatizar carnes e conservas.

Usos Terapêuticos

Apetite, estimulantes do 146
Cálculos (pedras) 159
Diuréticos 191
Enxaqueca 199
Estimulantes gerais 201
Estomacais 202
Febre 207
Gota 220
Hálito 225
Menstruação 239
Orquite 248
Reumatismo. Artritismo 265
Sudoríferos 272

SEGUNDA PARTE

Doenças

ABSCESSOS. FURÚNCULOS
V. também EMOLIENTES (p. 197). FERIDAS, ÚLCERAS (p. 284).

ACELGA – Aplicadas em cataplasma quente sobre a pele, as folhas de acelga exercem ação antiinflamatória em casos de abscessos e furúnculos.

ALECRIM – Para resolver rapidamente abscessos e furúnculos recomenda-se ferver um raminho de alecrim em meio litro de água, até o líquido reduzir-se à metade; aplicar então em compressas quentes nos locais atingidos.

ARRUDA – Para resolver rapidamente abscessos e furúnculos, colocar sobre eles algumas folhas frescas de arruda e cobrir com gaze.

AZEITONA – V. verbete *endro* neste capítulo.

BARDANA – Em casos de furunculose recomenda-se colocar 5 gramas da raiz desta planta, cortada em pedaços pequenos, em 100 ml de água; ferver por 10 minutos e, em seguida, deixar repousar durante 15 minutos. A seguir, coar e tomar uma xícara de chá 3 vezes ao dia, fora das refeições.

ENDRO – Fervido em azeite de oliva e aplicado quente no local, o endro é bastante eficaz na cura de furúnculos.

FENO-GRECO – Contra furúnculos recomenda-se preparar uma pasta com algumas colheradas de feno-grego, reduzidas a pó, e misturadas com água; estender essa pasta sobre uma gaze e, ainda quente, aplicar sobre os furúnculos.

FRUTA-PÃO – Fatias quentes desta fruta, aplicadas sobre abscessos ou furúnculos, têm boa ação resolutiva.

GENGIBRE – O chá feito com o rizoma desta planta (impropriamente chamado de raiz) é utilizado no tratamento de inflamações e infecções da pele em geral: abscessos, furúnculos, espinhas, antrazes. Para prepará-lo, ferve-se um rizoma de tamanho médio, cortado em pedaços, em meio litro de água, durante 10 a 15 minutos. Toma-se à vontade.

INHAME – Sob a forma de emplastro, o inhame "puxa" tudo: furúnculos, abscessos, verrugas, espinhas, corpos estranhos introduzidos acidentalmente nos pés ou nas mãos (farpas, caquinhos de vidro, espinhos etc.). S. Hirsch nos dá a seguinte receita de emplastro de inhame:

"Descasque e rale na parte mais fina do ralador uma quantidade de inhame suficiente para cobrir a área afetada. Rale também um pouquinho de gengibre com casca, dez por cento do volume do inhame. Misture tudo com farinha de trigo comum, para dar liga. Aplique sobre a região, cubra com gaze ou outro paninho fino, nunca com plástico. Em duas ou três horas o emplastro estará seco; retire, ajudando com água morna se for necessário. Repita duas vezes ao dia."

A autora adverte que o inhame medicinal é aquele pequeno, cabeludo (também chamado inhame-chinês), marronzinho por fora.

LINHAÇA – Moendo-se os grãozinhos e reduzindo-os a pó, fazem-se com este cataplasmas que, aplicados sobre furúnculos e abscessos, têm ação emoliente.

PARIPAROBA – As sementes desta planta, secas e trituradas, misturadas com óleo de linhaça, são empregadas em aplicações locais sobre abscessos e furúnculos, apressando a maturação dos mesmos.

REPOLHO – Do ponto de vista terapêutico o repolho tem ação extraordinária sobre abscessos, furúnculos, feridas infectadas, erisipela, bolhas e pústulas, úlceras, gangrena etc.

Dr. Blanc, da Universidade de Paris, citado pela especialista suíça C. Droz, ensina que deve-se usar a planta crua e fresca, de preferência a variedade verde (o repolho roxo tem menor valor medicinal). As folhas devem ser lavadas antes do uso; cortar a saliência do talo e estender as folhas com rolo de macarrão ou uma garrafa, para que fiquem bem lisas, sem nervuras salientes, as quais podem prejudicar a ferida e provocar muita dor. Após isto, as folhas são colocadas sobre o local como as telhas de um telhado sem nenhuma dobra, a qual, por menor que seja, pode provocar dor intensa. Normalmente o curativo é renovado pela manhã e à noite; em casos muito graves a renovação pode ser mais freqüente.

SABUGUEIRO – As folhas desta planta, amassadas e aplicadas sobre furúnculos, abscessos, queimaduras e erisipelas, atenuam rapidamente a dor.

TOMATE – Este fruto, cortado e aplicado sobre furúnculos e abscessos, promove rápida resolução dos mesmos.

ÁCIDO ÚRICO, REDUTORES DO*
V. também GOTA (pág. 220)

ABACATE – O uso constante e prolongado desta fruta ajuda a combater o excesso de ácido úrico.

AGRIÃO – Esta erva é dotada de inúmeras propriedades terapêuticas, entre as quais destaca-se sua eficácia no combate ao aumento de ácido úrico.

ALCACHOFRA – Entre as várias ações medicinais da alcachofra inclui-se a de combater energeticamente o aumento de ácido úrico: usar as folhas (não as brácteas comestíveis) em decocção: 8 gramas em 200 ml de água, fervendo 10 minutos; tomar 3 xícaras ao dia, com suco de limão e mel.

ALHO – Atua contra o excesso de ácido úrico. Consumir dois ou três dentes diariamente.

CEREJA – Utilizar os pedúnculos dos frutos em decocção (ferver 5 g em 100 ml de água durante 10 minutos). Tomar 3 xícaras ao dia, com suco de limão e mel.

FEIJÃO AZUKI – Meio copo 3 vezes ao dia de chá de feijão azuki (v. este verbete) contribui para eliminar o excesso de ácido úrico.

LARANJA – Entre as inúmeras ações terapêuticas desta fruta, é citada a de favorecer a eliminação de ácido úrico.

MILHO – Os estigmas das espigas (os "cabelos" do milho) ajudam a eliminar o excesso de ácido úrico: ferver 12 gramas em 200 ml de água durante 10 minutos e tomar 3 xícaras ao dia, com suco de limão e mel.

MORANGO – O consumo amplo desta fruta contribui para baixar o ácido úrico.

NOZ – O consumo amplo desta fruta é útil para diminuir o excesso de ácido úrico.

PEPINO – Para ajudar a reduzir o excesso de ácido úrico consumir amplamente este vegetal, sem descascá-lo.

SALSÃO – Fazer chá com as raízes desta planta: 8 gramas em 200 ml de água, fervendo durante 8 minutos. Tomar 3 xicrinhas ao dia, com suco de limão e mel.

TOMATE – Tomar diariamente 200 a 250 ml de suco de tomate frescos e maduros.

UVA – O consumo amplo de uva comum ajuda a combater o excesso de ácido úrico.

---

* O ácido úrico é substância encontrada normalmente no corpo humano; faz parte do metabolismo normal do organismo. Algumas afecções (como gota, insuficiência renal, tumores, leucemias, psoríase etc.) podem provocar seu aumento, ao passo que determinadas situações (ingestão de aspirina e de vitamina C em altas doses, administração de contrastes radiológicos etc.) podem levar à sua diminuição no organismo.

ACNE
(ESPINHA)

Esta afecção, muito comum na adolescência, é devida inicialmente à secreção de hormônios masculinos que estimulam a atividade das glândulas sebáceas, determinando o aparecimento de seborréia com posterior inflamação e formação de pus.

ALGAS – A ingestão das algas *clorela* traz benefícios para problemas em geral da pele, inclusive espinhas.

GENGIBRE – O chá feito com o rizoma (impropriamente chamado raiz) desta planta é utilizado com proveito no tratamento de espinhas, furúnculos, antrazes, inflamações e infecções em geral da pele. Para se prepará-lo ferve-se um rizoma de tamanho médio, cortado em pedaços, em meio litro de água durante 10 a 15 minutos. Toma-se à vontade.

INHAME – Sob a forma de emplastro, o inhame "puxa" tudo: furúnculos, abscessos, verrugas, espinhas, corpos estranhos acidentalmente introduzidos nos pés ou nas mãos (farpas, caquinhos de vidro, espinhos etc.). S. Hirsch nos dá uma receita de emplastro de inhame (V. verbete ABSCESSOS. FURÚNCULOS. Pág. 135).

MAMÃO – O mamão maduro, esfregado sobre a pele, elimina manchas e espinhas (acnes).

AFONIA
(PERDA DA VOZ)
V. também ROUQUIDÃO

CENOURA – Para combater a afonia, rouquidão, bronquites e asma recomenda-se tomar caldo concentrado de cenouras: cozinhar 250 g de cenouras em meio litro de água até que o líquido fique viscoso; acrescentar mel e limão.

AFRODISÍACOS
(ESTIMULANTES SEXUAIS)
V. também IMPOTÊNCIA SEXUAL

Afrodisíacos (do grego *aphrodisiakós*): "excitante dos apetites sexuais (*Novo Dicionário Aurélio da Língua Portuguesa*, 2.ª edição).

ABACATE – A polpa desta fruta é tida como afrodisíaca.

AMENDOIM – É reputado como excelente afrodisíaco e excitante sexual masculino.

BAMBU – Os brotos desta planta são considerados afrodisíacos.

BARDANA – A raiz desta planta, acredita-se, é afrodisíaca.

CAJU – A castanha-de-caju é tida como afrodisíaca e eficaz contra impotência.

CEBOLA – Ao lado de inúmeras outras ações a cebola possui, acredita-se, a de ser afrodisíaca.

CENOURA – Na Grécia antiga a cenoura era considerada afrodisíaca.

DURIAN – Nos seus locais de origem o durian é tido como afrodisíaco.

GUARANÁ – Acredita-se que os frutos desta planta possuem propriedades afrodisíacas.

JACA – É considerada afrodisíaca.

JENIPAPO – Uma das propriedades desta fruta, acredita-se, é a de possuir poder afrodisíaco.

JUNÇA – Os rizomas desta planta são considerados afrodisíacos.

MANJERICÃO – Acredita-se que esta planta seja afrodisíaca.

MEL – É considerado estimulante sexual.

NOZ – Considera-se que esta fruta tenha propriedades afrodisíacas.

ORÉGANO – É reputado como estimulante sexual.

PEIXES – A sopa de piranha é tida como afrodisíaca.

PINHÃO – É considerado afrodisíaco e eficaz contra impotência.

PÓLEN – Acredita-se que aja como estimulante sexual e que seja eficaz contra a impotência.

ROMÃ – Acredita-se que esta fruta possua propriedades afrodisíacas.

SALSÃO – A esta planta são atribuídas propriedades afrodisíacas.

URUCU – A infusão de suas sementes (10 a 15 gramas em um litro de água) é utilizada como afrodisíaco.

AIDS
(SIDA)

ALCAÇUZ – Recentemente descobriu-se que um dos componentes do alcaçuz, a glicirrizina, inibe o vírus HIV, presente nos casos de AIDS.

ALGAS – Pesquisas recentes demonstraram que derivados de algas marinhas têm atividades antiviral, inclusive contra o vírus HIV, encontrado nos casos de AIDS.

Em várias partes do mundo está sendo utilizada uma alga microscópica, a *clorela*, no combate àquela síndrome, por fortalecer o sistema imunológico.

ALHO – Antibióticos naturais, presentes em grande quantidade no alho, podem ser benéficos contra infecções oportunistas que ocorrem nos doentes de AIDS.

COGUMELOS – O cogumelo comestível mais popular do Japão, o *shiitake* (também conhecido como cogumelo das florestas japonesas), possui um componente, o polissacarídeo *lentinan*, dotado de propriedades estimuladoras biológicas. Relatório publicado no *New England Journal of Medicine* conclui que tal substância poderá vir a ser eficaz no tratamento da AIDS.

Outro cogumelo, o *leici* (ou *rei-shi*) também parece agir como imunoestimulante.

Devido à ação imunoestimulante muito intensa demonstrada pelo cogumelo maitake, ele está sendo utilizado no tratamento da AIDS segundo relatório do Dr. Hiroaki Nanba (conferência em Fukuoka, Japão, em 1992) e entrevista dada pela especialista Dra. Joan Priestley.

INHAME – Este tubérculo fortalece o sistema imunológico, ativando o funcionamento dos gânglios linfáticos, cuja forma, aliás, o inhame reproduz. Desta maneira, atua auxiliando a prevenção e o tratamento da síndrome de imunodeficiência imunitária adquirida (AIDS).

PEIXES – O esqualene, em estudos realizados principalmente no Japão, mostrou-se útil no tratamento de doenças imunológicas em geral, inclusive AIDS.

ALCOOLISMO

CAFÉ – O consumo dessa bebida, graças à presença de substâncias chamadas lactonas, é recomendado na prevenção e no tratamento do alcoolismo.

PEIXES – Estudos realizados principalmente no Japão mostram que o esqualene (ou squalene) parece ser útil no tratamento do alcoolismo crônico.

ALERGIA

CONFREI – A ingestão do rizoma desta planta parece ser útil em casos de alergia. Pomadas também podem ser utilizadas externamente com a mesma finalidade.

ANEMIAS

A anemia não é uma doença: é uma condição que pode aparecer por diversas razões, tais como: alimentação deficiente, hemorragias agudas ou crônicas, parasitoses intestinais, hemólise (destruição excessiva do sangue), infecções etc.

As anemias mais comuns entre nós são as ferroprivas (por deficiência de ferro) e é nelas que os alimentos-medicamentos a seguir relacionados costumam ser úteis:

ACELGA – Ingerida crua esta verdura é útil no tratamento da anemia.

ACEROLA – Por sua riqueza em ferro e em vitamina C esta fruta é indicada no tratamento das anemias.

AGRIÃO – O suco de agrião (preparado com as folhas da planta batidas em liquidificador com um pouco de água e passadas em peneira) é muito útil no tratamento das anemias.

ALCACHOFRA – Contendo alto teor de ferro, este vegetal é indicado no tratamento das anemias.

ALFACE – O consumo das folhas desta verdura ajuda a combater a anemia.

ALGAS – Por serem muito ricas em ferro e em inúmeras vitaminas (inclusive a B_{12}, raramente encontrada em vegetais) as algas têm indicação como preventivas e curativas das anemias.

ALHO – Entre as várias ações terapêuticas deste vegetal podemos citar sua ação antianêmica devida à sua riqueza em ferro.

AVEIA – O consumo deste cereal, principalmente sob a forma de grãos, de preferência germinados, atua no tratamento das anemias.

BATATA-DOCE – As folhas da batata-doce são comestíveis; ricas em ferro, têm indicação no tratamento e prevenção das anemias.

BETERRABA – É vegetal de grande valor nutritivo. Sendo rica em ferro, a beterraba tem ação nas anemias, em particular se ingerida crua.

BRÓCOLOS – A ingestão deste vegetal é útil no combate à anemia.

CANA-DE-AÇÚCAR – Esta planta, bem como alguns de seus derivados (garapa, rapadura, melado, mel de cana), dada sua riqueza em ferro, tem indicação para prevenir e tratar as anemias.

CANA-DO-BREJO – Esta planta, também conhecida como jacuacanga, em infusão ou decocção, é considerada antianêmica.

CAQUI – Esta fruta é dotada de ação antianêmica.

CEBOLA – Seu uso constante, principalmente se consumida crua, combate a anemia.

CENOURA – O suco fresco de cenoura ajuda a combater a anemia.

COUVE – O consumo constante desta verdura é útil contra a anemia.

DAMASCO – É fruta útil no combate às anemias por carência de ferro.

DENTE-DE-LEÃO – As folhas novas desta planta, cruas ou cozidas, combatem a anemia.

ESPINAFRE – Seu uso habitual ajuda a combater a anemia.

FENO-GREGO – Para combater a anemia recomenda-se tomar um pouco do chá feito com esta planta após cada refeição.

FUNCHO – Para combater a anemia aconselha-se macerar sementes desta planta em um litro de vinho durante 8 dias e tomar duas colheres (de sobremesa) antes e depois das refeições.

GERGELIM – As sementes de gergelim constituem bom remédio para as anemias. Pode-se consumi-las *in natura* ou sob a forma de "tahine" (produto preparado com as sementes moídas e prensadas).

JENIPAPO – Em virtude de sua grande riqueza em ferro esta fruta é recomendada para a prevenção e o tratamento das anemias.

LENTILHA – Esta leguminosa possui ação antianêmica.

MAÇÃ – O uso amplo desta fruta ajuda a combater a anemia.

MORANGO – As raízes desta planta em decocção durante 7 minutos são utilizadas no combate à anemia: tomar duas ou três xícaras ao dia. Os frutos frescos também possuem propriedades antianêmicas, provavelmente devido ao alto teor de ferro que apresentam.

OVO – A gema de ovo, por sua riqueza em ferro, possui ação antianêmica.

ANTIÁCIDOS

O excesso de acidez (hiperacidez) pode ser localizado, atingindo apenas uma parte do organismo, como por exemplo órgãos do aparelho digestivo, determinando a ocorrência de gastrites, gastroduodenites ou úlceras. Pode atingir também todo o organismo, determinando a chamada *acidose*, a qual pode ocorrer, por exemplo, em casos de coma diabético.

ABACAXI – Usada fora das refeições esta fruta diminui o excesso de acidez do estômago.

ACELGA – Esta verdura tem ação alcalinizante sobre o organismo.

ALCAÇUZ – Trata-se de vegetal dotado de ação antiácida, sendo útil em cólicas do aparelho digestivo e no tratamento de úlceras gastrointestinais. Recomendam-se duas ou três xicrinhas da infusão ao dia.

ARROZ INTEGRAL – O vinagre de arroz integral alcaliniza o sangue.

BETERRABA – A raiz desta planta, muito utilizada em alimentação, tem atividade alcalinizante.

CONFREI – O confrei, comido como salada crua, diminui a acidez do estômago.

COUVE-FLOR – Esta variedade de couve possui ação neutralizante sobre a acidez gástrica.

GERGELIM – Sementes desta planta, torradas e moídas com sal marinho, constituem o famoso *gersal*, excelente para combater a acidez do estômago e do organismo em geral.

LARANJA – Todas as laranjas, mesmo as azedas, são eliminadas como radicais alcalinos, tendo ação alcalinizante sobre o organismo, combatendo estados de acidose.

LIMÃO – Esta fruta, a exemplo do que ocorre com a laranja, e apesar do sabor extremamente ácido, é eliminada sob a forma de radicais alcalinos, tendo ação alcalinizante sobre o organismo.

LÚPULO – Esta planta possui ação antiácida. Recomenda-se infusão das flores, deixando repousar durante 30 minutos; tomar duas ou três xicrinhas ao dia.

MAÇÃ – Entre várias outras ações medicinais, a maçã apresenta a de ser antiácida.

MALVA – A malva-pequena é planta dotada de ação antiácida: deixar as folhas e as flores em infusão, repousando durante 30 minutos; tomar duas ou três xicrinhas ao dia.

MELÃO – É fruta que possui ação alcalinizante.

MIL-FOLHAS – Como alcalinizante pode-se utilizar a infusão da planta florida, sem a raiz, repousando durante

20 minutos; tomam-se duas ou três xicrinhas ao dia.

MORANGO – Esta fruta possui poder alcalinizante.

SALSÃO – Possui propriedades antiácidas.

UVA – Por ser alcalinizante, combatendo a acidez sangüínea, esta fruta é indicada a pessoas intoxicadas pelo consumo excessivo de carne.

ANTIINFLAMATÓRIOS
V. também ANTI-SÉPTICOS

ALCAÇUZ – Graças à glicirrizina, substância encontrada no alcaçuz, esta planta é dotada de atividade antiinflamatória.

GENGIBRE – O chá do rizoma desta planta (v. receita à pág. 73) tem boa ação antiinflamatória.

LIMÃO – Esta fruta possui atividade antiinflamatória.

SALSA – O consumo desta planta dá bons resultados nas infecções ou inflamações causadas quer por vírus, bactérias ou fungos.

ANTI-SÉPTICOS
(DESINFETANTES)

ANTI-SÉPTICOS: "Diz-se de substância capaz de impedir, pela inativação ou destruição dos micróbios, a proliferação deles; desinfetante". (*Novo Dicionário Aurélio da Língua Portuguesa*, 2.ª edição)

ALHO – Tem acentuado poder anti-séptico, cuja fama remonta ao ano de 1300, aproximadamente. Segundo a lenda havia nessa época quatro ladrões marselheses que, durante uma epidemia de peste, invadiam e saqueavam os locais atingidos pela doença, sem contudo serem acometidos por ela. Conta-se que os bandidos utilizavam, externa e internamente, um vinagre preparado com alho e outros vegetais (canela, sálvia, losna, noz-moscada etc.), que lhes conferia resistência à infecção. Esse vinagre ficou conhecido como Vinagre dos Quatro Ladrões de Marselha.

ARROZ INTEGRAL – O vinagre de arroz integral é um bom anti-séptico intestinal.

CALÊNDULA – Esta planta tem ação local cicatrizante e anti-séptica em feridas recentes ou antigas, furúnculos, queimaduras e picadas de inseto.

CEBOLA – É vegetal dotado de ação anti-séptica.

LIMÃO – Esta fruta tem poder anti-séptico.

MEL – Além de numerosas outras propriedades, o mel possui a de ser anti-séptico, sendo utilizado com muito sucesso em aplicações sobre feridas e cortes, inclusive cirúrgicos.

MIL-FOLHAS – Esta planta é considerada excelente anti-séptico, usada externamente no tratamento de feridas e úlceras.

PÓLEN – Terapeuticamente o pólen possui propriedades antibióticas e bacteriostáticas, tendo portanto acentuada ação anti-séptica.

SÁLVIA – Entre suas numerosas propriedades, destaca-se a de ser anti-séptico.

VINHO – Segundo o médico e "conoisseur" Sérgio de Paula Santos, o vinho é anti-séptico, antibacteriano e antivirótico.

ÂNUS
(V. também HEMORRÓIDAS, pág. 227)

CALÊNDULA – Em casos de fístulas do ânus, ferver 40 gramas da planta inteira (principalmente as flores) em meio litro de água durante 10 minutos e usar externamente em compressas.

MIL-FOLHAS – Para tratamento de fissuras e fístulas anais recomenda-se fazer ferver 50 gramas desta planta (a parte aérea florida) em meio litro de água durante 10 minutos e usar localmente em compressas frias.

TANCHAGEM – Em casos de fístulas anais recomenda-se o uso, por via oral, desta planta: fazer infusão de 30 gramas de folhas de tanchagem-maior em meio litro de água deixando repousar durante 20 minutos; tomar 3 xicrinhas ao dia.

APARELHO URINÁRIO
V. também: CÁLCULOS, CISTITES e NEFROSES.

ABACAXI – A monodieta desta fruta é utilizada como recurso auxiliar no tratamento de infecções urinárias em geral, inclusive uretrites inespecíficas.

ABÓBORA – As sementes trituradas de abóbora fornecem suco útil no tratamento de infecções das vias urinárias.

ALFACE – Em casos de incontinência urinária recomenda-se o consumo amplo das folhas desta verdura.

ALFAFA – Este vegetal é considerado de grande utilidade no combate aos males do aparelho urinário.

ALFAVACA – O chá feito com esta planta age beneficamente nos males do aparelho urinário, inclusive cólicas e cálculos renais.

AROEIRA – As folhas, flores, frutos e casca dessa árvore, sob a forma de chá, têm sido utilizados contra doenças do aparelho urinário.

AVEIA – Este cereal tem ação contra processos inflamatórios das vias urinárias.

AZEITONA – Desta fruta é extraído o famoso azeite de oliva, que atua contra inflamações dos rins e da bexiga.

BACUPARI – Esta fruta é recomendada no tratamento das afecções urinárias, bem como as folhas e as cascas da árvore, cozidas (bacuri-miúdo).

BAOBÁ – As folhas dessa árvore, em chás, são utilizadas em males do aparelho urinário.

BISTORTA – Contra incontinência urinária recomenda-se a cocção de 20 gramas do rizoma desta planta em um litro de água, fervendo durante 10 minutos; tomar 3 xicrinhas ao dia.

CAAPEBA-DO-NORTE – As raízes cozidas desta variedade de caapeba são empregadas contra afecções das vias urinárias.

CAGAITEIRA – As folhas desta árvore, em chás preparados por infusão ou por decocção, atuam como diuréticos e agem beneficamente sobre várias afecções do trato urinário (cistites, pielites etc.).

CANA-DO-BREJO – O chá feito com esta planta, por infusão ou por decocção, tem-se mostrado eficaz no tratamento dos males do aparelho urinário.

CEBOLA – Este alimento é considerado de utilidade no tratamento de problemas das vias urinárias.

CENOURA – É alimento útil no combate a males da bexiga.

CEVADA – O cozimento deste cereal produz mucilagem benéfica em casos de cistite.

CIDRA – Com as folhas dessa árvore prepara-se chá útil no combate a afecções do aparelho urinário.

COMINHO – As sementes desta planta são empregadas no combate a males do aparelho urinário.

FEIJÃO AZUKI – O chá deste feijão tonifica os rins. Recomenda-se tomar meio copo 3 vezes ao dia.

FIGO-DA-ÍNDIA – Esta planta, em decocção, tem efeito diurético e sedativo sobre infecções do aparelho urinário (cistites, uretrites, pielites).

FRUTA-PÃO – As sementes desta fruta, torradas ou cozidas, são tônicos renais.

GRAPEFRUIT – O consumo desta planta é considerado útil no tratamento de afecções das vias urinárias.

INHAME – A monodieta do inhame é utilizada como recurso no tratamento das inflamações e infecções das vias urinárias.

LOURO – Em casos de pus na urina recomenda-se fazer infusão de folhas de louro (15 gramas em meio litro de água, deixando repousar durante 18 minutos); tomar duas xicrinhas ao dia.

MALVA – Esta planta possui ação desinfetante sobre o aparelho urinário.

MELÃO – É fruta utilizada contra doenças do aparelho urinário (particularmente cálculos renais e males da bexiga).

MIL-FOLHAS – Contra incontinência urinária recomenda-se tomar 3 xicrinhas ao dia de chá feito com esta planta: utilizar a planta aérea florida em infusão (30 gramas para meio litro de água) deixando repousar durante 18 minutos (contra-indicado na gravidez).

MILHO – Os filamentos das espigas de milho, chamados barbas, estigmas ou cabelos, sob a forma de chá, são úteis no combate a moléstias do aparelho urinário, bem como a cálculos renais.

MORANGO – Contra infecções urinárias utiliza-se chá feito com as raízes do morangueiro: decocção de 20 gramas dessas raízes em meio litro de água, fervendo durante 10 minutos. Tomar 3 xícaras ao dia, com um pouco de suco de limão.

PARIPAROBA – O chá das folhas desta planta, preparado por decocção, é utilizado em afecções das vias urinárias.

PEPINO – Este alimento tem ação tônica sobre os rins.

PÊRA – As folhas da pereira, em infusão, são consideradas eficazes no combate às infecções urinárias e aos cálculos renais; preparar infusão com 40 gramas das folhas em 400 ml de água, deixando repousar por 25 minutos; tomar 3 xicrinhas ao dia.

QUIABO – É recomendado o consumo amplo deste alimento em casos de problemas de rins e bexiga.

RABANETE – O consumo deste vegetal ajuda a normalizar as funções renais.

SERPILHO – Em casos de pus na urina está indicada a infusão da parte aérea florida desta planta: 20 gramas em meio litro de água, deixando em repouso durante 18 minutos; tomar 3 xicrinhas ao dia.

TANCHAGEM-MAIOR – Em casos de infecções urinárias utilizar as folhas desta planta em infusão: 25 gramas em meio litro de água, repousando durante 25 minutos; tomar duas ou três xicrinhas ao dia.

TRAPOERABA – O chá preparado com suas folhas é considerado eficaz no combate aos males do aparelho urinário.

APETITE, ESTIMULANTES DO
(Aperientes, Orexígenos)

ABROLHO – As raízes deste vegetal têm ação estimulante sobre o apetite.

ALCACHOFRA – É planta com ação estimulante do apetite.

ALCAPARRA – Os brotos florais desta planta, muito utilizados em culinária, são bastante utilizados como estimulantes do apetite. A mesma ação tem a casca da raiz, em cocção durante 6 minutos: tomar 3 xicrinhas ao dia.

ALFACE – Esta verdura tem ação orexígena.

ARTEMÍSIA – É planta estimulante do apetite.

BOLDO – O boldo estimula o apetite.

CÁLAMO – Esta planta herbácea age estimulando o apetite.

CARDO-SANTO – Para estimular o apetite recomenda-se macerar 20 gramas de folhas e flores desta planta em 120 ml de álcool a 65º por 6 dias e tomar uma colherzinha cerca de 10 minutos antes de cada refeição.

CARURU-AZEDO – A raiz desta planta tem ação aperiente: ferver 25 gramas em meio litro de água durante 8 minutos e tomar duas ou três xicrinhas ao dia.

CEBOLINHA – Os bulbos e as folhas verdes da cebolinha, picados bem fininhos, possuem ação estimulante sobre o apetite.

CERCEPI – Sua raiz, semelhante à da bardana, tem ação aperiente.

CERFÓLIO – A variedade de folhas lisas desta planta é considerada orexígena.

CIDRA – O suco desta fruta, tomado pela manhã em jejum, combate a inapetência.

COENTRO – Para estimular o apetite recomenda-se fazer infusão com 15 g dos frutos desta planta em meio litro de água, deixando repousar por meia hora. Tomar duas ou três xicrinhas ao dia (eficaz principalmente nos casos de anorexia de origem nervosa).

COMINHO – Esta planta atua como estimulante do apetite.

CONFREI – É planta estimulante do apetite.

DENTE-DE-LEÃO – Entre as várias propriedades desta planta figura a de estimular o apetite.

FAIA – Os frutos desta árvore florestal são estimulantes do apetite.

FUNCHO – Possui ação aperiente.

GENGIBRE – Seu rizoma (impropriamente chamado raiz) tem ação orexígena.

GILBARBEIRA – O rizoma agridoce deste arbusto é estimulante do apetite.

GRAPEFRUIT – Tem ação aperiente.

HISSOPO – Possui ação estimulante sobre o apetite.

KIWI – O consumo desta fruta estimula o apetite.

LARANJA – Esta fruta estimula o apetite.

MAÇÃ – Tem ação aperiente.

MAMÃO – A monodieta desta fruta é utilizada para estimular o apetite.

MEXERICA – É fruta que estimula o apetite.

MORINGA – Das cascas, folhas e raízes desta árvore extrai-se suco acre e picante, com propriedades aperientes.

NIGELA – As sementes desta planta estimulam o apetite.

PEPINO – Quando consumido antes das refeições, o pepino é um bom estimulante do apetite.

PÊSSEGO – É fruta com ação aperiente.

PIMENTA – Usada com moderação, a pimenta estimula o apetite.

RABANETE – A raiz desta planta (parte habitualmente comestível) é aperiente.

RÁBANO – Assim como seu parente rabanete, o rábano também estimula o apetite.

RAIZ-FORTE – Este alimento-tempero tem propriedades aperientes.

ROMÃ – É fruta com acentuada ação orexígena.

RUIBARBO – Tem ação aperiente.

SALSA – A raiz desta planta é aperiente.

SALSÃO – Como estimulante do apetite recomenda-se moer as folhas e as raízes desta planta e beber o suco antes das refeições.

SAPOTI – As sementes desta planta, amassadas e dissolvidas, são estimulantes do apetite.

SEGURELHA – Para estimular o apetite recomenda-se a infusão da planta inteira: 30 g em meio litro de água, repousando durante 18 minutos; tomar 3 xicrinhas ao dia.

UVA – É fruta possuidora de ação aperiente.

ZIMBRO – Seus frutos (as "bagas de zimbro") estimulam o apetite.

APETITE, REDUTORES DO

ALGAS – Várias algas, entre as quais a espirulina e a clorela, têm a propriedade de diminuir o apetite desde que ingeridas cerca de meia hora antes das refeições.

GUARANÁ – As sementes desta fruta têm ação redutora sobre o apetite.

ARTERIOESCLEROSE. ATEROESCLEROSE

Arterioesclerose significa esclerose ou endurecimento das artérias.

Ateroesclerose significa a formação de ateromas nas artérias. Ateromas constituem degeneração da camada íntima das artérias, que, nas de maior calibre, apresentam-se como placas brancas ou amareladas, às vezes calcificadas.

ALCACHOFRA – Para combater a arterioesclerose recomenda-se ferver 5 g das folhas desta planta em 100 ml de água durante 12 minutos e tomar duas ou três xicrinhas ao dia, longe das refeições.

ALFACE – Esta verdura tem ação contra a arterioesclerose.

ALGAS – A ingestão da alga unicelular microscópica *clorela* confere proteção contra moléstias degenerativas, tais como a ateroesclerose.

ALHO – Planta com numerosas ações terapêuticas, o alho previne o infarto do miocárdio e a ateroesclerose:

macerar 25 g do bulbo, bem cortado, em 100 ml de álcool a 70º por 15 dias. Após isto tomar 20 a 30 gotas ao dia, em um pouco de água.

AZEITONA – As folhas de oliveira, em infusão (5 g em 100 ml de água, deixando repousar durante 25 minutos), combatem a arterioesclerose. Tomar duas ou três xicrinhas ao dia.

CANOLA – No óleo desta planta, que tem apenas 6% de gorduras saturadas, é encontrado o ácido ômega-3 que, acredita-se, contribui para a prevenção da aterosclerose, da angina-de-peito e do infarto do miocárdio.

CEBOLA – Contra problemas de arterioesclerose e de aterosclerose recomenda-se macerar meio quilo de cebola triturada em um litro de vinho branco seco por 8 dias; filtrar em pano, espremendo com força. Adicionar 100 g de mel e tomar dois ou três cálices ao dia.

CENTEIO – Por sua notável ação fluidificante sobre o sangue, o centeio é útil na prevenção da aterosclerose e das doenças cardiovasculares em geral.

COGUMELOS – O cogumelo gigante leici ou leichi tem demonstrado ação favorável em casos de arterioesclerose.

GUARANÁ – As sementes desta fruta são consideradas preventivas da aterosclerose.

KIWI – Chamada pelos italianos "planta della salute" esta fruta tem ação no combate à aterosclerose.

LIMÃO – O amplo consumo de limão maduro é considerado útil no combate à aterosclerose.

MAÇÃ – O consumo constante desta fruta contribui para melhorar a arterioesclerose.

MELÃO – É considerado fruta preventiva da aterosclerose e ativadora da circulação sangüínea.

MEXERICA – Esta fruta é louvada como de utilidade no tratamento da arterioesclerose.

MILHO – O óleo deste cereal (contido no germe do grão) é rico em ácidos graxos poli-insaturados (oleico, linoleico), sendo útil nas dietas preventivas da aterosclerose (usar o óleo prensado a frio e não aquecê-lo).

SOJA – O alto teor de gorduras não saturadas presentes na soja faz com que este alimento seja útil na prevenção e no combate à aterosclerose.

ARTRITE. ARTRITISMO
V. REUMATISMO

ASMA
V. também: BRONQUITE; EXPECTORANTES; GRIPE; ROUQUIDÃO; TOSSE

ALFAVACA – Esta planta possui propriedades antiasmáticas.

ANIS – É erva dotada de ação antiasmática.

BARDANA – Em casos de asma recomenda-se fazer decocção da raiz: 60 g em meio litro de água, fervendo durante 10 minutos; tomar 3 xicrinhas ao dia, com mel.

BORRAGEM – As folhas desta planta, em decocção, aliviam a tosse da asma. Ferver 20 gramas em meio litro de água durante 10 minutos; tomar 3 xicrinhas ao dia, com mel.

CAFÉ – A cafeína contida nesse vegetal ajuda a dilatar os brônquios. Os consumidores dessa bebida costumam apresentar menos asma que as demais pessoas.

CEBOLA – O consumo regular desse vegetal atua favoravelmente na prevenção e no tratamento da asma.

CENOURA – Ferver 250 g desta raiz em meio litro de água até que o líquido fique viscoso; acrescentar mel e limão. Tal beberagem é útil no combate a afonias, bronquites, rouquidão e asma.

CONFREI – É erva com ação anti-séptica das vias respiratórias, expectorantes e antiasmática.

COUVE – Cozinhando-se esta hortaliça em água obtém-se tisana eficaz no combate a problemas do aparelho respiratório: tosse, bronquite, rouquidão, asma.

JENIPAPO – É fruta dotada de propriedades antiasmáticas.

MORANGO – Para aliviar a tosse da asma recomenda-se fazer decocção com a raiz do morangueiro: 30 g em meio litro de água, fervendo durante 5 minutos; tomar 3 xícaras ao dia, com mel.

PEIXES – Estudos realizados principalmente no Japão mostraram que o esqualene, substância que existe em peixes que habitam águas geladas dos oceanos, é útil no combate à asma.

PIMENTA – Ajudando a diminuir a viscosidade do muco, a pimenta auxiliar sua eliminação. Além disso tem atividade antiinflamatória graças a seu componente cafsaicina..

BAÇO, DOENÇAS DO

ALCAÇUZ – Esta planta tem reputação de fortalecer as funções do baço.

BETERRABA – É considerada alimento estimulante das funções esplênicas (do baço).

BOLDO – É útil nas afecções do baço, principalmente no engurgitamento deste órgão devido ao impaludismo (maleita).

CAMAPU – Esta planta costuma ser empregada no combate às moléstias do baço.

PARIPAROBA – Em decocção esta planta é usada no tratamento das moléstias esplênicas (do baço).

TRAPOERABA – O chá preparado com as folhas desta planta é considerado eficaz no combate às afecções do baço.

BICHO-DE-PÉ

ABRICÓ-DO-PARÁ – Dessa planta exsuda resina inseticida, utilizada no tratamento do bicho-de-pé.

BOCA, DOENÇAS DA
(Aftas, estomatites, gengivites, piorréias, queilites [boqueiras], sapinho, candidíase oral, monilíase oral)

AGRIÃO – O agrião cru é útil contra processos infecciosos da boca. O hábito de mastigar diariamente folhas de agrião cru é ótimo para fortalecer as gengivas.

AGRIÃO-DO-PARÁ – Em casos de gengivites recomenda-se macerar 25 g dos brotos desta planta em 100 ml de álcool a 70º durante 8 dias. Diluir em 25% de água e utilizar em bochechos.

ALCAÇUZ – Foi demonstrado que a carbenoxolona, substância existente no alcaçuz, atua eficazmente contra úlceras bucais.

ALFAVACA – Contra afecções da boca e da garganta recomenda-se bochechos e/ou gargarejos com 50 g de folhas secas ou 100 g de folhas frescas de alfavaca fervidas durante 10 minutos em meio litro de água.

ALGAS – O consumo da alga clorela tem-se mostrado útil no tratamento de doenças da cavidade oral: gengivite, estomatites, piorréia etc.

AMEIXA-AMARELA (NÊSPERA) – Contra inflamações da boca recomendam-se bochechos e/ou gargarejos freqüentes com folhas frescas da ameixeira fervidas em água (decocção).

AMORA – As amoras não totalmente maduras, quando espremidas, produzem suco que, misturado com água, é utilizado em bochechos e gargarejos contra aftas e estomatites em geral.

AZEDA-MIÚDA – Em casos de estomatites rebeldes recomenda-se ferver a planta inteira (10 g em 100 ml de água durante 12 minutos) e usar em bochechos, várias vezes ao dia.

AZEITONA – Em casos de úlceras das gengivas recomendam-se bochechos com folhas da oliveira em decocção (10 g das folhas em 100 ml de água, fervendo durante 12 minutos).

BATATA-DOCE – As folhas da batata-doce, cozidas, são eficazes em bochechos e gargarejos no tratamento de tumores e inflamações da boca e da garganta.

BERINJELA – Com esta hortaliça torrada mais sal marinho é preparado o "dentie", o qual, aplicado com o dedo em massagens sobre as gengivas, é eficaz contra piorréia e inflamações da boca em geral: aplicar o pó sobre a região afetada, friccionando com vigor repetidas vezes.

BISTORTA – As raízes desta planta, cozidas e utilizadas sob a forma de bochechos e gargarejos, são úteis no tratamento das afecções da boca, gengivas e garganta.

CAJU – As cascas do cajueiro, cozidas e utilizadas em bochechos e gargarejos, combatem aftas e afecções da garganta.

CALÊNDULA – A tintura de calêndula é largamente empregada, com sucesso, no tratamento das doenças infecciosas da boca e da garganta: dissolver 20 gotas em meia xícara de água morna e usar em bochechos e gargarejos.

CAMBUÍ-VERDADEIRO – Esta fruta é empregada na remoção de tártaro dentário e também em casos de piorréia, aftas, estomatites e úlceras da boca, graças à sua potente ação anti-séptica bucal.

ENDRO – Em casos de estomatites recomendam-se bochechos e gargarejos várias vezes ao dia com 5 gramas de sementes desta planta colocadas em um litro de água fervendo (amornar o líquido primeiro e depois coá-lo).

FIGO – Figos secos, cozidos com água e utilizados em bochechos, combatem inflamações da boca e gengivas.

FRAMBOESA – As folhas da framboeseira, em decocção (15 g em meio litro de água), são muito utilizadas nas inflamações da boca e da garganta.
Em casos de queilites (boqueiras) usam-se as folhas e as flores da framboeseira (infusão com 50 g em meio litro de água, repousando durante 30 minutos); aplicar localmente.

JABUTICABA – As cascas da fruta e da árvore, em decocção, têm-se mostrado eficazes no combate a afecções agudas e crônicas da boca e da garganta: usar em bochechos e gargarejos.

LIMÃO – Em casos de estomatites é eficaz o uso de limão como colutório: diluir o suco desta fruta em água morna (na proporção de 50%) e fazer bochechos ou gargarejos várias vezes ao dia.

MAÇÃ – A ingestão de vinagre de maçã é útil no tratamento das doenças dos dentes e gengivas.

MALVA – Desde a antiguidade esta planta é muito reputada no tratamento de afecções da boca, gengivas e garganta: fazer infusão com as folhas, flores e raízes (10 g em 100 ml de água, repousando por uma hora) e usar em bochechos ou gargarejos várias vezes ao dia.

MANGA – Contra afecções da boca e gengivas recomendam-se bochechos com o decocto das folhas de mangueira.

MARMELO – No combate a inflamações da boca e da garganta deve-se cozer marmelo com água, coar, diluir o filtrado com mais um pouco de água e utilizá-lo em bochechos e gargarejos.

MORANGO – Em casos de estomatites com úlceras na boca são recomendados bochechos várias vezes ao dia com infusão de 10 g de raízes de morangueiro em 100 ml de água (deixando-se repousar durante meia hora).

NOZ – Em casos de aftas, estomatites em geral e dores de garganta, recomenda-se ferver 10 g de folhas de nogueira, frescas ou secas, em 300 ml de água, com 6 g de ácido bórico em pó; quando estiver morno, fazer bochechos ou gargarejos várias vezes ao dia.
Outra receita eficaz: ferver 20 g de cascas de nozes reduzidas a pó em 100 ml de água e usar em bochechos várias vezes ao dia (eficaz também contra piorréia).

RAIZ-FORTE – Em casos de hemorragias gengivais recomenda-se mastigar lentamente esta raiz.

RAPÚNCIO – Em casos de gengivites fazer infusão com as sumidades floridas desta planta: 8 g em 100 ml de água, repousando 25 minutos. Usar em gargarejos.

ROMÃ – Contra inflamações da boca, gengivas e garganta recomenda-se bochechos ou gargarejos várias vezes ao dia com infusão preparada com meio litro de água fervente e 25 g de flores de romãzeira ou de cascas da fruta.

SABUGUEIRO – Contra piorréia usar as flores desta planta em infusão (20 g em meio litro de água, repousando 15 minutos). Tomar 3 xicrinhas ao dia.

Pode-se também bochechar com decocção feita com a casca da árvore: 10 g em 100 ml de água, fervendo durante 15 minutos.

SALSÃO – Em casos de úlceras da boca são indicados bochechos com o suco desta planta.

SÁLVIA – As folhas desta planta, mastigadas lentamente e por bastante tempo, fortificam as gengivas.

Em casos de gengivite pode-se também ferver 6 g de folhas em 100 ml de água durante 8 minutos e usar em bochechos.

TANCHAGEM – As folhas de tanchagem, em bochechos e gargarejos, apresentam acentuada ação curativa contra aftas e estomatites em geral.

BÓCIO (PAPO)

ALGAS – As algas marinhas são usadas em todo o mundo na prevenção e tratamento do bócio. Agem devido à sua riqueza em iodo.

COUVE – O consumo deste vegetal combate o bócio.

SORGO – A haste deste cereal, queimada e reduzida a pó, é considerada excelente remédio contra o bócio.

ALIMENTOS QUE PODEM PRODU-ZIR BÓCIO (PAPO):
Cebola
Couve-flor
Repolho

BRONQUITE
V. também: ASMA, GRIPE, EXPECTORANTES, TOSSE.

ABACATE – Chá preparado com as folhas de abacateiro e/ou brotos de abacate são usados contra tosse, bronquite e rouquidão.

ABACAXI – Em casos de bronquite, uma boa receita consiste em cozinhar fatias de abacaxi e, quando frias, retirar-lhe o suco que deve ser misturado com mel e guardado num frasco bem tampado. Toma-se às colheradas, ao longo do dia.

ABIO – Esta fruta é reputada como útil no alívio de afecções do aparelho respiratório, inclusive bronquite.

ACELGA – Esta verdura, crua, é utilizada no combate à bronquite.

AGRIÃO – Para tratar bronquites recomenda-se pilar folhas de agrião cruas ou batê-las em liquidificador com um pouquinho de água, passando-as em peneira a seguir. Esse suco é muito útil no tratamento das bronquites, inclusive as crônicas, principalmente se tomado com mel. Tomar em xicrinhas, várias vezes ao dia.

ALCAÇUZ – A raiz deste arbusto é empregada com sucesso em afecções do aparelho respiratório, sendo eficaz contra tosses, rouquidões, gripes e bronquites.

ALECRIM – Esta planta tem grande reputação como eficaz no tratamento de asma e bronquite.

ALFARROBA – O chá desta planta, preparado por decocção, é empregado contra doenças dos brônquios.

ALHO – Entre as várias ações medicamentosas do alho destaca-se a de prevenção e tratamento das doenças agudas e crônicas do aparelho respiratório.

AMEIXA – Comida em abundância e ameixa é útil contra bronquites.

AROEIRA – As folhas, flores, frutos e a casca desta árvore, sob a forma de chá, são utilizados no combate às bronquites.

AZEITONA – As folhas da oliveira são úteis no tratamento das bronquites: deixar em infusão 6 g em 100 ml de água durante 18 minutos e tomar duas ou três xicrinhas ao dia, nos intervalos das refeições.

BANANA – A seiva do caule aparente da bananeira age no combate às bronquites.

BARDANA – Em casos de bronquites recomenda-se tomar chá preparado com 30 g de folhas dessa planta em 100 ml de água.

BELDROEGA – As folhas desta verdura, consumidas em saladas, são úteis em casos de bronquite.

CAJU – Do tronco do cajueiro exsuda resina amarela e dura, eficaz contra males do aparelho respiratório, inclusive bronquites.

CAMBARÁ – As folhas e as flores do cambará, em chás por infusão ou decocção, são empregadas com bons resultados nas afecções das vias respiratórias.

CARAGUATÁ – Com os frutos desta planta produz-se xarope de largo emprego como expectorante e contra bronquite, asma, coqueluche e tosses em geral.

CASTANHA – As folhas tenras do castanheiro, em infusão, combatem bronquite, coqueluche e tosses em geral.

CENOURA – O caldo concentrado de cenouras, acrescido de mel e limão, é de grande utilidade no combate à afonia, rouquidão, bronquite e asma: ferver 250 g de cenouras em meio litro de água até que o líquido fique viscoso.

CEVADA – É cereal útil contra catarro e bronquites crônicas.

COUVE – Da couve cozida em água obtém-se tisana eficaz no combate a moléstias do aparelho respiratório: tosses, bronquites, rouquidão, asma.

FIGO – O figo cozido com leite atua beneficamente nas bronquites: ferver, em leite, durante 10 minutos, 5 figos cortados em fatias bem finas e tomar à noite, ao deitar-se.

GENGIBRE – O chá de gengibre tem

ação eficaz em bronquites e asma: cortar um rizoma de tamanho médio em pedaços bem pequenos, colocá-los em meio litro de água e deixar ferver durante 10 a 15 minutos. Tomar várias vezes ao dia.

LIMÃO – Tem ação auxiliar no tratamento da asma e da bronquite.

LINHAÇA – Em casos de bronquite recomendam-se as sementes do linho em infusão: 3 g em 100 ml de água, deixando-se repousar durante 6 horas; tomar 3 xicrinhas ao dia.

LOURO – As folhas desta planta, em infusão (4 g em 100 ml de água repousando durante 12 minutos), são úteis em casos de bronquites, principalmente crônicas. Tomar 3 xicrinhas ao dia, adoçadas com mel.

MANDACARU – Trata-se de vegetal com ação tônica sobre o aparelho respiratório, sendo indicado em casos de gripes, bronquites e tosses em geral.

MANGA – O consumo desta fruta é benéfico em casos de tosses e bronquites.

MASTRUÇO – As folhas desta planta constituem bom remédio contra males do aparelho respiratório, inclusive bronquites.

MASTRUÇO-DO-PERU – As folhas desta planta têm ação benéfica sobre males do aparelho respiratório, tais como bronquites.

MEL – O mel, de qualquer florada (ou mesmo não floral), costuma agir beneficamente sobre as bronquites e os males em geral do aparelho respiratório. São considerados particularmente eficazes os méis de eucalipto, vassoura e cambará.

MORANGO – O consumo desta fruta ajuda a combater as bronquites.

MURICI – Terapeuticamente esta fruta e a casca do caule de árvore, sob a forma de chá, são empregados no tratamento das bronquites e das tosses em geral.

PARIPAROBA – O chá feito com as cascas do tronco desse arbusto é empregado no combate a tosses e bronquites.

PIMENTA – Segundo o Dr. Irwin Ziment, professor da UCLA e especialista em aparelho respiratório, a pimenta é alimento com excelente ação sobre problemas em geral desse aparelho, tais como gripes e bronquites. É dotada de acentuada ação expectorante.

PRIMAVERA – Chás preparados com as raízes, folhas e flores desta planta são empregados com bons resultados em casos de bronquites e tosses em geral.

SÁLVIA – O uso desta planta é benéfico em casos de tosses e bronquites.

SERPILHO – Contra bronquite recomenda-se deixar esta planta (florida) em infusão (6 g em 100 ml de água durante 18 minutos) e tomar duas xicrinhas ao dia; adoçar com mel.

SORGO – As sementes cozidas deste

cereal são utilizadas em afecções das vias respiratórias (tosses, bronquites, gripes, rouquidões).

TOMILHO – Em casos de bronquite deixar esta planta (florida) em infusão (3 g em 100 ml de água, repousando 18 minutos); tomar 3 xicrinhas ao dia, adoçadas com mel.

UVA – Em casos de bronquite recomenda-se tomar 3 ou 4 xícaras ao dia de infusão preparada com uvas-passas: 10 g em 100 ml de água, repousando 15 minutos.

BRONZEADORES

BETERRABA – O suco de beterraba, misturado ao de cenoura, constitui ótimo bronzeador natural.

CENOURA – O suco de cenoura puro, ou misturado ao de beterraba, aplicado sobre a pele, é excelente bronzeador natural.

CABELOS
QUEDA DOS;
FORTALECIMENTO DOS

ABACATE – O óleo obtido desta fruta, friccionado sobre o couro cabeludo, tem ação acentuada contra caspa e queda dos cabelos.

ALECRIM – A essência de alecrim, em fricções sobre o couro cabeludo, combate a queda dos cabelos.

ALFAVACA – Para combater a queda dos cabelos recomenda-se friccionar o couro cabeludo com o suco extraído desta planta.

AVELÃ – Desta fruta é extraído óleo utilizado como tônico capilar muito reputado como de grande eficácia contra queda dos cabelos.

BARDANA – O suco feito com a raiz da bardana, em fricções sobre o couro cabeludo, tem boa ação contra queda dos cabelos.

CEBOLA – Friccionada sobre o couro cabeludo a cebola é eficaz contra a queda de cabelo.

CENOURA – O consumo desta planta é útil para o fortalecimento dos cabelos.

COUVE – O suco desta hortaliça, em fricções sobre o couro cabeludo, impede a queda dos cabelos e é útil contra seborréia.

GERGELIM – As folhas desta planta fornecem loção que, aplicada sobre o couro cabeludo, estimula o crescimento do cabelo.

JUÁ – A casca desta árvore, em aplicações locais, possui ação tônica sobre os cabelos.

LÚPULO – Os cabelos lavados com infusão deste vegetal adquirem força e maciez.

MEL – O uso deste alimento, particularmente em aplicação tópica, é benéfico para o cabelo.

MUTAMBA – A casca desta árvore, cozida, é empregada topicamente contra queda do cabelo e moléstias parasitárias do couro cabeludo.

PAINÇO – O consumo deste cereal fortalece os cabelos.

PEIXE – A gelatina de peixe age favoravelmente no sentido de impedir e tratar a queda dos cabelos.

PEPINO – Por ser rico em enxofre e silício, o consumo deste vegetal estimula o crescimento dos cabelos e os fortalece.

TOMATE – O suco de tomate, friccionado sobre o couro cabeludo, combate a queda dos cabelos.

VINAGRE – O vinagre de maçã, em uso interno ou local, age contra a queda dos cabelos.

CABELOS
(ESCURECER)

CAFÉ – Aplicado sobre os cabelos, o café tem a propriedade de escurecê-los.

GERGELIM – A aplicação tópica de decocto filtrado de folhas de gergelim faz escurecer o cabelo.

NOZ – As cascas de nozes são empregadas para escurecer os cabelos brancos.

Balmé nos fornece a seguinte receita: ferver 50 g de cascas de nozes em 200 ml de água durante 15 minutos; após esfriar, acrescentar 70 ml de álcool a 70º e 30 ml de água de colônia. Aplicar nos cabelos lavados.

CÂIMBRAS

GIRASSOL – O consumo diário de sementes de girassol previne o aparecimento de câimbras.

CÁLCULOS
(PEDRAS, AREIAS)

Os alimentos abaixo relacionados podem ser úteis em casos de calculose desde que não existam obstáculos anatômicos nas vias excretoras.

ABACATE – A monodieta de abacate por dois ou três dias é útil no combate aos cálculos da vesícula biliar.

ABACAXI – A dieta exclusiva com esta fruta (um dia não comendo senão abacaxi), feita em intervalos regulares (geralmente de uma semana), é útil tanto para a fase aguda da litíase (calculose) renal, quanto para prevenir a formação de novos cálculos.

ACELGA – Contra cálculos da vesícula biliar recomenda-se o consumo de suco de acelga e de agrião em partes iguais.

AGRIÃO – V. verbete acelga, acima.

ALGAS – Atuam contra pedras dos rins e da vesícula.

ALHO-PORRO – O consumo desta hortaliça auxilia a eliminação de cálculos renais.

ARROZ – Estudos recentes indicam que o farelo de arroz pode ser útil na prevenção de cálculos do aparelho urinário.

AZEITE – O azeite de oliva atua contra pedras na vesícula biliar. Recomenda-se tomar cerca de 50 ml diariamente, de preferência em jejum (usar o azeite prensado a frio).

BARDANA – O chá feito com as folhas desta planta auxilia a eliminação de cálculos renais e biliares.

CARDO-SANTO – Contra cálculos dos rins e das vias salivares usam-se as folhas e as flores desta planta em infusão; 7 g em meio litro de água durante 12 minutos. Tomar 3 xicrinhas ao dia.

CENOURA – Contra cálculos em geral recomenda-se cortar 100 g de cenouras em pedaços pequenos e ferver durante 15 minutos em meio litro de água. Adoçar com mel e beber morna, pela manhã.

CEREJA – O chá por decocção dos pedúnculos dos frutos (5 g em 200 ml de água) é útil principalmente contra cálculos de ácido úrico. Tomar 3 xícaras ao dia.

CHÁ-PRETO – O consumo de chá-preto auxilia a eliminação de cálculos renais.

CHICÓRIA – Contra cálculos do aparelho urinário recomenda-se ferver 5 g da raiz desta planta em 100 ml de água durante 8 minutos; tomar 3 xícaras ao dia.

COUVE – O consumo desta verdura atua beneficamente contra cálculos renais.

DENTE-DE-LEÃO – O suco preparado com as raízes e folhas frescas desta planta é útil contra cálculos dos rins e da vesícula, principalmente os formados por oxalatos. Tomar 3 xícaras ao dia.

FIGO – O consumo desta fruta é útil contra cálculos renais ou biliares.

JILÓ – O jiló, principalmente sob a forma de monodieta, é útil contra calculos biliares.

LIMÃO – Esta fruta é útil no combate à calculose renal e biliar. Recomenda-se tomar o suco de dois limões por dia, diluído em água, durante 20 dias.

MAÇÃ – A famosa bebida sidra, feita de maçã, é considerada muito eficaz contra cálculos renais.

MAMÃO – Esta fruta, particularmente sob a forma de monodieta, é utilizada no combate a cálculos da vesícula biliar.

MELÃO – Esta fruta é considerada útil contra cálculos do aparelho urinário.

MEXERICA – Tem ação preventiva na calculose renal por oxalato de cálcio.

MILHO – Os filamentos das espigas, chamados barbas, cabelos ou estigmas, são úteis no combate aos cálculos do aparelho urinário: ferver 10 g em 100 ml de água durante 8 minutos e tomar 3 xícaras ao dia.

MORANGO – Esta fruta auxilia a eliminação dos cálculos renais.

PÊRA – As folhas da pereira, em infusão, são consideradas eficazes no combate à calculose renal.

PRIMAVERA – Chás feitos com flores e folhas desta planta auxiliam a eliminação de cálculos do aparelho urinário.

SABUGUEIRO – Contra cálculos em geral recomenda-se usar a casca de sabugueiro em decocção: 6 g para 100 ml de água, fervendo durante 10 minutos. Tomar duas ou três xicrinhas ao dia.

SALSA – Para cálculos do aparelho urinário ferver 5 g de raízes desta planta em 100 ml de água durante 10 minutos; tomar 3 xicrinhas ao dia.

SALSÃO – O chá de raízes de salsão é indicado para cálculos do aparelho urinário e da vesícula biliar (ferver 20 g em meio litro de água durante 10 minutos).

SÁLVIA – O consumo desta verdura auxilia a eliminação de cálculos dos rins e da vesícula.

SAPOTI – As sementes desta fruta, amassadas e dissolvidas, são muito reputadas como solventes de cálculos renais e da vesícula.

SERRALHA – Contra cálculos biliares recomenda-se ferver 25 g de raízes desta planta em meio litro de água durante 8 minutos. Tomar 3 xícaras ao dia.

ZIMBRO – Os frutos amassados em infusão (10 g em meio litro de água, repousando durante 25 minutos) são úteis em casos de calculose em geral.

PODEM PRODUZIR OU PIORAR CÁLCULOS:
Beterraba (folhas)
Cacau
Carambola
Couve-flor
Espinafre
Feijão
Grão-de-bico
Kiwi
Paciência
Tomate
Vagem

CALMANTES
(SEDATIVOS)

V. também INSÔNIA, HISTERIA

AÇAFRÃO – O pó amarelo desta planta, extraído dos estigmas das flores, possui ação sedativa.

AÇÚCAR – O açúcar e os hidratos de carbono em geral produzem substâncias que levam à letargia, calma, torpor.

Nota: Em casos de tensão pré-menstrual, o açúcar e os hidratos de carbono não só não acalmam, como, pelo contrário, têm ação excitante.

ALFACE – É sobejamente conhecida a ação calmante desta verdura.

ALFAFA – Este vegetal, de grande valor nutritivo, é dotado de ação sedativa.

ALFAZEMA – A alfazema, ou lavanda (também conhecida como lavândula), é planta possuidora de ação calmante. A revista médica The Lancet publicou uma pesquisa revelando a ação dessa planta contra insônia; na prática, basta pingar 3 ou 4 gotas de óleo essencial de lavanda (alfazema) no travesseiro para se ter um sono calmo e repousante.

ANGÉLICA – Como calmante pode-se utilizar a raiz desta planta em infusão (10 g em 200 ml de água, repousando 25 minutos). Tomar duas xicrinhas ao dia.

ANIS – Esta planta, conhecida também como erva-doce, tem ação sedativa.

ARECA – Os frutos dessa palmeira possuem acentuada ação sedativa, sendo inclusive usados como narcóticos.

ASPARGO – Este alimento é dotado de ação sedativa.

BOLDO – O chá feito com esta planta tem ação sedativa.

BRÓCOLOS – Este vegetal é dotado de ação calmante.

CEBOLA – É alimento possuidor de ação sedativa.

CIDRA – A casca desta fruta, em infusão, atua como calmante, principalmente se associada à erva-cidreira.

COUVE-FLOR – Esta variedade de couve apresenta ação sedativa.

ESPINAFRE – A verdura do marinheiro Popeye é dotada de ação sedativa.

ESPINAFRE-DA-NOVA-ZELÂNDIA – Este vegetal é dotado de propriedades sedativas.

FEIJÃO-AZUKI – O chá preparado com esta variedade de feijão age como calmante.

FRUTA-DE-LOBO – Esta fruta possui propriedades calmantes.

HORTELÃ – É planta dotada de ação sedativa.

LARANJA – As flores da laranjeira produzem a conhecida água-de-flor-de-laranjeira, calmante para os nervos. O chá preparado com essas flores também possui ação calmante.

LIMA – Entre as inúmeras propriedades terapêuticas desta fruta está incluída a de possuir ação sedativa.

LÓTUS – Do ponto de vista medicinal esta planta asiática é considerada sedativa e refrigerante.

LÚPULO – As flores do lúpulo são dotadas de ação sedativa.

MAÇÃ – Esta fruta tem ação sedativa.

MALVA – A par de várias outras ações,

a malva possui a de atuar como sedativo.

MARACUJÁ – Como sedativo é recomendada a infusão das folhas e flores do maracujá: 15 g em meio litro de água, deixando repousar durante 18 minutos. Tomar 3 xicrinhas ao dia.

MELÃO – É fruta possuidora de ação calmante.

PALMATÓRIA – Os frutos desse cacto têm propriedades sedativas.

PÊSSEGO – Esta fruta tem propriedades calmantes.

PRIMAVERA – É planta com ação sedativa: fazer infusão com 10 g das flores em meio litro de água, repousando por 20 minutos. Tomar 3 xicrinhas ao dia.

SALSÃO – O salsão, ou aipo, tem leve ação sedativa.

TÂMARA – É fruta dotada de ação sedativa.

CALOS

ALCACHOFRA-DOS-TELHADOS – A aplicação tópica desta planta é considerada tão eficaz na remoção dos calos que é conhecida como *erva-dos-calos*.

ALHO – O alho usado externamente, sob a forma de ungüento preparado com a polpa esmagada com óleo de oliva, é de grande eficácia na remoção de calos, mesmo muito antigos: aplica-se o ungüento sobre a área afetada e cobre-se com um pedaço de tecido, repetindo-se a aplicação, se necessário.

AZEITE DE OLIVA – O óleo de oliva, junto com a polpa esmagada de alho, é utilizado com muito sucesso na remoção de calos (v. verbete anterior: alho).

CAJU – A aplicação local de suco de castanhas-de-caju frescas é muito eficaz na remoção de calos.

CALÊNDULA – Em aplicações locais esta planta é empregada na remoção de calos.

CEBOLA – É útil para a remoção de calos quando aplicada topicamente.

FIGO – A aplicação do suco leitoso das folhas e ramos da figueira promove a remoção dos calos.

MAMÃO – O leite obtido desta fruta, em aplicação tópica, age eficazmente na remoção de calos.

TOMATE – Para remoção de calos aconselha-se aplicação do suco desta fruta à noite.

CÂNCER
(V. também TUMORES)

ALGAS – Pesquisas recentes demonstraram que derivados das algas marinhas inibem o crescimento do câncer. A ingestão desse alimento confere proteção extra contra doenças degenerativas.

ALHO – Existem indícios de que o alho tem ação benéfica contra o câncer, em especial do estômago e da bexiga. Estudos epidemiológicos efetuados na China comprovam essa afirmação.

ARROZ INTEGRAL – A monodieta do arroz integral é empregada no tratamento do câncer.

BETERRABA – A beterraba crua tem demonstrado propriedades anticancerígenas, sendo que o emprego de seu suco é dos recursos mais utilizados pela medicina natural no combate aos tumores malignos.

CASTANHA-DO-PARÁ – Devido a seu alto teor em magnésio a castanha-do-pará é considerada útil na prevenção do câncer.

CEBOLA – Testes de laboratório demonstram que o propilsolfuro, substância isolada da cebola, tem atividade anticancerígena.

CENOURA – À cenoura crua são atribuídas propriedades antitumorais, sendo considerada por alguns autores como eficaz no tratamento de certos tipos de câncer (carcinomas).

CHÁ-VERDE – O chá-verde, de acordo com estudo feito por pesquisadores do Medical College of Ohio e publicado na revista *Nature*, pode ajudar na prevenção e no tratamento do câncer.

Tal ação deve-se a uma substância: *catequina*, existente em grande quantidade no chá-verde. Pode reduzir o tamanho de tumores já formados.

COGUMELO – O cogumelo gigante chinês *leici* ou *leichi* tem demonstrado ação favorável em vários tipos de câncer.

Também foi demonstrado que extratos do cogumelo japonês *shiitake* apresentam propriedades antitumorais, graças a um componente polissacarídeo: o lentinan, que poderia mesmo inibir metástases de tumores em estágio avançado.

O cogumelo maitake foi utilizado, com bons resultados, no tratamento de cânceres de ratos. Atualmente o Dr. Denis Miller está fazendo estudos em seres humanos no Cancer Treatment Center of America.

DENDÊ – O azeite de dendê contém substâncias anticancerígenas, como o betacaroteno e o tricotrienol.

ESPINAFRE – Esta verdura tem ação preventiva contra o câncer, principalmente se for comida crua.

GINSENG – Pesquisadores soviéticos afirmam que esta planta pode aumentar a imunidade e inibir o câncer.

INHAME – Possui propriedades antitumorais, sendo indicado nos casos de câncer, principalmente sob a forma de monodieta.

IOGURTE – Pesquisas realizadas nos Estados Unidos por Joseph A. Seimeca demonstraram ação bloqueadora do iogurte em cânceres de ratos.

MAMÃO – As sementes desta fruta são consideradas anticancerígenas.

SOJA – Pesquisas científicas realizadas demonstraram que determinados fatores, abundantes na soja, têm a propriedade de inibir o crescimento de tumores.

É vegetal dotado de acentuado poder anticancerígeno, atuando contra os tumores da próstata, mama, colo, boca, pulmões, fígado, pâncreas e esôfago.

Além disso os componentes da soja têm a capacidade de bloquear as nitrosaminas, substâncias altamente cancerígenas encontradas em carnes e derivados (salsichas, lingüiças, mortadelas, salames etc.).

TÂMARA – Graças à sua excepcional riqueza em magnésio, a tâmara é considerada preventiva do câncer.

TANCHAGEM – A este alimento são atribuídas propriedades anticancerígenas.

TOMATE – De acordo com estudos desenvolvidos pela Harvard School of Public Health e pela American Health Foundation, bem como trabalho publicado no *Journal of the National Cancer Institute*, todos dos USA, o tomate pode ajudar na prevenção de tumores do aparelho digestivo e, principalmente, da próstata.

Tal efeito protetor parece ser devido a uma substância existente nesse vegetal, chamada *lycopene*, que é um tipo de caroteno, que confere ao tomate sua cor vermelha, bem como funções e poderes, antioxidantes.

TRIGO – Este cereal possui uma substância, denominada pentosan, à qual é atribuída ação anticancerígena.

UVA – A monodieta de uva constitui tratamento empregado contra o câncer. Nesse tratamento a uva rosada comum deve ser o único alimento ingerido durante 15 dias consecutivos.

VEGETAIS CRUCÍFEROS – Os vegetais pertencentes à família botânica das crucíferas (entre os mais comuns temos: agrião, brócolo, couve, couve-de-bruxelas, couve-flor, mostarda, rabanete, rábano, raiz-forte, repolho, nabo, mastruço, rúcula) oferecem proteção contra o câncer.

Esta afirmação advém de pesquisas realizadas em 1950 e repetidas posteriormente. Entre as substâncias anticancerígenas que tais vegetais possuem, incluem-se isotiocianatos e indóis aromáticos.

Devido a isto a Sociedade Norte-Americana de Combate ao Câncer tem colocado grandes anúncios na mídia informando a população a esse respeito, exortando-a a consumir esses vegetais com a finalidade de reduzir a incidência de câncer.

CASPA. SEBORRÉIA. CROSTA LÁCTEA DOS BEBÊS

ABACATE – O óleo obtido desta fruta, friccionado sobre o couro cabeludo, tem ação acentuada contra caspa e queda dos cabelos.

BARDANA – O chá desta planta (preparado com as folhas e raízes), dado para beber aos nenês, costuma ser utilizado com sucesso para combater a crosta láctea.

COUVE – O suco desta hortaliça,

friccionado sobre o couro cabeludo, impede a queda dos cabelos e é útil contra seborréia.

MAÇÃ (vinagre de maçã) – O vinagre de maçã, por via interna ou em aplicações tópicas, é útil no combate à caspa.

REPOLHO – O suco fresco de repolho, em aplicações sobre o couro cabeludo, atua no sentido de eliminar a seborréia.

CATARATA
(V. também OLHOS)

ESPINAFRE – A ingestão de vegetais (particularmente o espinafre e também brócolo e aspargo) reduz acentuadamente a possibilidade do aparecimento de catarata.

GERGELIM – Segundo a medicina macrobiótica bons resultados são obtidos no tratamento da catarata com o uso de colírio de gergelim.

CAXUMBA
(PAROTIDITE)

FUNCHO – Cozinhar os frutos desta planta e aplicá-los frios, localmente.

LENTILHA – Moer as sementes desta leguminosa, reduzindo-as a pó e aplicar localmente como cataplasma.

MILHO – Ferver os estigmas (cabelos) desse cereal: 10 g em 100 ml de água, deixando ferver durante 10 minutos. Usar em compressas locais.

NOZ – Fazer infusão com folhas de nogueira: 6 g em 100 ml de água, deixando repousar durante meia hora. Usar em compressas locais.

CELULITE

ALGAS – O consumo da alga *clorela* ajuda a combater a celulite.

PEIXES – A gelatina de peixe tem ação preventiva, atuando também no tratamento da celulite.

CIÁTICA

ALCAPARRA – O consumo da decocção de alcaparras melhora certas nevralgias, sobretudo a ciática.

CEBOLA – Corta-se uma cebola em duas partes e fricciona-se com elas, suavemente, a parte dolorida.

MOSTARDA – Reduzir a planta (variedade negra) a pó, colocar sobre um cataplasma de linho morno e aplicar sobre o local. Após retirar o cataplasma untar a região com óleo de fígado de bacalhau.

PIMENTÃO – Colocar 50 g de pimentão em banho-maria com 200 g de gordura e usar como linimento.

REPOLHO – Esmagar as folhas desta hortaliça com um garfo ou com um martelo; em seguida passá-las com um ferro de passar roupa e colocá-las sobre a parte dolorida, cobertas com um pano de lã. Trocar cada duas ou três horas.

CICATRIZANTES

BACURI – Esta fruta é dotada de ação cicatrizante.

CAJU – As folhas novas do cajueiro, em decocção, são utilizadas como cicatrizantes, em aplicações tópicas.

CALÊNDULA – As folhas e flores desta planta possuem ação cicatrizante.

CAMBUCI – Esta fruta é indicada como cicatrizante, usada topicamente.

CENOURA – O suco de cenoura, em aplicações locais, é cicatrizante de fissuras nos seios de mulheres que amamentam.

CONFREI – É planta com acentuada ação cicatrizante. Faz parte de um produto utilizado com muito sucesso, o "anti-séptico e cicatrizante com própole, confrei e calêndula".

FRUTA-DO-CONDE – As folhas dessa árvore, usadas em aplicações locais, têm ação cicatrizante.

PALMITO – O suco do caule do palmiteiro, obtido por expressão do caule, aplicado sobre cortes ou ferimentos, embora produza forte ardor, produz cicatrização em poucas horas.

SALSA – A aplicação local de suco fresco de salsa possui ação cicatrizante.

TAIOBA – A raiz desta planta, cozida, é empregada localmente no tratamento de bicheiras (feridas nos animais, produzidas por bichos); além de exterminar os bichos promove rápida cicatrização dos tecidos lesados, já podres.

TANCHAGEM – As folhas desta erva, esmagadas e aplicadas como cataplasmas em feridas, favorecem a cicatrização.

CIRCULAÇÃO SANGÜÍNEA
(ATIVADORES DA)

ALECRIM – Esta planta ativa a circulação sangüínea. Tomar chá de alecrim feito por decocção.

GROSELHA – Esta fruta é ativadora da circulação sangüínea.

MELÃO – Esta fruta atua ativando a circulação do sangue.

PÊRA – A circulação sangüínea é ativada pelo consumo desta fruta.

CISTITES

ACELGA – Nas cistites agudas, com dor e ardência, o chá por decocção das folhas de acelga (25 g em meio litro de água) costuma produzir rápido alívio.

ANIS – A infusão dos frutos dessa planta (30 g em 100 ml de água) ajuda a combater a cistite: tomar 3 xicrinhas ao dia.

AZEDA-MIÚDA – A azeda-miúda, ingerida diariamente, é útil no combate às inflamações da bexiga.

BARDANA – As folhas dessa planta são utilizadas em chás que atuam favoravelmente em afecções da bexiga.

BATATA – Em casos de cistite recomenda-se ferver 10 g de folhas frescas em meio litro de água durante 5 minutos e tomar duas xicrinhas ao dia, com mel.

BIRU-MANSO – Os rizomas desta planta são considerados eficazes no tratamento das cistites.

BORRAGEM – As folhas e as flores desta planta em infusão durante 18 minutos (30 g em meio litro de água) combatem as cistites.

CAGAITEIRA – As folhas desta árvore, em chás por infusão ou por decocção, atuam como diurético e sobre várias afecções do aparelho urinário, tais como cistites e pielites.

CAMAPU – Chás feitos com as folhas dessa planta têm aplicação contra as inflamações da bexiga.

CARURU-VERDE – Chás preparados com as folhas deste vegetal são considerados eficazes no combate às cistites.

CEVADA – O cozimento deste cereal produz mucilagem que atua beneficamente nos casos de cistites.

FIGO-DA-ÍNDIA – Chás preparados com esta planta, em decocção, têm efeito diurético e sedativo sobre infecções do aparelho urinário (pielites, cistites, uretrites).

GUABIROBA – Chás preparados com a casca de árvores, bem como com as folhas, são utilizados em casos de cistites.

JURUBEBA – O chá preparado com as raízes e as folhas desta planta costuma ser empregado com sucesso em casos de cistite.

LIMÃO – O consumo desta fruta ajuda a combater a cistite.

LÚPULO – Chás feitos com as flores de lúpulo têm ação em casos de cistite.

MAÇÃ – 150 a 200 ml diários de suco de maçã madura combatem as cistites.

MANGOSTÃO – O consumo amplo desta fruta é benéfico em casos de cistites.

MELANCIA – O chá preparado, por decocção, com as cascas de melancias, dá ótimos resultados no tratamento das cistites. As sementes, secas e trituradas, têm ação semelhante.

MELÃO – O consumo desta fruta atua favoravelmente em casos de cistites.

MORANGO – As folhas picadas do morangueiro em infusão durante 18 minutos (20 gramas em meio litro de água) combatem as cistites; tomar 3 xícaras ao dia, com mel.

NABO – As sementes de nabo são muito utilizadas no tratamento dos males da bexiga.

TÂMARA – Para combater as cistites recomenda-se ferver 30 g de polpa de tâmaras em água durante meia hora, em fogo baixo e, após filtrado, beber à vontade.

TOMATE – O consumo de tomate maduro é considerado eficaz no combate à cistite. Tomar 15 ml de suco diariamente.

COCEIRA
(PRURIDO)

HORTELÃ – Localmente a hortelã é utilizada para aliviar pruridos cutâneos, principalmente os produzidos por picadas de insetos.

TRAPOERABA – O suco das folhas maceradas desta planta, aplicado sob a forma de cataplasma, alivia os pruridos cutâneos.

COLESTEROL

ABACATE – Esta fruta possui taxas elevadas do mesmo tipo da benéfica gordura existente no azeite de oliva, sendo por isso indicado para baixar o colesterol sangüíneo.

ABÓBORA – O consumo deste alimento ajuda a controlar o nível de colesterol no sangue.

ALCACHOFRA – Para diminuir a taxa de colesterol sangüíneo recomenda-se decocção de folhas de alcachofra: 25 g em meio litro de água, fervendo durante 10 minutos. Tomar 3 xícaras ao dia.

ALHO – De há muito sabe-se que o consumo de alho tem o efeito de baixar o colesterol. Estudos efetuados recentemente por Laus e colaboradores confirmaram esta asserção.

AVEIA – Há muitos anos cientistas dinamarqueses descobriram o poder anticolesterol da aveia, sendo que tais estudos foram confirmados por outros pesquisadores.

O efeito em questão é devido principalmente a uma substância: beta-glucano, existente nesse cereal.

AZEITE (óleo de oliva) – O azeite de oliva extravirgem (prensado a frio) e não aquecido (colocado nos alimentos após estes terem ido ao fogo) diminui os níveis do colesterol prejudicial (LDL), mas não os do bom colesterol (HDL). Harry Demopolus, pesquisador de Nova York, que estuda antioxidantes, o considera "a única gordura realmente segura".

BERINJELA – Segundo vários autores o uso deste vegetal contribui para baixar a taxa de colesterol.

CEBOLA – Estudos efetuados recentemente por Laus e colaboradores demonstraram que a cebola contribui eficazmente para aumentar o "bom colesterol" sangüíneo (o colesterol HDL).

CENOURA – Cientistas do Centro de Pesquisas Regionais do Leste do Departamento Norte-Americano de Agricultura verificaram que a ingestão desse vegetal é eficaz para baixar o colesterol sangüíneo.

COGUMELO – O cogumelo *shiitake* (conhecido também como cogumelo da floresta japonesa) demonstrou, em pesquisas realizadas no Japão, ter a propriedade de baixar os níveis de colesterol.

Esta mesma propriedade é atribuída ao cogumelo *Leici* (ou *Rei-shi*).

FAIA – Os frutos dessa árvore, muito apreciados pelo seu sabor, gozam da fama de diminuir a taxa de colesterol no sangue.

GRAPEFRUIT – Esta fruta é considerada eficaz para fazer baixar o nível de colesterol.

LEGUMINOSAS (feijão, grão-de-bico, ervilha, lentilha, amendoim, soja) – Segundo estudos feitos pelo Dr. James Anderson da Escola de Medicina da Universidade de Kentucky, a ingestão diária de uma xícara desses alimentos é muito eficaz para diminuir o mau colesterol (LDL) e aumentar o bom colesterol (HDL).

MAÇÃ – Para baixar o colesterol recomenda-se bater no liquidificador duas maçãs sem casca (lavá-las bem antes) e tomar o suco no fim da tarde, pelo menos durante duas semanas.

MAMÃO – O consumo desta fruta, principalmente sob forma de monodieta, é recomendado para combater o excesso de colesterol e triglicérides.

MILHO – O óleo deste cereal, prensado a frio, é útil nas dietas para baixar o colesterol.

MORANGO – Esta fruta ajuda a combater o excesso de colesterol.

NABO – O uso de nabo comprido é útil para ajudar a normalizar a taxa de colesterol.

PEIXES – Os esquimós, que se alimentam com grande quantidade de peixes e animais marinhos, são praticamente isentos de doenças cardiovasculares. Explica-se isto pela presença, nesses alimentos, de determinados ácidos graxos comprovadamente eficazes em baixar a taxa de colesterol e triglicérides sangüíneos.

Esses ácidos, denominados ômega-3, reduzem também a coagulação, minimizando a possibilidade de trombose. Além disso têm ainda o efeito benéfico de diminuir a viscosidade do sangue ("afinam o sangue").

Note-se que os peixes com conteúdo apreciável de ômega-3 são aqueles encontrados em águas muito frias. Para que esses ácidos sejam totalmente aproveitados pelo organismo, os peixes devem ser ingeridos crus, levemente cozidos ou assados; fritos perdem cerca de 75% daquela substância.

SALSÃO – Por ser rico em ácido ftálico este vegetal ajuda a baixar o colesterol sangüíneo.

SOJA – O alto teor de gorduras não saturadas da soja faz com que este alimento seja útil na prevenção e combate ao excesso de colesterol.

UVA – É considerada fruta que ajuda a eliminar o excesso de colesterol.

VINHO – O consumo moderado desta bebida ajuda a diminuir o colesterol sangüíneo.

AUMENTAM O COLESTEROL:
Cacau
Camarão
Carne
Coco
Leite

Manteiga
Miúdos
Ovo
Queijo

CÓLICAS

AÇAFRÃO – O pó do açafrão (extraído dos estigmas das flores dessa planta) combate as cólicas em geral.

ALCAÇUZ – Este vegetal atua beneficamente nas cólicas do aparelho digestivo.

ALECRIM – Esta planta possui propriedades antiespamódicas. Em casos de cólicas hepáticas fazer infusão com as folhas e as flores (20 g em meio litro de água, repousando 18 minutos). Tomar 3 xicrinhas ao dia.

ALFAZEMA – Sob a forma de tisana a alfazema é empregada contra cólicas.

AMEIXA – A ameixa salgada (*umeboshi*), alimento muito utilizado pelos japoneses, é de grande valia no combate às cólicas intestinais e gastrites.

AMÊNDOA-DA-ÍNDIA – O suco extraído das folhas dessa árvore frondosa é freqüentemente utilizado contra cólicas em geral.

ANIS – Contra cólicas intestinais deixam-se os frutos desta planta em infusão durante uma hora (20 g em meio litro de água) e toma-se 3 xicrinhas ao dia.

ARTEMÍSIA – Na Grécia antiga a artemísia era usada para tratamento dos males femininos, sendo que tal uso se mantém até hoje entre nós: para problemas do útero, dos ovários e das cólicas menstruais é muito empregado o chá dessa erva. No combate às cólicas uterinas faz-se infusão com 8 g das folhas e sumidades floridas em meio litro de água, deixando repousar durante 8 minutos. Tomar 3 xicrinhas ao dia.

BARDANA – Ferve-se 20 g da raiz em meio litro de água durante 10 minutos e toma-se 3 xicrinhas ao dia. Eficaz principalmente contra cólicas hepáticas.

CAJÁ – O decocto da casca dessa árvore é indicado contra cólicas abdominais.

CENOURA – Contra cólicas renais recomenda-se a infusão das raízes e sementes dessa planta (25 g em meio litro de água, repousando durante 45 minutos). Tomar 3 xicrinhas ao dia.

CHICÓRIA – Ferve-se 20 g da raiz desta planta em meio litro de água durante 10 minutos e toma-se 3 xicrinhas ao dia. Eficaz principalmente contra cólicas hepáticas.

COUVE – As sementes desta verdura aliviam as cólicas em geral.

DENTE-DE-LEÃO – Contra cólicas renais, ferve-se 15 g de raízes desta planta em meio litro de água durante 6 minutos e toma-se 3 xicrinhas ao dia.

ENDRO – As folhas deste tempero são úteis contra cólicas intestinais.

ERVA-CIDREIRA – As folhas desta

planta, em infusão, acalmam as cólicas.

FRAMBOESA – As folhas da framboeseira, em decocção (15 g para meio litro de água), são eficazes no combate às cólicas intestinais.

FUNCHO – Contra cólicas do aparelho digestivo recomenda-se deixar os frutos do funcho em infusão durante 30 minutos (25 g para meio litro de água); tomar 3 xicrinhas ao dia.

GENGIBRE – O chá preparado com o rizoma desta planta tem ótima ação contra cólicas intestinais: ferve-se um rizoma de tamanho médio, em pedaços, em meio litro de água, durante 10 a 15 minutos.

GRAVIOLA-DO-NORTE – As flores e os brotos desta planta, em chás, têm ação contra cólicas intestinais.

HORTELÃ – É planta que possui acentuada ação contra cólicas em geral, inclusive intestinais e renais. Usam-se as sumidades floridas em infusão durante 15 minutos (10 g em meio litro de água), na dose de 3 xicrinhas ao dia.

LÚPULO – Contra cólicas uterinas usar as inflorescências femininas desta planta em infusão (10 g em meio litro de água), deixando repousar por 20 minutos. Tomar duas xícaras ao dia.

MANGA – A casca cozida dessa fruta é usada no combate às cólicas em geral.

MANJERICÃO – Esta planta combate as cólicas intestinais.

MANJERONA – É planta que atua no alívio às cólicas intestinais.

MIL-FOLHAS – Em casos de cólicas do estômago recomenda-se tomar 3 xicrinhas ao dia de infusão de mil-folhas (a planta florida, sem a raiz): 30 g em meio litro de água, repousando 20 minutos (contra-indicado na gravidez).

MILHO – Contra cólicas renais recomenda-se ferver durante 10 minutos 40 g de estigmas (cabelos) de milho em meio litro de água e tomar 3 xícaras ao dia.

PAPOULA – De uma das espécies desta planta, a *Papaver somniferum*, conhecida também como dormideira, é extraída a papaverina, substância com acentuada ação antiespasmódica.

PEPINO – A água obtida do cozimento do pepino combate as cólicas intestinais.

PRIMAVERA – É planta que atua contra as cólicas em geral.

SÁLVIA – Esta planta atua contra cólicas em geral, inclusive menstruais.

TOMILHO – Contra cólicas do estômago e menstruais, tomar infusão com a planta florida (15 g em meio litro de água) repousando 18 minutos. Dose: 4 xicrinhas ao dia.

COLITE

CONFREI – Ferver durante 12 minutos 20 g da raiz em meio litro de água. Tomar 3 xicrinhas ao dia.

MALVA – As folhas e/ou flores da malva-grande em infusão (20 g em meio litro de água durante 25 minutos) agem favoravelmente em casos de colite. Tomar 3 xicrinhas ao dia.

MAMÃO – A monodieta desta fruta constitui tratamento eficaz em casos de colite.

RÚCULA – As folhas desta verdura são benéficas em casos de colite.

TOMATE – Tomar 100 a 150 ml de suco fresco de tomate maduro.

COLUNA VERTEBRAL
(ESPINHA)
V. também REUMATISMO. ARTRITISMO.

CANA-DE-AÇÚCAR – É amplamente constatado que numerosos problemas da coluna vertebral melhoram acentuadamente colocando-se duas canas debaixo da cama do paciente, ao longo da mesma, paralelamente uma à outra.
Deve-se renovar as canas à medida em que se forem secando.

CONSTIPAÇÃO INTESTINAL

(Vide PRISÃO DE VENTRE)

CONTRACEPTIVOS

STÉVIA – As folhas desta erva natural do Paraguai são consideradas contraceptivas.

CONTUSÕES

BARDANA – Cataplasma feito com raiz desta planta é útil em casos de contusões.

LOURO – Externamente é usado para aliviar contusões: ferve-se 5 g das folhas em 100 ml de água durante 6 minutos e usa-se o produto em compressas sobre o local.

MANGA – A aplicação de decocto de folhas de mangueira é recomendada no tratamento das contusões.

MASTRUÇO – Aplicação de folhas desta planta tem boa ação em casos de contusões, apressando o desaparecimento das equimoses.

MASTRUÇO-DO-PERU – As folhas do mastruço-do-peru, em cataplasmas aplicados sobre contusões e ferimentos, promovem a reabsorção dos hematomas e favorecem a cicatrização.

SAL – Compressas feitas com água e sal são muito úteis para aliviar as dores musculares das contusões e reduzir os inchaços delas resultantes.

SOJA – Em casos de contusões, espremer queijo de soja branco (tofu) para coletar a água proveniente dele, e a ela acrescentar cerca de 10% de farinha de trigo integral fina. Aplicar sobre a parte inflamada ou dolorosa durante cerca de 10 minutos, no mínimo.

COQUELUCHE
(TOSSE COMPRIDA)

ALECRIM – Para combater a coqueluche deixam-se as flores e as folhas desta planta em infusão durante 18 minutos (20g em meio litro de água); tomar 3 xicrinhas ao dia.

ALFACE – Esta verdura tem ação sobre a coqueluche. No momento do ataque de tosse deve-se beber a água da cocção da alface.

ALHO – O consumo amplo deste vegetal ajuda a combater a coqueluche.

BATATA – Ferver 10g das folhas frescas deste vegetal em meio litro de água durante 8 minutos e tomar 3 xicrinhas ao dia. Não ultrapassar esta dose, caso contrário poderão aparecer sintomas de intoxicação.

BETERRABA – Um ótimo remédio para combater a tosse (principalmente a da coqueluche) consiste em deixar rodelas de beterraba crua, ao relento, com um pouco de mel. O suco que se forma deve ser tomado às colheradas, ao longo do dia seguinte.

CAMBARÁ – Esta planta age contra as tosses em geral, inclusive a da coqueluche.

CARAGUATÁ – Com o suco desta fruta é produzido xarope muito empregado no combate a tosses em geral, inclusive a da coqueluche.

FIGO-DA-ÍNDIA – Esta planta tem propriedades antitussígenas, sendo útil inclusive em casos de tosse comprida. Recomenda-se comer a fruta assada ao forno. Pode-se também pelar algumas frutas (usar faca e garfo, por causa dos espinhos), cortá-las em rodelas e, numa vasilha, cobri-las com mel, deixando-as repousar por uma noite. Na manhã seguinte, coar o líquido que se formou e tomá-lo às colheradas ao longo do dia.

Outro bom remédio consiste em fender os artículos (segmentos carnosos da planta) ao meio e cobrir com açúcar ou mel. O suco mucilaginoso que então se escoa deve ser tomado ao longo do dia.

PAPOULA – Deixar as pétalas em infusão (5g para meio litro de água durante 20 minutos) e tomar duas ou três xicrinhas ao dia.

PÊSSEGO – Colocar as flores do pessegueiro em infusão (20g em meio litro de água) deixando repousar durante 20 minutos. Tomar duas xícaras ao dia, com mel.

PIMENTÃO – Reduzir pimentão a pó e tomar 1,5g deste ao dia.

RABANETE – Cortar a parte superior de um rabanete, fazer um buraco e preenchê-lo com mel. Deixar em repouso durante 3 a 4 horas e, em seguida, tomar o mel. Repetir a operação várias vezes ao dia.

SÁLVIA – É planta que combate as tosses em geral, inclusive a da coqueluche.

SERPILHO – Fazer infusão com a parte aérea da planta florida (20g em meio litro de água repousando 12 minutos). Tomar 3 xicrinhas ao dia.

CORAÇÃO.
APARELHO CIRCULATÓRIO
V. também ARTERIOESCLEROSE. ATEROESCLEROSE. PRESSÃO ARTERIAL. COLESTEROL.

ALCAÇUZ – Esta planta tem a reputação de fortalecer o funcionamento cardíaco.

ALHO – O consumo deste alimento previne o infarto e a arterioesclerose; também baixa a pressão arterial e o colesterol.

BRÓCOLOS – Os brócolos agem na prevenção do infarto do miocárdio.

CAJÁ – As flores da cajazeira, em decocção, agem como tônico cardíaco, sendo indicadas inclusive em casos de palpitações.

CANOLA – No óleo desta planta é encontrado o ácido ômega-3 que, acredita-se, contribui na prevenção da ateroesclerose, da angina-de-peito e do infarto do miocárdio.

CEBOLA – O consumo deste alimento auxilia na prevenção das moléstias cardiovasculares e do infarto do miocárdio.

CENOURA – O uso deste vegetal contribui para evitar o infarto do miocárdio.

CENTEIO – Muito rico em minerais, principalmente potássio, este cereal é indicado nas moléstias cardíacas.

COUVE – Estudos recentes revelaram que esta verdura tem ação preventiva no infarto do miocárdio.

FRUTAS E LEGUMES EM GERAL – O consumo amplo desses alimentos é muito útil para a saúde do coração, evitando ataques cardíacos.

FRUTAS OLEAGINOSAS (nozes, amêndoas, avelãs, castanhas-do-pará, pistaches, macadâmias) – Esses alimentos, devido à riqueza em fibras, gorduras monoinsaturadas e diversos antioxidantes (vitamina E, selênio, ácido elágico), são excelentes protetores do coração, segundo estudos feitos pelo Dr. Gary Frase, professor de medicina da Loma Linda University, na Califórnia.

Atuam também, energicamente, como redutores do colesterol sangüíneo.

PEIXES – Os peixes, principalmente os de águas bem frias, possuem em seu organismo determinados ácidos denominados ômega-3, eficazes para baixar a taxa de colesterol sangüíneo e diminuir a viscosidade do sangue ("afinar o sangue").

Neste sentido, os peixes devem ser consumidos crus ou, toleravelmente, cozidos ou assados. Nunca fritos.

CORPOS ESTRANHOS
(FARPAS, CACOS, ESTREPES)

INHAME – Sob a forma de emplastro, o inhame "puxa" tudo: furúnculos, abscessos, verrugas, espinhas, corpos estranhos introduzidos acidentalmente nos pés ou nas mãos (farpas, pequenos cacos de vidro, espinhos, estrepes). S. Hirsch nos dá a seguinte receita de emplastro de inhame: "Descasque e rale na parte mais fina do ralador uma quantidade de inhame suficiente para cobrir a área afetada. Rale também um pouquinho de gengibre com casca, dez por cento do volume do inhame. Misture tudo com farinha de trigo comum, para dar liga. Aplique sobre a região, cubra com gaze ou outro paninho fino, nunca em plástico. Em duas ou três horas o emplastro estará seco; retire, ajudando com água morna se for necessário. Repita duas vezes ao dia".

De acordo com a autora citada, deve ser usado o inhame pequeno, cabeludo, marronzinho por fora (conhecido também como inhame-chinês).

CORRIMENTOS VAGINAIS
(VULVOVAGINAIS)

BATATA – Ferver a planta aérea florida (10g em meio litro de água) durante 6 minutos. Usar em compressas e aplicações locais.

FRAMBOESA – As folhas da framboeseira, em decocção (15g para meio litro de água), são úteis no tratamento local dos corrimentos vaginais.

GIRASSOL – Fazer lavagens com decocção das flores de girassol (30g em meio litro de água fervendo durante 8 minutos).

LIMÃO – Em casos de infecções ginecológicas (por bactérias, clamídia, cocos, vírus, fungos) recomendam-se banhos genitais da forma a seguir: de manhã, quando ainda conserva o calor da cama e após tomar uma xícara de chá bem quente, a mulher senta-se, agasalhada, sobre um grande balde de água fria; nessa água rala-se um limão, de modo que as raspas das cascas caiam na água; depois corta-se o limão ao meio, espreme-se-o com as mãos e coloca-se o suco e as cascas no balde. Em seguida, molha-se uma toalhinha na água e com ela molha-se a parte genital. Repete-se a operação com a toalhinha molhada durante 20 minutos. O tratamento dura 3 semanas, com uma pausa durante a menstruação.

Tal tratamento é recomendado e usado com muito sucesso pelo ginecologista Dr. W. E. Loeckle, de Frankfurt, Alemanha.

MAÇÃ – Usam-se as cascas do tronco e dos ramos da macieira em decocção (25g em meio litro de água fervendo durante 20 minutos). Usar em lavagens e aplicações locais.

MARMELO – Contra corrimentos vaginais recomenda-se ferver um punhadinho de folhas de marmeleiro em um litro de água, filtrar e empregar o líquido em aplicações locais.

NABO – Com as folhas do nabo branco comprido, prepara-se um banho de assento, útil no combate às infecções genitais femininas.

NOZ – Em casos de vulvovaginites recomendam-se lavagens e aplicações locais com decocção de folhas de nogueira: ferver durante 12 minutos 20g de folhas em meio litro de água.

CRESCIMENTO,
ESTIMULANTES DO

FRUTOS DO MAR – Por sua riqueza em zinco, os frutos do mar estimulam o crescimento.

LEVEDURA DE CERVEJA – Sendo alimento rico em zinco, a levedura de cerveja é estimulante do crescimento.

MAXIXE – É um dos poucos alimentos vegetais ricos em zinco, o que lhe confere grande importância para o crescimento de crianças e adolescentes.

TRIGO – Este cereal integral, principalmente em fase de germinação (trigo germinado), tem ação estimulante sobre o crescimento.

DENGUE

INHAME – Entre as inúmeras ações medicinais deste tubérculo, inclui-se a de ser preventivo de dengue.

S. Hirsch adverte que o inhame medicinal é aquele pequeno, cabeludo, marronzinho por fora (também chamado inhame-chinês).

DENTES

AGRIÃO – O consumo desta verdura em saladas previne as cáries dentárias.

AGRIÃO-DO-PARÁ – Ao mastigar as folhas deste vegetal obtém-se pronto alívio das dores de dente.

ALCAÇUZ – Relatório datado de 1987 da Universidade Hebraica, de Jerusalém, indica que uma substância contida no alcaçuz, a glicirrizina, retarda a deterioração dos dentes.

AVEIA – O consumo diário de 20g de sementes deste cereal reduz de forma notável a incidência de cáries dentárias.

BERINJELA – Com esta hortaliça torrada misturada a sal marinho prepara-se o *dentie,* que pode ser usado em substituição às pastas dentais comuns, combatendo as cáries e limpando os dentes. Não deve entretanto ser usado por períodos prolongados, pois apresenta ação abrasiva.

CENOURA – Esta planta atua favoravelmente na ossificação e na formação dos dentes.

DAMASCO – O uso desta fruta fortalece os dentes.

LEITE E DERIVADOS – Sendo alimentos muito ricos em cálcio, atuam favoravelmente nos dentes e ossos.

OVO – As cascas de ovo, fervidas, secas e trituradas em liquidificador ou em máquinas de moer carne, podem ser usadas na alimentação com bons resultados para os dentes e ossos.

PAINÇO – Rico em flúor, este cereal constitui bom preventivo contra cáries dentárias.

SAL – V. verbete "berinjela", neste capítulo.

SÁLVIA – As folhas de sálvia esfregadas sobre os dentes os deixam limpos e brilhantes (este procedimento era muito usado pelas jovens na Antiguidade). Além disto, a sálvia purifica o hálito.

DEPRESSÃO

ALFAVACA – O uso desta planta no combate à depressão e à melancolia remonta à Antiguidade. Preparar infusão com folhas de alfavaca em água fervente, adoçada com mel.

CASTANHA-DO-PARÁ – Sendo extremamente rico em selênio, esse vegetal atua de modo muito eficaz contra a depressão.

CEVADA – As sementes deste cereal são utilizadas no combate à depressão. Habitualmente são consumidas em sopinhas e pães, podendo também ser usadas em fase de germinação.

ESPINAFRE – Graças à sua riqueza em ácido fólico esta verdura é indicada no combate à depressão.

SÁLVIA – Usar as folhas em infusão (15g em meio litro de água, repousando 18 minutos). Tomar 3 xicrinhas ao dia, com mel.

TRIGO – O trigo germinado (não é o germe de trigo e sim o grão inteiro, em fase de germinação) age no combate à depressão.

DEPURATIVOS

Alimentos depurativos são os que ajudam a depurar, ou seja, tornar puro ou mais puro, limpar, purificar o organismo.

ABACAXI – É fruta com ação depurativa.

AGRIÃO – Colocar um punhadinho de flores frescas de agrião numa xícara de chá com água, deixando-a repousar durante toda a noite. Filtrar e esmagar com uma colherinha para fazer sair todo o suco. Beber em jejum pela manhã.

ALCACHOFRA – Em jejum, é depurativo sangüíneo.

ALFACE – É verdura possuidora de ação depurativa.

ALMEIRÃO – As folhas dessa verdura são depurativas.

ARROZ – O uso regular e constante do arroz integral tem ação depurativa, devido a presença de albuminas desintoxicantes, o que torna o organismo mais purificado e saudável.

AZEITONA-DO-MATO – O chá preparado com as folhas desta planta é muito utilizado em afecções da pele, assim como eficaz depurativo.

BARDANA – Esta planta tem ação depurativa: colocar 5 g da raiz cortada em pedacinhos em 100 ml de água, ferver por 10 minutos e deixar em repouso por 15 minutos. Depois de coar, tomar uma xícara de chá 3 vezes ao dia, fora das refeições.

BORRAGEM – As folhas desta erva possuem ação depurativa.

CAMAPU – O caule desta planta é depurativo.

CARDO-SANTO – É planta possuidora de ação depurativa.

CEBOLA – A cebola possui acentuada ação depurativa.

CHICÓRIA – As folhas e raízes desta planta são depurativas do sangue.

DENTE-DE-LEÃO – É planta possuidora de ação depurativa.

ESCORCIONEIRA – As raízes desta planta têm ação depurativa.

FEIJÃO AZUKI – Com os grãos torrados deste feijão prepara-se chá com ótima ação depurativa sangüínea.

HISSOPO – Esta planta herbácea possui atividade depurativa (na Bíblia, o hissopo simboliza a purificação).

INHAME – Este vegetal goza de grande ação como depurativo sangüíneo, a qual se acentua quando é utilizada a monodieta.

LARANJA – É fruta de ação depurativa.

LIMÃO – Tem ação depurativa semelhante à da laranja, porém mais acentuada.

MAÇÃ – Possui ação depurativa.

MANGA – É fruta possuidora de ação depurativa.

MELÃO – É dotado de atividade depurativa.

PACIÊNCIA – A raiz deste vegetal é usada como depurativo.

PÊRA – É fruta com ação depurativa.

PRIMAVERA – É planta depurativa do sangue.

RABANETE – É purificante sangüíneo.

ROMÃ – É fruta depurativa.

RÚCULA – As folhas desta verdura têm ação depurativa.

RUIBARBO – Esta planta herbácea age como depurativo sangüíneo.

SABUGUEIRO – Os frutos do sabugueiro, pequenas bagas roxo-escuras, têm ação depurativa.

SALSA – Esta planta atua como depurativo.

SALSÃO – O aipo, ou salsão, tem propriedades depurativas.

TANCHAGEM – Esta planta possui ótimo efeito depurativo do sangue.

UVA – É fruta com ação depurativa.

DERRAME CEREBRAL
(ACIDENTE VASCULAR CEREBRAL)

FRUTAS E VERDURAS – Pesquisadores do Planejamento de Saúde Comunitária da Universidade de Harvard, em Boston (U.S.A.), acompanhando a saúde de 832 homens, chegaram à seguinte conclusão:

Há uma associação inversa entre o consumo de *frutas* e *verduras* e o risco de derrames cerebrais. Esses alimentos têm influência direta na redução da incidência de derrames, independentemente do modo de vida das pessoas.

Uma xícara e meia de *verduras* e *frutas* por dia reduz em 22% as possibilidades de um derrame cerebral.

PEIXES – O consumo de peixes, principalmente se forem gordos, diminui grandemente a possibilidade de ocorrência de derrames, graças à presença nesses animais de ácidos graxos ômega-3.

DESCALCIFICAÇÃO. RAQUITISMO.

V. também: OSSOS. DENTES.

ALGAS – Contendo grande teor de cálcio e de fósforo, as algas marinhas são indicadas em casos de raquitismo e descalcificação.

AMÊNDOA – Rica em cálcio e em fósforo, esta fruta é indicada no raquitismo e em descalcificações.

COUVE – Rica em minerais, cálcio em particular, a couve é um bom recalcificante.

GERGELIM – Este extraordinário alimento tem 10 vezes mais cálcio e 6 vezes mais fósforo que o leite, sendo portanto excelente recalcificante.

GRÃOS GERMINADOS – Os grãos germinados desenvolvem uma série de enzimas e catalisadores que facilitam a absorção de nutrientes (em particular cálcio e fósforo) pelo organismo.

O "porta-estandarte" dos grãos em fase de germinação é o trigo germinado. Muitos e muitos outros grãos podem, e devem, ser consumidos germinados (alfafa, lentilha, gergelim, feijão etc.).

LEITE – O leite e seus derivados atuam eficazmente em casos de raquitismo e descalcificação.

LENTILHA – Rica em cálcio e fósforo, a lentilha é alimento recalcificante.

OVO – As cascas de ovo, fervidas, secas e trituradas em liquidificador ou máquina de moer carne, constituem ótima fonte de cálcio, estando indicadas em casos de raquitismo e descalcificação.

PEIXES – O óleo de fígado de peixes (bacalhau, em particular) auxilia a fixação de cálcio no esqueleto, sendo muito útil no raquitismo e nas descalcificações em geral.

SARRACENO – Muito rico em cálcio e com bom teor de fósforo, o sarraceno é indicado em problemas de raquitismo e descalcificação.

DESIDRATAÇÃO
V. também: DIARRÉIA. VÔMITOS.

COCO-DA-BAÍA – A água de coco acrescida de uma pitada de sal de cozinha apresenta composição muito semelhante à do plasma sangüíneo (sua utilização chegou a ser preconizada como seu substituto).

Seu uso constitui excelente recurso para repor os líquidos perdidos durante episódios de desidratação.

DESINTOXICANTES
(ANTITÓXICOS).
INTOXICAÇÕES. ENVENENAMENTOS.

AGRIÃO – O suco de folhas frescas desta verdura tem demonstrado eficácia em casos de intoxicação por nicotina. Tomar de 100 a 150ml diariamente.

ALGAS – Têm a notável propriedade de remover o estrôncio radioativo do organismo.

A alga *clorela* tem efeito protetor contra poluentes e tóxicos em geral, inclusive radiações ultravioleta do sol.

ALHO – Em casos de intoxicação crônica pelo tabaco, recomenda-se triturar bem 300 g de alho e macerá-lo em 200 ml de álcool a 95% por 8 dias. Tomar uma colherinha em um pouco de água com mel antes das refeições.

ARROZ INTEGRAL – A monodieta deste cereal cultivado organicamente é um dos recursos mais utilizados para a desintoxicação do organismo.

Com a mesma finalidade, pode-se usar também o vinagre de arroz integral.

BARDANA – O chá bem forte da raiz desta planta atua como antídoto nas intoxicações por mercúrio.

GINSENG – A raiz desta planta confere boa proteção contra a poluição atmosférica, os raios X e as radiações atômicas.

Foram efetuados estudos que demonstraram que o ginseng pode aumentar o poder desintoxicante do fígado, acelerar a eliminação do álcool no organismo e proteger contra as radiações.

GIRASSOL – É um dos poucos vegetais que não acumula material radioativo. Suas sementes são consideradas antipoluentes.

INHAME – Este tubérculo, especialmente se utilizado em forma de monodieta, possui propriedades desintoxicantes.

LARANJA – Em casos de intoxicação crônica por tabaco, aconselha-se tomar diariamente o suco de duas laranjas pela manhã, em jejum.

Pode-se também fazer infusão com folhas de laranjeira (10 g em meio litro de água, repousando 20 minutos); tomar uma xícara à noite ao deitar-se, com mel.

MILHO – Nas intoxicações crônicas por tabaco, recomenda-se fazer infusão com 15 g da planta inteira em meio litro de água, deixando-se repousar durante 18 minutos. Tomar 3 xicrinhas ao dia, com suco de limão.

SOJA – O missô (pasta fermentada de soja e um cereal, geralmente arroz) tem função antitóxica sobre o organismo.

UVA – Sendo alcalinizante, esta fruta combate a acidez sangüínea, sendo indicada a pessoas intoxicadas pelo consumo excessivo de carne.

DESODORANTES

CAFÉ – Para tirar o cheiro das mãos, após ter limpado peixe, aplicar nelas borra de café e, em seguida, lavá-las.

LIMÃO – Esta fruta constitui desodorante corporal de primeira linha: algumas gotas de seu suco aplicadas nas axilas ou em outras partes do corpo substituem vantajosamente os desodorantes industriais. (Não tomar sol nos locais onde for aplicado limão, caso contrário poderão se formar manchas escuras na pele.)

MAÇÃ – O tanino contido na casca desta fruta confere-lhe ação antipútrida.

DIABETES

ABÓBORA – Esta planta atua controlando o nível de glicose no sangue.

ALCACHOFRA – É considerada o alimento por excelência dos diabéticos.

ARROZ INTEGRAL – A monodieta de arroz integral é recurso valioso no tratamento do diabetes.

AVEIA – Dada a ação hipoglicemiante deste cereal (baixa a taxa de açúcar no sangue), a aveia é indicada na alimentação dos diabéticos.

AZEITONA – O pó das sementes desta fruta age contra diabetes.

BARDANA – A bardana tem ação hipoglicemiante (faz baixar a taxa de glicose no sangue), sendo por isso indicada aos diabéticos. Recomenda-se ferver a raiz do 2.º ano (10 g em meio litro de água, durante 12 minutos) e tomar 3 xicrinhas ao dia.

BRÓCOLOS – É vegetal muito rico em cromo, mineral de grande importância na regulação da taxa de açúcar no sangue.

Outros alimentos ricos nesse elemento são: nozes, ostras, cogumelos, levedura de cerveja, cevada.

CAJU – Esta fruta, assim como as cascas do cajueiro cozidas, tem ação contra o diabetes.

CANELA – O Dr. Anderson, do Departamento Norte-Americano de Agricultura, verificou que a canela triplica a atividade da insulina.

Cravo e folhas de louro possuem ação semelhante.

CEBOLA – Este alimento contém agente hipoglicemiante, sendo portanto indicado aos diabéticos.

COGUMELO – O cogumelo maitake mostrou-se eficaz para reduzir a taxa de glicose em ratos.

FENO-GREGO – Existem indícios de que as sementes dessa planta auxiliam o controle do diabetes.

GRAVIOLA-DO-NORTE – As flores e os brotos dessa planta são tidos como possuidores de ação antidiabética.

JAMBOLÃO – O pó das sementes desta fruta é considerado antidiabético muito eficaz.

LEVEDURA DE CERVEJA – Sendo excelente fonte de cromo e de vitaminas do complexo B, a levedura de cerveja tem ampla indicação em casos de diabetes.

PÊSSEGO – Esta fruta é considerada útil na alimentação do diabético.

QUIXABA – As cascas da quixabeira são consideradas possuidoras de ação antidiabética.

YAKON – Esta variedade de batata é eficaz para baixar a taxa de glicose no sangue: ingerir uma rodela desse tubérculo (cru).

DIARRÉIA
(ANTIDIARRÉICOS)

ABACATE – O caroço desta fruta, tostado e moído bem fino, combate a diarréia.

ABIO – Esta fruta, bem como a casca da árvore (em chá), têm ação antidiarréica.

ABRICÓ-DO-MATO – A casca do caule do abricoteiro-do-mato possui propriedades antidiarréicas.

ÁGUA – Há indícios de que a carbonificação (gaseificação) da água a torna suficientemente ácida para matar a maioria dos micróbios que provocam diarréia, de acordo com pesquisas feitas pelo Dr. David Sack, da John Hopkins University. Portanto: a água com gás é muito recomendável para tratar as diarréias.

ALFARROBA – A casca desta árvore possui acentuada ação antidiarréica, sendo particularmente útil no combate às diarréias infantis.

ALGAROBA – É planta de ação eficaz em casos de diarréia.

ALMEIRÃO – As folhas desta chicorácea têm ação antidiarréica.

AMÊNDOA-DA-ÍNDIA (CHAPÉU-DE-SOL) – A casca e as folhas dessa árvore combatem a diarréia.

ARAÇÁ – As folhas do pé de araçá, em decocção, são muito empregadas no tratamento das diarréias.

ARARUTA – O caldo de araruta é muito eficaz no combate à diarréia. Para obtê-lo, dissolve-se uma colher (de chá) da fécula em duas ou três partes de água; em seguida adiciona-se mais um quarto de litro de água e ferve-se até ficar transparente.

ARROZ – Devido à sua ação obstipante

("prender" os intestinos) o arroz é amplamente utilizado nas dietas destinadas a combater a diarréia.

AZEITONA VERDE – A azeitona verde, ao contrário da preta que é laxativa, tem ação obstipante, ou seja, "prende" os intestinos.

BAMBU – Esta gramínea tem boa ação antidiarréica.

BANANA – É bem conhecida a ação antidiarréica da banana, particularmente a da banana-maçã (a nanica, ao contrário, tem ação levemente laxativa).

BAOBÁ – As sementes torradas dos frutos dessa árvore são antidiarréicas.

BISTORTA – As raízes desta planta, cozidas, são usadas contra diarréias.

BURANHÉM – As cascas desta fruta, cozidas, são empregadas com sucesso no combate a diarréias e disenterias.

CABEÇA-DE-NEGRO – As sementes desta fruta são consideradas antidiarréicas.

CABELUDA – A polpa comestível desta fruta, refrigerante, aromática e adocicada, tem ação antidiarréica.

CAGAITEIRA – Os frutos dessa árvore apresentam propriedades curiosas: se ingeridos parcimoniosamente têm ação antidiarréica mas se, ao contrário, forem consumidos em grande quantidade, passam a produzir diarréia.

CAIMITO – A casca dessa árvore é empregada como antidiarréica em medicina caseira.

CAJÁ – A casca dessa árvore, cozida, é de grande eficácia no combate a diarréias.

CAJU – Combate as diarréias agudas e crônicas.

CAMBUCÁ – O fruto desta árvore, suculento e de sabor agridoce, apresenta ação antidiarréica.

CAMBUCI – É fruta com ação antidiarréica.

CAMBUÍ-PRETO – A polpa desta fruta possui ação antidiarréica.

CAQUI – Esta fruta, quando verde, tem ação obstipante; após madura, é laxativa.

CARAMBOLA – Esta fruta, rica em cálcio, ferro e vitamina C, tem ação obstipante.

CASTANHA – A "castanha-de-natal" possui ação antidiarréica.

CENOURA – A sopa de cenouras é excelente no combate às diarréias, em particular das crianças.

CHÁ – O chá-preto tem ação obstipante ("prende" o intestino).

COCO-DA-BAÍA – A água de coco, acrescida de uma pitada de sal de cozinha, é excelente para repor os líquidos perdidos pelo organismo durante episódios de diarréia.

COENTRO – Este vegetal tem propriedades antidiarréicas.

CONFREI – É planta possuidora de ação antidiarréica.

CUTITIRIBÁ – É fruta com ação antidiarréica. A casca da árvore (em chá) possui a mesma ação.

ERVA-DE-SANTO-ANTONIO – É planta possuidora de propriedades antidiarréicas.

FENO-GREGO – As sementes desta planta são úteis no combate às diarréias e disenterias.

FIGO – Esta fruta tem ação laxativa, porém a infusão das folhas da figueira combate as diarréias.

FIGO-DA-ÍNDIA – Esta planta é dotada de propriedades antidiarréicas e antidisentéricas.

FRAMBOESA – As folhas da framboeseira, em decocção (15 g para meio litro de água), são muito eficazes no combate às diarréias e disenterias.

GINJA-DA-JAMAICA – É fruta com ação obstipante.

GOIABA – É um dos alimentos mais utilizados contra diarréias (usar as goiabas sem cascas e sem sementes).
O chá preparado com folhas de goiabeiras ou com os brotos de goiaba também apresenta ótima ação antidiarréica.

GRAVIOLA-DO-NORTE – Chás preparados com os brotos e as flores dessa planta possuem ação antidiarréica.

GRUMIXAMA – As folhas e as cascas da grumixameira são antidiarréicos.

GUABIROBA – Infusões preparadas com as folhas e as cascas da árvore são utilizadas contra diarréias.

GUAJIRU – Os frutos, comidos com a casca, têm ação antidiarréica.

GUAJURU – É fruta antidiarréica.

INGÁ – A casca do ingazeiro, quando cozida, é utilizada no combate à diarréia (a fruta tem ação laxativa).

IOGURTE – Embora o leite habitualmente piore a diarréia, o seu derivado iogurte é muito recomendado para a prevenção e o tratamento dos estados diarréicos.

JABUTICABA – A casca da jabuticabeira e a da própria fruta, em decocção, tem propriedades obstipantes.

JABUTICABA-BRANCA – Esta fruta é considerada eficaz no combate às diarréias.

JENIPAPO – É fruta com ação antidiarréica.

JILÓ – Este alimento é possuidor de ação antidiarréica.

JUÁ – A casca do juazeiro tem propriedade antidiarréica.

LIMÃO – É fruta dotada de ação antidiarréica.

MAÇÃ – É uma das frutas mais empregadas nas dietas contra diarréia (a casca, entretanto, por conter peltina, é laxativa).

MAMA-DE-CACHORRA – As folhas deste arbusto têm ação antidiarréica.

MANDIOCA – A farinha feita com este vegetal é antidiarréica.

MANGA – O caule da mangueira produz resina eficaz contra diarréias e disenterias (as folhas da árvore, empregadas sob a forma de chás, possuem a mesma ação).

MANGOSTÃO – Esta fruta é dotada de propriedades antidiarréicas.

MANJAR-GRAÚDO – As folhas e as cascas do caule desse arbusto têm ação antidiarréica.

MANJERICÃO – É planta com ação antidiarréica.

MARMELO – O suco desta fruta, bem como as folhas do marmeleiro, em infusão, combatem a diarréia.

MORANGO – Esta fruta é levemente laxativa, porém, as raízes do morangueiro, bem como as folhas (cozidas), têm ação antidiarréica.

NÊSPERA (AMEIXA-AMARELA) – Ao contrário da ameixa (*Prunus domestica*), a nêspera (ameixa-amarela) tem ação antidiarréica: cozinhar algumas cascas da fruta madura em meio litro de água, deixar ferver por 30 minutos e tomar o líquido depois de coá-lo.

As folhas frescas de ameixeira-amarela, em decocção, também possuem propriedades antidiarréicas.

NOZ – As flores da nogueira são antidiarréicas.

PAJURÁ-DA-MATA – As sementes desta fruta, secas e trituradas, combatem diarréias e disenterias.

PENTE-DE-MACACO – É fruta de ação obstipante.

PITANGA – O chá de folhas de pitangueira tem ação antidiarréica.

PITOMBA – É fruta com ação antidiarréica e antidisentérica.

ROMÃ – O chá preparado com as cascas desta fruta tem excelente ação antidiarréica.

SAMAMBAIA-CABELUDA – É vegetal dotado de propriedades antidiarréicas.

SEGURELHA – É erva com ação obstipante.

SERRALHA – O decocto das folhas dessa planta tem ação antidiarréica e antidisentérica.

SORVA-DA-EUROPA – Os frutos dessa árvore, quando verdes, são antidiarréicos.

TABUA – O rizoma desta planta tem ação obstipante.

TÂMARA – É fruta com ação antidiarréica.

TANCHAGEM – É erva utilizada no combate a diarréias.

TATAJUBA – É fruta com ação antidiarréica.

TREVO-AZEDO – As folhas desta planta são empregadas contra diarréia.

UMARI – O chá preparado com as folhas desta planta "prende" os intestinos.

DIGESTIVOS
V. também ESTOMACAIS.
FLATULÊNCIA.

ABACATE – As folhas do abacateiro, bem como os brotos do abacate facilitam a digestão. A fruta madura também possui essa propriedade, embora em grau menor.

ABACAXI – Esta fruta apresenta acentuado poder digestivo graças ao componente *bromelina* que possui.

ABÓBORA – É vegetal de alta ação digestiva, sendo muito recomendado nos casos de dispepsia.

AÇAFRÃO – O pó desta planta, extraído dos estigmas das flores, facilita a digestão.

AGRIÃO – As folhas frescas deste vegetal combatem a atonia dos órgãos do aparelho digestivo, facilitando desta forma a digestão.

AGRIÃO-DO-PARÁ – As folhas desta variedade de agrião têm propriedades digestivas.

ALCACHOFRA – Esta planta possui um fermento, a cinarase, que auxilia a digestão do leite.

ALCARAVIA – As sementes desta planta, assim como sua essência, são empregadas como digestivos.

ALECRIM – É planta de conhecido poder digestivo.

ALFACE – Auxilia a digestão por estimular as funções digestivas.

ALFAFA – Esta planta, a par de excelente ação tônica, também possui propriedades digestivas.

ALFAVACA – Como digestivo, usar as folhas e as sumidades floridas desta planta, em infusão: 20 g em meio litro de água, deixando repousar durante 20 minutos; tomar 3 xicrinhas ao dia, longe das refeições.

ALFAZEMA – Sob a forma de tisana a alfazema é empregada como digestivo.

ALGAS – O uso da alga microscópica *clorela* normaliza a digestão e regulariza as funções intestinais.

ALHO – A par de inúmeras outras ações medicinais, o alho possui a propriedade de facilitar a digestão.

AMEIXA – É fruta digestiva. Esta ação é particularmente acentuada no "umeboshi".

ANANÁS – V. Abacaxi.

ANGÉLICA – Esta planta aromática apresenta poder digestivo.

ANIS – Como digestivo recomenda-se ferver 5 g dos frutos em 100 ml de água durante 6 minutos e tomar duas xicrinhas ao dia.

BABACO – Assim como o mamão esta fruta é rica em papaína, o que a faz possuir acentuada ação digestiva.

BACURI – É fruta digestiva.

BASILICÃO – As folhas desta planta têm poder digestivo.

BOLDO – É planta de grande utilidade no tratamento dos distúrbios digestivos.

CAFÉ – Esta bebida, a mais popular do Brasil, tem ação digestiva.

CANELA – Este condimento, largamente usado em culinária, tem ação digestiva.

CEREJA – É fruta possuidora de ação digestiva.

CHÁ – O chá, preto ou verde, auxilia a digestão.

CIDRA – Com as folhas da cidreira prepara-se chá digestivo.

COENTRO – Esta planta tem propriedades digestivas.

ENDÍVIA – Esta variedade de chicória possui acentuada ação digestiva.

ENDRO – As folhas deste vegetal têm ação digestiva, sendo recomendadas em casos de dispepsias.

ERVA-CIDREIRA (melissa) – As folhas desta planta, em infusão, têm propriedades digestivas.

ERVA-DE-SÃO-PEDRO – É vegetal de ação digestiva.

ERVILHA – Seu uso favorece o tratamento de problemas digestivos de causa pancreática.

ESPINAFRE – É verdura reguladora das funções digestivas.

ESTRAGÃO – É erva que auxilia a digestão.

FRUTA-DE-BURRO – É considerada digestiva e estomacal.

GENGIBRE – O rizoma desta planta é digestivo.

GROSELHA – É fruta dotada de ação digestiva.

HORTELÃ – As diversas variedades desta planta possuem propriedades digestivas.

JILÓ – É um bom regulador digestivo, principalmente se utilizado sob forma de monodieta.

LARANJA – A esta fruta atribui-se a propriedade de auxiliar a digestão.

LOURO – O chá desta planta, por decocção ou por infusão, tem propriedades digestivas e é carminativo.

LÚPULO – As flores deste vegetal têm ação digestiva.

MAÇÃ – Esta utilíssima fruta é dotada de ação digestiva: por conter pectina age protegendo a mucosa do aparelho digestivo. O tanino contido na casca lhe confere ação antipútrida além de funcionar como desodorante intestinal.

MALTE – No processo de maltagem, a germinação da cevada provoca o aparecimento de um conjunto de fermentos que facilitam a digestão do amido. Assim, as pessoas com dificuldades em digerir as farinhas comuns se beneficiarão consumindo aquelas maltadas.

MAMÃO – Graças à papaína (fermento solúvel encontrado sobretudo nas sementes e que atua energicamente na digestão das proteínas), o mamão tem ação digestiva e, em culinária, pode ser usado como amaciante de carnes (os índios já utilizavam as folhas do mamoeiro para envolver a carne algumas horas antes de cozinhá-la, a fim de deixá-la tenra e macia).

É indicado em casos de gastrites, úlceras, flatulências, dispepsias fermentativas e putrefativas. Em certas perturbações digestivas pode-se recorrer à monodieta do mamão, que consiste no uso exclusivo deste alimento (a ser ingerido de preferência com as sementes) durante alguns dias.

Com as folhas do mamoeiro prepara-se excelente chá digestivo, que pode ser ministrado inclusive a crianças.

MANJERICÃO – É planta com ação digestiva.

MANJERONA – Possui propriedades digestivas.

MATE – O chá mate é ativador da digestão.

MORINGA – Das cascas desta árvore, bem como das folhas e raízes, extrai-se suco acre e picante, com propriedades digestivas.

MOSTARDA – As folhas desta verdura têm ação digestiva.

NOZ-MOSCADA – Este condimento de sabor "sui-generis" é dotado de propriedades digestivas.

ORÉGANO – É erva facilitadora da digestão.

PACOVÁ – Os rizomas desta planta são digestivos.

PÊRA – É fruta com propriedades digestivas.

PÊSSEGO – Possui poder digestivo.

RABANETE – A raiz desta crucífera tem ação digestiva.

RÁBANO – Assim como seu primo rabanete, o rábano também possui ação digestiva.

RAIZ-FORTE – É alimento-tempero com propriedades digestivas.

SALSA – As sementes desta planta auxiliam a digestão.

SEGURELHA – É erva facilitadora da digestão.

SERPILHO – É planta digestiva.

TOMILHO – Tem ação digestiva: a uma xicrinha com água quente acrescentar uma pitada de folhas desta planta e deixar descansar durante 5 minutos; beber em seguida, logo após as refeições.

UMEBOSHI – V. Ameixa.

URUCUM – A infusão das sementes desta planta (10 a 15 g em um litro de água) é indicada como digestivo.

VINHO – Sendo bebida ácida (com pH entre 2,7 e 3,8), esta bebida contribui para facilitar a digestão gástrica.

DIURÉTICOS

ABACATE – As folhas do abacateiro e os brotos de abacate, em infusão ou decocção, têm propriedades diuréticas.

ABACAXI – É fruta diurética.

ABÓBORA – O purê de abóbora (quibebe) tem demonstrado apreciável ação diurética.

AGRIÃO – Coloca-se numa xícara de água uma colherada de folhas e flores frescas de agrião. Deixa-se durante toda a noite; na manhã seguinte filtra-se, esmagando o agrião com uma colherinha para fazer sair todo o suco. Bebe-se a infusão pela manhã, em jejum.

ALCACHOFRA – É planta dotada de ação diurética.

ALCAÇUZ – A raiz deste arbusto possui atividade diurética.

ALCAPARRA – A raiz e as cascas desta planta têm acentuada ação diurética.

ALFACE – É verdura com ação diurética.

ALHO-PORRO – É diurético.

AMEIXA – É fruta com poder diurético.

AMORA – As folhas da amoreira são diuréticas.

ANANÁS – Assim como o abacaxi, tem ação diurética.

ASPARGO – Tem extraordinário poder diurético, sendo muito recomendado em moléstias cardíacas, renais e hipertensivas.

AZEDA-MIÚDA – Esta planta hortense, variedade de azedinha, é dotada de ação diurética.

AZEITONA-DO-MATO – O chá preparado com as folhas desta árvore, de paladar muito agradável, é diurético.

BACURI – Os frutos do bacurizeiro, os bacuris, bem como a casca da árvore e a resina da mesma, têm ação diurética.

BARDANA – É planta diurética.

BASILICÃO – As folhas desta planta têm propriedades diuréticas.

BELDROEGA – As folhas desta erva são diuréticas: colocá-las em infusão com água fervente durante 15 minutos.

BERINJELA – O chá preparado com as folhas de berinjela é dotado de propriedades diuréticas.

BETERRABA – A raiz e as folhas desta planta possuem ação diurética.

BIRU-MANSO – Os rizomas desta planta, amarelos externamente, são considerados diuréticos.

BOLDO – É diurético.

BORRAGEM – As folhas desta planta têm poder diurético.

BREDO – As folhas verdes deste vegetal, quando secas, constituem diurético suave.

CAFÉ – É bebida com ação diurética.

CAGAITEIRA – As folhas desta planta, em chás por infusão ou por decocção, atuam como diurético.

CAIMITO – É fruta dotada de ação diurética.

CAJU – Esta fruta apresenta atividade diurética.

CAMAPU – As folhas desta planta, assim como o fruto verde, têm propriedades diuréticas.

CAMBUCÁ – É fruta diurética.

CAMBUCI – É fruta indicada como diurética.

CANA-DE-AÇÚCAR – O rizoma desta planta, em decocção, tem atividade diurética.

CANA-DE-MACACO – Os rizomas comestíveis deste vegetal são diuréticos.

CARAGUATÁ – É fruta dotada de forte atividade diurética.

CARAMBOLA – Esta fruta tem ação diurética.

CARDO-SANTO – É erva com propriedades diuréticas.

CARDO-SELVAGEM – A raiz desta planta é diurética.

CARURU-AMARELO – Sua raiz é considerada diurética.

CARURU-VERDE – Suas folhas têm propriedades diuréticas.

CEBOLA – Entre as inúmeras ações terapêuticas que possui, inclui-se a de ser diurética.

CERCEFI – As raízes desta planta têm propriedades diuréticas.

CEREFÓLIO – A variedade de cerefólio com folhas lisas é considerada diurética.

CEREJA – É fruta com propriedades diuréticas.

CEVADA – Este cereal é diurético.

CHUCHU – Este popularíssimo alimento, cozido sem sal, tem acentuada atividade diurética. Os brotos dos ramos, batidos no liquidificador, possuem a mesma propriedade.

CONFREI – A raiz desta planta é diurética.

DENTE-DE-LEÃO – Esta planta, muito rica em vitamina C, tem propriedades diuréticas.

ENDÍVIA – Esta variedade de chicória possui propriedades diuréticas.

ERVA-DE-SÃO-PEDRO – Este vegetal aromático é diurético.

ESCORCIONEIRA – As raízes desta hortaliça apresentam propriedades diuréticas.

ESPINAFRE – Esta verdura é diurética.

FEIJÃO AZUKI – Esta variedade de feijão possui propriedades diuréticas.

FIGO – É fruta com ação diurética.

FIGO-DA-ÍNDIA – A figueira-da-índia, em decocção, tem efeito diurético.

FRAMBOESA – A raiz da framboeseira, em decocção, tem propriedades diuréticas.

FRUTA-DE-LOBO – É fruta com propriedades diuréticas.

FRUTA-DO-CONDE – As folhas desta árvore, utilizadas como chá, são diuréticas.

GILBARGEIRA – O chá preparado com o rizoma desta planta é diurético.

GRAVIOLA-DO-NORTE – As flores e os brotos dessa árvore têm ação diurética.

GRUMIXAMA – A casca da grumixameira, bem como as folhas, tem atividade diurética.

GUANDO – As folhas desta leguminosa são diuréticas.

JACA – É fruta diurética.

JENIPAPO – É diurético.

LARANJA – Entre as inúmeras propriedades medicinais atribuídas a essa fruta, inclui-se a de ser diurética.

LECHIA – É fruta diurética.

LIMA – É fruta que goza de imenso prestígio como diurética.

LIMÃO – Tem atividade diurética.

MAÇÃ – Além de muitas outras propriedades terapêuticas, a maçã possui a de ser diurética.

MANÁ – Dessa árvore exsuda suco de paladar agradável, com sabor adocicado e que tem ação diurética.

MANDIOQUINHA – É vegetal com propriedades diuréticas.

MANGA – É fruta diurética.

MASTRUÇO – As folhas dessa planta são diuréticas.

MASTRUÇO-DO-PERU – Suas folhas têm ação diurética.

MATE – É bebida diurética.

MEDRONHO – É fruta com propriedades diuréticas.

MELANCIA – É diurética.

MELÃO – Tem ação diurética.

MILHO – Os filamentos das espigas deste cereal, conhecidos por barbas, cabelos ou estigmas, são excelentes diuréticos: ferver 30 g desses cabelos em dois litros de água durante 15 minutos e tomar de 3 a 5 xícaras por dia.

MORANGO – É fruta dotada de ação diurética.

NABO – O nabo comprido é diurético.

NÊSPERA – A conhecida ameixa-amarela é fruta diurética.

NOZ – As raízes da nogueira fornecem suco com propriedades diuréticas.

ORÉGANO – É erva com ação diurética.

PARIPAROBA – A raiz desta planta é diurética.

PEPINO – O suco do pepino é fortemente diurético.

PÊRA – Esta fruta tem ação diurética moderada.

PÊSSEGO – É fruta diurética.

PITOMBA – Esta frutinha do nordeste brasileiro tem propriedades diuréticas.

RABANETE – A raiz do rabanete, que é a parte habitualmente utilizada na alimentação, é diurética.

RÁBANO – Assim como seu parente, o rabanete, o rábano também é diurético.

RAIZ-FORTE – A raiz desta variedade de rábano possui ação diurética.

ROMÃ – É fruta diurética.

RÚCULA – As folhas desta verdura têm propriedades diuréticas.

SABUGUEIRO – O chá feito com as flores do sabugueiro é diurético.

SALSA – É planta de ação diurética: colocar 30 g de sementes de salsa em 200 ml de água fervente e, após 10 minutos, beber a metade do líquido, após filtração; a outra metade deve ser bebida 3 horas depois.
A raiz da salsa também possui propriedade diurética (leve).

SALSÃO – O salsão, ou aipo, é diurético.

TABOA – O rizoma desta planta é diurético.

TOMATE – É alimento com poder diurético.

UVA – É fruta diurética.

ZIMBRO – Os frutos deste arbusto têm ação diurética.

DOR DE CABEÇA
(CEFALÉIA)

V. também ENXAQUECA

ABACATE – As folhas do abacateiro, aquecidas e aplicadas localmente, aliviam de pronto a dor de cabeça.

AMEIXA – Chupar a ameixa salgada japonesa ("umeboshi") ou comê-la chupando depois o caroço, alivia rapidamente a dor de cabeça, em particular se devida a libações alcoólicas ou a excessos alimentares.

ARTEMÍSIA – É planta utilizada contra cefaléias em geral, inclusive enxaquecas.

CAFÉ – V. "Limão" neste capítulo.

GIRASSOL – As sementes desta planta, em infusão, produzem beberagem eficaz contra enxaquecas e dores de cabeça de origem nervosa.

GUARANÁ – As sementes desta fruta

combatem as dores de cabeça, inclusive da enxaqueca.

IBABIRABA – As folhas desta planta, trituradas com os dedos, exalam odor característico, sendo usadas em escalda-pés para aliviar as cefaléias.

LIMÃO – Contra dor de cabeça recomenda-se tomar o suco de um limão dissolvido em um pouco de café.

DOR DE DENTE

AGRIÃO-DO-PARÁ – Usar as inflorescências em infusão (5 g em 100 ml de água, repousando durante 20 minutos). Bochechar.

CRAVO-DA-ÍNDIA – O óleo de cravo, que pode ser adquirido em farmácias (inclusive homeopáticas), aplicado localmente, é útil contra dor de dente.

MALVA – A malva grande é planta muito reputada, desde a antiguidade, como eficaz contra dores de dente: usar as folhas em infusão (10 g em 100 ml de água, repousando durante uma hora). Usar em bochechos ou em aplicações locais.

ORÉGANO – A essência de orégano, encontrada no comércio, aplicada localmente embebida em algodão, alivia a dor de dente.

PIMENTÃO – Fazer um suco com pimentão e diluir em água (1/5 do suco e 4/5 de água). Usar em bochechos.

SALSA – Contra dor de dente triturar um ramo de salsa, acrescentar uma ou duas gotas de azeite e uma pitada de sal; misturar bem e aplicar no ponto que dói.

SÁLVIA – Fazer decocção com as folhas desta planta (6 g em 100 ml de água, fervendo durante 10 minutos). Usar em bochechos.

TANCHAGEM – Chás preparados com a folha desta planta e utilizados em bochechos agem contra dores de dente.

TOMILHO – Fazer infusão da planta inteira (25 g em meio litro de água, repousando 10 minutos) e usar em bochechos.

DOR DE OUVIDO

AZEITE – Em casos de penetração de insetos no ouvido, um excelente remédio consiste em pingar algumas gotas de azeite no local.

CAMAPU – O suco desta planta é empregado topicamente contra dor de ouvido.

FRUTA-PÃO – As fatias quentes desta fruta, aplicadas sobre os ouvidos inflamados, têm ação curativa sobre tais processos inflamatórios.

GERGELIM – O óleo de gergelim, levemente aquecido, pingado localmente, alivia a dor de ouvido.

SALSA – Um bom remédio contra dor de ouvido consiste em se instilar no conduto auditivo suco de salsa misturado com azeite.

ECZEMA

ABACATE – O chá preparado com o cozimento do caroço desta fruta é muito usado, por via interna ou tópica, no tratamento do eczema, em particular o do couro cabeludo.

AMÊNDOA – A aplicação local do óleo de amêndoa alivia o prurido produzido pelo eczema.

BARDANA – O decocto da bardana costuma produzir ótimos resultados em casos de eczema: colocar 25 g de raiz, cortada em pedacinhos, em meio litro de água, deixar ferver por 10 minutos e repousar por mais 15. Após isto, coar e tomar uma xícara (de chá) 3 vezes ao dia, fora das refeições.

CAPUCHINHA – As folhas desta planta constituem bom remédio contra eczemas, psoríases e outros problemas cutâneos.

CARAMBOLA – É fruta possuidora de ação antieczematosa.

EDEMAS
(INCHAÇOS)

Os diuréticos, todos eles, são indicados para reduzir os edemas (inchaços). Assim sendo, consulte esse verbete à pág. 191.

ARROZ – Por ser alimento pobre em sódio, o arroz auxilia a eliminação dos edemas, sendo indicado na alimentação de pacientes cardíacos e renais.

EMAGRECEDORES

V. também OBESIDADE

ALGAS – São muito utilizadas em dietas de emagrecimento, por duas razões básicas:

1ª) possuem elevado teor de fenilalanina, aminoácido que atua sobre o centro nervoso da fome, inibindo-o.

2º) provocam sensação de plenitude gástrica: se ingeridas cerca de meia hora antes das refeições, promoverão sentimento de saciedade gástrica, com conseqüente diminuição da quantidade de alimentos a serem ingeridos.

CAFÉ – Esta bebida tem ação coadjuvante no tratamento da obesidade, conforme demonstraram pesquisas realizadas em 1974 e retomadas em 1982.

EMENAGOGOS
(Substâncias que fazem vir a menstruação)

(V. também MENSTRUAÇÃO)

ARRUDA – É planta de ação emenagoga pronunciada. Fazer chá, por infusão, com 2 ou 3 gramas de folhas para um litro de água e tomar duas xícaras ao dia (não usar quantidades maiores); ao mesmo tempo, banhar os pés em água quente.

ARTEMÍSIA – É planta favorecedora e reguladora da menstruação.

COMINHO – As sementes desta planta têm ação emenagoga.

CRUÁ – As sementes desta fruta são estimuladoras da menstruação.

MANJERICÃO – É dotado de propriedades emenagogas.

ORÉGANO – Seu consumo favorece a menstruação.

SALSA – Para se obter ação emenagoga da salsa, colocar 20 g de suas sementes em uma xícara de água bem quente, filtrar e beber.

EMOLIENTES
(Substâncias que abrandam uma inflamação)

ARATICUM – É fruta possuidora de propriedades emolientes.

BAOBÁ – As folhas dessa árvore, quando verdes, são emolientes do aparelho digestivo.

BORRAGEM – As folhas desta erva, em cataplasmas, são emolientes.

BREDO-DE-ESPINHO – As folhas e os brotos desta planta são emolientes, principalmente do aparelho digestivo.

CARURU-VERDE – As folhas dessa planta são consideradas emolientes.

CUITÉ – A polpa das frutas dessa árvore (chamadas cuias), quando madura, é usada como emoliente, em cataplasmas.

ENDÍVIA – Esta variedade de chicória possui ação emoliente.

ORA-PRO-NOBIS – As folhas desse arbusto são usadas como emolientes em casos de tumores e de processos inflamatórios.

PARIPAROBA – Suas folhas são emolientes.

QUIABO – Tem ação emoliente.

ENERGÉTICOS

São alimentos habitualmente utilizados pelo organismo para lhe fornecer energia.

Seu consumo é indicado particularmente a trabalhadores braçais, esportistas e pessoas que queimam muitas calorias. Se alimentos energéticos forem ingeridos e as calorias por eles fornecidos não forem queimadas, transformar-se-ão em gorduras.

São os seguintes os principais alimentos energéticos:

Arroz
Aveia
Batata
Batata-doce
Beterraba
Cana-de-açúcar e derivados: açúcar, garapa, melado, rapadura
Cará
Inhame
Mandioca
Mangarito
Mel
Milho
Pinhão
Trigo

ENTORSES
(TORÇÕES)

ALECRIM – Fazer compressas locais com folhas e flores do alecrim em infusão (10 g em 100 ml de água, deixando repousar durante 10 minutos).

MALVA – Usar as folhas e as flores da malva grande em infusão (15g em 100 ml de água, deixando repousar durante hora e meia). Usar em compressas locais.

ENURESE

É a emissão inconsciente e involuntária de urina.

A enurese noturna infantil pode ser considerada normal até a idade de 5 anos.

CENTEIO – Para combater a enurese noturna recomenda-se misturar 15 gramas de sementes de urtiga a 60 gramas de farinha de centeio, adicionando água e mel até se obterem massas próprias para moldar bolinhos.

Cozinhá-las ao forno e dar uma delas toda noite à criança enurética.

ENVELHECIMENTO PRECOCE

ALGAS – O uso da alga microscópica "clorela" confere proteção ao organismo contra processos degenerativos, impedindo o envelhecimento precoce.

GELÉIA-REAL – Acredita-se que este alimento-medicamento atua contra o envelhecimento prematuro do organismo, sobretudo da pele, onde inclusive pode ser aplicado localmente.

GINSENG – Esta raiz medicinal é considerada rejuvenescedora de todo o organismo, em particular das glândulas endócrinas.

PEIXES – O esqualene, substância existente em peixes que habitam águas geladas dos oceanos, parece impedir o envelhecimento prematuro.

TRIGO – Os grãos germinados em geral, principalmente o trigo germinado (não confundir com germe de trigo), são muito indicados na prevenção do envelhecimento precoce.

O óleo de germe de trigo, obtido a frio e sem produtos químicos, tem ação semelhante.

ENXAQUECA
V. também DOR DE CABEÇA

ALECRIM – Fazer infusão com as folhas e flores desta planta: 4 g em 100 ml de água, repousando durante 18 minutos. Tomar 3 xicrinhas ao dia.

ARTEMÍSIA – É planta muito utilizada no tratamento das dores de cabeça, inclusive enxaquecas.

CARDO-SANTO – Utilizado principalmente nas enxaquecas com distúrbios digestivos: fazer infusão com 2 g de folhas e flores dessa planta, deixando repousar por 12 minutos. Tomar 3 xicrinhas ao dia.

ENDRO – Os frutos do endro são indicados no combate às enxaquecas acompanhadas de distúrbios digestivos: fazer infusão com 6 g dos frutos em 100 ml de água, repousando duas horas. Tomar 3 xicrinhas ao dia.

GENGIBRE – Este alimento, usado há séculos por algumas culturas no combate à enxaqueca, teve sua eficácia realmente demonstrada por estudos feitos na Universidade de Odense, Dinamarca.

GIRASSOL – As sementes de girassol descascadas, em infusão, produzem bebida eficaz contra enxaquecas e dores de cabeça de origem nervosa.

LIMÃO – A ingestão do suco desta fruta ajuda a combater a enxaqueca.

MANJERONA – Fazer infusão da planta florida: 10 g em meio litro de água, repousando 15 minutos. Tomar 3 xicrinhas ao dia.

ÓLEO – Bochechos com óleos prensados a frio (de girassol, gergelim, oliva, semente de uva, germe de trigo etc.) constituem excelente remédio para prevenção das crises de enxaqueca: bochechar diariamente (uma ou duas vezes ao dia) durante 20 minutos uma colher (de sobremesa) do óleo prensado a frio e, em seguida, cuspir o líquido bochechado (jamais engoli-lo); após isso, enxaguar bem a boca e escovar os dentes.

ORÉGANO – Utilizar as sumidades floridas. Fazer infusão com 15 g em meio litro de água, repousando 15 minutos. Tomar 3 xicrinhas ao dia.

PEIXES – De acordo com estudos realizados na Faculdade de Medicina da Universidade de Cincinatti (USA), o consumo regular de peixes gordos ajuda a diminuir as crises de enxaqueca.

RAIZ-FORTE – É planta útil no combate à enxaqueca.

ROMÃ – Usar as folhas de romãzeira em infusão (15 g em meio litro de água, repousando 15 minutos). Tomar 3 xicrinhas ao dia.

SÁLVIA – Em casos de enxaqueca com distúrbios digestivos fazer infusão com 4 g de folhas de sálvia em 100 ml de água, repousando 18 minutos. Tomar 3 xicrinhas ao dia.

ZIMBRO – Para combater a enxaqueca recomenda-se colocar um punhado de bagas de zimbro no travesseiro.

EQUIMOSES
(HEMATOMAS)

ALFACE – Fazer cataplasmas mornos com as folhas desta verdura e um pouco de azeite de oliva.

AZEITE – V. verbete "Alface" neste capítulo.

HISSOPO – Fazer infusão com 6 g de folhas e flores desta planta em 100 ml de água, deixando repousar durante 25 minutos. Usar em compressas sobre o local.

PRIMAVERA – Ferver 3 g de flores de primavera (prímula) em 100 ml de água durante 10 minutos e usar localmente em compressas.

ERISIPELA

CAJÁ – A decocção da casca desta fruta, aplicada localmente, é preconizada contra a erisipela, em particular dos pés.

COUVE – Contra erisipela são recomendadas lavagens locais com suco de couve fresca.

FEIJÃO – Usa-se o suco das vagens do feijão, em aplicações locais, contra erisipela.

REPOLHO – É usada a planta crua e fresca, de preferência a variedade verde. As folhas devem ser lavadas antes do uso; cortar a saliência do talo e estender as folhas com rolo de macarrão ou uma garrafa, para que fiquem bem lisas, sem nervuras salientes, as quais podem prejudicar o processo e provocar dor. Após isso as folhas são colocadas sobre o local como as telhas de um telhado, sem nenhuma dobra, a qual, por menor que seja, pode provocar dor.

Normalmente o curativo é renovado pela manhã e à noite; em casos muito graves a renovação pode ser mais freqüente.

SABUGUEIRO – Em casos de erisipela recomenda-se tomar 4 xicrinhas ao dia de infusão preparada com flores de sabugueiro (5 g em 100 ml de água, deixando repousar durante 15 minutos).

ESCARLATINA

BORRAGEM – Ferver 4 g das folhas desta planta em 100 ml de água durante 10 minutos e tomar 3 xicrinhas ao dia.

CEREJA – Ferver durante 10 minutos

4 g dos pedúnculos (cabinhos) das frutas em 100 ml de água e tomar 3 xícaras ao dia.

MIL-FOLHAS – Deixar a parte aérea florida da planta em infusão durante 22 minutos (20 g em meio litro de água) e tomar 3 xicrinhas ao dia.

VIOLETA – Deixar 5 g das flores em infusão durante 20 minutos em 100 ml de água e tomar 3 xicrinhas ao dia.

ESCARAS

Colocando-se debaixo da cama do doente um galho de laranjeira, mexeriqueira, limoeiro ou limeira, impede-se a formação de escaras de decúbito, bem como curam-se aquelas já existentes.

Os galhos devem ser renovados na mediada em que forem secando.

ESQUISTOSSOMOSE

TAMARINDO – De acordo com Bruno Mancini, professor titular de Farmacognosia da Universidade Estadual Paulista, em Araraquara (SP), o tamarindo é tóxico contra o parasita que causa a esquistossomose.

ESTAFA

ARROZ INTEGRAL – Este cereal, principalmente as espécies de grãos mais arredondados (catetos), dotados de maior quantidade de energia, promove a renovação do organismo.

A monodieta de arroz integral, após período inicial de reação (tanto mais intensa quanto mais o organismo estiver intoxicado), produz extraordinária sensação de leveza, equilíbrio e tranqüilidade emocional.

ESTIMULANTES GERAIS

CACAU – O fruto do cacaueiro é muito rico em alcalóides (teobromina, cafeína) estimulantes do sistema nervoso central.

CAFÉ – O alcalóide cafeína, existente no café, é estimulante do sistema nervoso central, atingindo níveis sangüíneos máximos cerca de 15 a 45 minutos após a ingestão da bebida e permanecendo no organismo durante 3 a 7 horas. Por esta razão o café é eficaz quando se deseja manter-se acordado (Rudolf Steiner o chamava "bebida dos jornalistas").

CHÁ – Por conter cafeína (ou teína) o chá é excitante do sistema nervoso central (v. "Café" neste capítulo).

COCA – Devido às propriedades excitantes que possui, a coca, em quantidades muito pequenas, pode ser útil em ocasiões nas quais se deseja manter-se em vigília.

Os índios sul-americanos, principalmente os do Peru, conhecem a planta desde épocas muito remotas, utilizando-a para aumentar a resistência à fadiga e ao sono, o que lhes permite passar vários dias em longas caminhadas, sem dormir ou ingerir alimentos.

COLA – Por conter alcalóides excitantes do sistema nervoso central (cafeína, teobromina), a cola pode ser útil em determinadas ocasiões nas quais é necessário manter-se desperto, ativo, em vigília.

Costuma ser mascada pelos indígenas de vários países da América do Sul, durante longas caminhadas, para produzir sensação de força e vigor.

GUARANÁ – As sementes, raízes, caules, folhas e flores desta planta contêm dois alcalóides: cafeína e teobromina, excitantes do sistema nervoso central.

As sementes, torradas, moídas e reduzidas a pó, costumam ser utilizadas com muito sucesso como estimulantes, em ocasiões em que se deseja manter-se desperto, em vigília, sem dormir.

FENO-GREGO – As sementes desta planta possuem ação estimulante.

HISSOPO – As folhas desta planta, em infusão, agem como estimulante geral.

MATE – É estimulante geral. Seu uso possibilita grandes esforços físicos e mentais.

ZIMBRO – Os frutos desta planta, conhecidos como bagas de zimbro, têm ação estimulante.

ESTOMACAIS
(ESTOMÁQUICOS)
V. também DIGESTIVOS, GASTRITES

(Substâncias estomacais ou estomáquicas são substâncias boas para o estômago – *Aurélio*).

ABÓBORA – O suco retirado das flores da abóbora é estomáquico.

ABRICÓ-DO-PARÁ – As flores destiladas dessa planta produzem bebida refrescante, de ação estomacal.

ACELGA – Em gastrites crônicas ferver 25 g das folhas desta verdura em meio litro de água durante 10 minutos e tomar 3 xicrinhas ao dia.

AGRIÃO – Esta planta é estomacal.

ALECRIM – Macerar por seis dias, em um litro de vinho branco seco, alguns ramos amassados de alecrim. Tomar um cálice duas vezes ao dia.

ALMEIRÃO – As folhas do almeirão têm propriedades estomacais.

BANANA – Segundo pesquisadores indianos essa fruta é eficaz contra problemas gástricos.

BARDANA – As folhas dessa planta são utilizadas em chás eficazes para perturbações do estômago.

Em casos de gastrites recomenda-se ferver 30 g da raiz de bardana em meio litro de água durante 10 minutos e tomar duas xícaras em jejum.

BELDROEGA – Contra gastrites recomenda-se amplo consumo das folhas dessa verdura, mastigando-as bem lentamente.

BOLDO – É dotado de ação benéfica nos males do estômago.

CALÊNDULA – Em casos de gastrites fazer infusão com a planta inteira (inclusive flores): 15 g em um litro de água, deixando repousar por 18 minutos. Tomar duas xicrinhas ao dia.

CANELA – A casca desta árvore, muito utilizada em culinária, é dotada de propriedades estomáquicas.

CAQUI – Esta fruta é considerada tônico estomacal.

CARDO-SANTO – É erva de propriedades estomacais.

CEBOLA – O uso constante de cebola, preferentemente crua, é benéfico contra problemas de estômago.

CEVADA – O cozimento deste cereal produz mucilagem que auxilia o tratamento das inflamações do estômago.
Em casos de gastrites recomenda-se cozinhar lentamente 60 g de sementes de cevada em um litro de água e beber a água da cocção.

CHICÓRIA – É planta útil no combate às afecções do estômago.

CIDRA – Com as folhas da cidreira prepara-se chá de propriedades estomacais.

COMINHO – Deixar os frutos dessa planta em infusão durante 5 minutos (2 g dos frutos em 100 ml de água). Tomar duas ou três xicrinhas ao dia.

CONFREI – Sob a forma de chá ou comido em saladas cruas, o confrei combate as úlceras gástricas e duodenais, bem como o excesso de acidez no estômago.

COUVE-FLOR – Tem ação neutralizante sobre a acidez gástrica.

ESTRAGÃO – Para gastrites crônicas recomenda-se tomar 3 xicrinhas ao dia de infusão preparada com as sumidades floridas e as folhas desta planta: 20 g em meio litro de água, deixando repousar 10 minutos.

FRUTA-DE-BURRO – Essa fruta, aromática e de sabor picante, tem propriedades estomacais e digestivas.

FRUTA-DO-CONDE – As folhas da árvore, em infusão, combatem os males do estômago.

FRUTA-PÃO – As sementes da fruta-pão, torradas ou cozidas, são tônicas para o estômago.

FUNCHO – Esta planta possui acentuada e comprovada ação estomacal. Usam-se os frutos e as raízes: os primeiros em infusão (3 a 4 g em 100 ml de água, deixando repousar por 25 minutos). Quanto às raízes, ferver 4 g em 100 ml de água durante 8 minutos. Em ambos os casos tomar 3 xicrinhas ao dia.

GENGIBRE – O chá do rizoma desta planta tem ótima ação na atonia do estômago: cortar um tubérculo pequeno em fatias e colocar para ferver durante 10 minutos em meio litro de água. Tomar em quantidade variável segundo a necessidade individual.

GIRASSOL – Nas gastrites crônicas fazer infusão com as flores do girassol: 4 g em 100 ml de água, repousando 22 minutos; tomar 3 xicrinhas ao dia.

GOIABA-PRETA – É fruta estomacal.

GRAPEFRUIT – A polpa desta fruta possui ação estomacal.

GROSELHA – Em casos de gastrite recomenda-se tomar diariamente 100 ml do suco fresco desta fruta.

JILÓ – É alimento dotado de propriedades estomacais.

JURUBEBA – O chá preparado com os frutos da jurubeba é louvadíssimo no tratamento das moléstias do estômago e do fígado.

LARANJA – É fruta estomáquica.

LIMA – É considerada excelente para o tratamento de gastrites e úlceras duodenais.

LINHAÇA – Em casos de gastrites faz-se infusão com 15 g dessas sementes em meio litro de água, deixando repousar durante 6 horas. Tomar 3 xicrinhas ao dia.

MAÇÃ – Em casos de gastrites e de úlceras duodenais costumam ser obtidos bons resultados com a "dieta de maçã": ingerir 3 a 5 maçãs ao dia, distribuídas em 3 a 5 refeições, durante três a sete dias ou mais, de acordo com o caso (até duas ou três semanas). Após o segundo ou terceiro dia pode-se aumentar para até dez maçãs ao dia. Associar leite à "dieta de maçã".

MAMÃO – Em casos de gastrites o uso desta fruta costuma trazer resultados muito favoráveis.

MANGA – É fruta de ação digestiva e estomacal.

MANGOSTÃO – Tem propriedades estomacais.

MORANGA – Esta variedade de abóbora é considerada eficaz no combate às úlceras do estômago.

OLMO-VERMELHO – As folhas comestíveis desta planta têm propriedades protetoras da mucosa gástrica.

PACOVÁ – As sementes e o rizoma do pacová têm propriedades estomáquicas e digestivas.

PARIPAROBA – O chá das folhas desta planta, de largo emprego em medicina doméstica, é utilizado com bons resultados nas perturbações do estômago.
 O chá feito com as raízes tem a mesma ação.

SALEPO – Este tubérculo tem ação protetora sobre o estômago.

TANCHAGEM – É erva muito usada contra ardência do estômago.

TOMATE – A ingestão diária de 150 a

200 ml de suco de tomate ajuda a combater as gastrites.

ZIMBRO – As bagas de zimbro têm ação estomáquica.

EXPECTORANTES
V. também: ASMA; BRONQUITE; GRIPE; ROUQUIDÃO; TOSSE

AGRIÃO – O suco preparado com as folhas novas do agrião, adoçado com mel, é um bom expectorante. Tomar cerca de 100 ml ao dia.

ALECRIM – Tomar 3 xicrinhas ao dia de infusão preparada com as folhas e as flores dessa planta (20 g em meio litro de água, repousando 18 minutos).

ALFACE – Cozinha-se um pé de alface em meio litro de água, durante 15 minutos. Acrescenta-se mel e toma-se metade pela manhã em jejum e metade à noite, ao deitar-se.

ALFAVACA – É planta antiasmática, expectorante e anticatarral.

AZEITONA – Tanto a azeitona preta quanto a verde têm leve ação expectorante.

CAJU – Tem ação eficaz contra todos os tipos de catarro.

CAMBARÁ – É planta de ação expectorante. Age eficazmente nas doenças respiratórias em geral: bronquites, gripes, rouquidões, tosses.

CARAGUATÁ – Com o suco desta fruta produz-se xarope muito empregado como expectorante e no combate às doenças do aparelho respiratório em geral.

CEVADA – Ferver as sementes deste cereal (um punhadinho em um litro de água) durante duas ou três horas; acrescentar o suco de quatro limões e um pouco de mel. Tomar um cálice pela manhã e outro à noite.

CONFREI – É planta anti-séptica das vias respiratórias, expectorante e antiasmática.

Em casos de catarro crônico dos brônquios recomenda-se tomar 3 xicrinhas ao dia de infusão feita com a raiz da planta: 10 g em meio litro de água, deixando repousar por duas horas.

CUITÉ – A polpa das frutas verdes é expectorante.

CUTITIRIBÁ – É fruta útil no combate ao catarro do aparelho respiratório.

FIGO – Os figos secos, cozidos com água ou leite, têm ação expectorante e sedativa da tosse.

FIGO-DA-ÍNDIA – Tem ação expectorante, antiasmática e sedativa da tosse. Para isso recomenda-se comer a fruta assada. Pode-se também descascar algumas frutas (usar faca e garfo por causa dos espinhos), cortá-las em rodelas e, numa vasilha, cobri-las com mel, deixando-as repousar por uma noite. No dia seguinte, coar e tomar o caldo às colheradas, ao longo do dia.

GROSELHA-DA-ÍNDIA – A casca dessa árvore, em decocção, é útil contra o catarro das vias respiratórias.

LIMÃO – É fruta com ação contra o catarro das vias respiratórias.

MELÃO-DE-SÃO-CAETANO – É alimento dotado de atividade anticatarral.

ORA-PRO-NOBIS – Os frutos desse arbusto têm ação expectorante.

ORÉGANO – O chá desta erva é muito útil contra asma e o catarro dos brônquios. Utilizar as sumidades floridas em infusão (15 g para meio litro de água), deixando repousar durante 20 minutos. Tomar 3 xicrinhas ao dia, adoçadas com mel.

PIMENTA – Segundo o Dr. Irwin Ziment, professor da UCLA e especialista em aparelho respiratório, a pimenta é alimento com excelente ação sobre problemas em geral desse aparelho, tais como gripes e bronquites. É dotada de acentuada ação expectorante.

Ajudando a diminuir a viscosidade do muco, a pimenta auxilia sua eliminação. Além disso tem atividade antiinflamatória graças a seu componente capsaicina.

PRIMAVERA – O rizoma desta planta fervido durante 10 minutos (20 g em meio litro de água) é um bom expectorante: tomar 4 xicrinhas ao dia.

RAIZ-FORTE – É alimento dotado de forte ação expectorante, estando indicado em gripes e bronquites.

Tem amplo uso como anticatarral: em uma xícara com água fervente coloca-se um pedacinho de raiz, adoça-se com mel e bebe-se.

SALSA – As folhas dessa erva, batidas com leite e mel, têm ação expectorante.

SALSÃO – O chá das raízes dessa planta é expectorante: ferver 20 g das raízes em meio litro de água durante 10 minutos e tomar à vontade.

SÁLVIA – Fazer infusão com as folhas de sálvia (8 g em meio litro de água, durante 25 minutos). Tomar 3 xicrinhas ao dia.

TANCHAGEM – Esta erva tem a propriedade de fluidificar as secreções da árvore respiratória, atuando como um bom expectorante.

URUCUM – A infusão das sementes dessa planta (10 a 15 g em um litro de água) é indicada como expectorante.

FEBRE
(ANTITÉRMICOS)
V. também SUDORÍFEROS

ABIO – A casca do abieiro tem ação antifebril.

ABÓBORA – As sementes de abóbora, trituradas, formam suco refrigerante, com atividade antifebril.

ABRICÓ-DO-MATO – A casca do caule desta planta, assim como as raízes, tem propriedades antifebris.

ABROLHO – As folhas dessa erva são antifebris.

AGRIÃO-DO-PARÁ – Tem ação antifebril (as folhas).

ALFAVACA – É planta dotada de propriedades antitérmicas.

ÁRVORE-VACA – O "leite" que exsuda abundantemente dessa curiosa árvore tem grande reputação como eficaz no combate às febres em geral.

AZEDA-MIÚDA – Esta variedade de azedinha tem ação antifebril.

AZEITONA – A infusão das folhas de oliveira, bem como da casca da árvore, tem atividade antitérmica.

BISTORTA – As raízes dessa planta, cozidas, costumam ser empregadas para baixar a febre.

CAIMITO – A casca dessa árvore é empregada em medicina popular como antifebril.

CAJU – O suco de caju é considerado antifebril.

CAMBARÁ – As folhas e flores desse arbusto têm largo emprego como antifebril.

CANELA – É, de longa data, muito reputada como antifebril.

CARDO-SANTO – Esta erva, que entra na composição do famoso licor dos beneditinos, tem propriedades antifebris.

CARAMBOLA – É fruta com ação antifebril.

CARURU-AZEDO – O chá preparado com essa planta (existente no comércio e conhecido como chá de rosela) tem propriedades antifebris.

CARURU-DE-SAPO – Os bolbilhos comestíveis dessa planta são antifebris.

CHÁ-PRETO – É bebida com propriedades antitérmicas.

CRUÁ – As sementes dessa fruta são antitérmicas.

CUITÉ – A polpa dos frutos (cuias) verdes é antifebril.

FRUTA-DE-BURRO – As frutas dessa árvore são consideradas antifebris.

GROSELHA – É fruta possuidora de ação antitérmica.

GUABIROBA – A casca e as folhas dessa árvore, em infusão, costumam ser utilizadas para fazer baixar a febre.

GUARANÁ – As sementes do guaraná (geralmente consumidas torradas, moídas e reduzidas a pó) têm atividade antitérmica.

JUÁ – A casca do juazeiro tem propriedades antitérmicas.

LARANJA – É fruta que combate a febre. O chá feito com as folhas da laranjeira tem a mesma ação.

LECHIA – É fruta antifebril.

LIMA – É fruta que goza de grande prestígio como antitérmica.

LIMÃO – Seu uso contribui para baixar a temperatura.

MAÇÃ – O suco dessa fruta tem atividade antitérmica.

MANÁ – Dessa árvore exsuda suco de sabor adocicado, de atividade antifebril.

MARACUJÁ – As folhas dessa planta, em chás, contribuem para baixar a temperatura do organismo.

MELÃO-DE-SÃO-CAETANO – Tem propriedades antitérmicas.

MURICI – É fruta com ação antifebril.

PARIPAROBA – O chá das raízes deste arbusto é utilizado no combate à febre.

PITANGA – Com as folhas da pitangueira prepara-se chá dotado de atividades antitérmicas.

PITOMBA – É fruta com propriedades antifebris.

ROMÃ – O suco dessa planta tem ação antifebril.

SABUGUEIRO – O chá feito com as flores dessa planta é utilizado em moléstias febris (sarampo, em particular), devido à sua ação antitérmica, produzindo rápida transpiração e queda de temperatura.

SALSÃO – É planta com ação febrífuga.

SAPOTI – A casca do sapotizeiro é dotada de ação antitérmica.

TREVO-AZEDO – As folhas dessa planta são antitérmicas.

URUCUM – As sementes dos frutos (10 a 15 g em um litro de água), em infusão, têm indicação como antitérmico.

UVA-DO-MAR – É planta cujos frutos têm ação antifebril.

ZIMBRO – As bagas de zimbro fazem baixar a temperatura do organismo, graças à sua ação sudorífera.

FEBRE-AMARELA

INHAME – Entre as numerosas ações terapêuticas do inhame inclui-se a de ser preventivo da febre-amarela.

FERIDAS, ÚLCERAS, FERIMENTOS

V. também ABSCESSOS, FURÚNCULOS

ALGAS – Em casos de feridas e úlceras, esticar um pedaço grande de alga "Kombu" e mergulhá-lo durante meio minuto em água fervente. Em seguida deixar esfriar um pouco e aplicá-lo localmente.

ALHO – Graças à sua poderosa ação anti-séptica, quando colocado amassado sobre feridas atua eficazmente no sentido de cura.

AVELÃ – Em casos de feridas rebeldes e úlceras varicosas, ferver 50 g de cascas e folhas de avelãzeira em meio litro de água durante 12 minutos e usar o produto em compressas locais.

BANANA – A parte interna (branca) da casca da banana fresca é um ótimo cicatrizante. Pode ser aplicada sobre feridas, inflamações e queimaduras. Os soldados durante a revolução cubana (1959) amarravam a casca da banana sobre os ferimentos para estancar hemorragias e cicatrizá-los.

A polpa (fruta) da banana é usada para tratar feridas profundas, úlceras e queimaduras de primeiro, segundo e terceiro graus. A técnica usada para casos de queimaduras foi introduzida pela enfermeira Irmã Maria do Carmo Cerqueira, no setor de pediatria do Hospital Jesus Nazareno, de Caruaru (Pernambuco), para tratar crianças queimadas.

BARDANA – O suco das folhas desta planta, em compressas e lavagens, e sob a forma de chás, é muito utilizado no tratamento de feridas e úlceras.

O decocto da raiz também é utilizado com a mesma finalidade: colocam-se 10 g da raiz, cortada em pedacinhos, em 100 ml de água; ferve-se por 12 minutos e deixa-se repousar durante 15 minutos; depois de coado toma-se uma xícara (de chá) 3 vezes ao dia, fora das refeições. É recomendado também em aplicações locais.

BATATA – Em casos de úlceras rebeldes, após desinfetá-las, colocar sobre as mesmas batata crua ralada misturada com azeite de oliva.

BELDROEGA – Os talos e as folhas da beldroega (amassados), colocados sobre queimaduras, aliviam a dor e apressam a cicatrização das feridas.

BISTORTA – As raízes cozidas dessa planta são empregadas externamente em cataplasmas no tratamento de feridas e úlceras.

CALÊNDULA – As folhas e as flores dessa planta, em aplicações locais, têm ação cicatrizante e anti-séptica, em feridas recentes ou antigas.

CENOURA – Aplicar localmente a polpa da cenoura após ter desinfetado o local.

COUVE – O suco desta verdura, misturado com óleo de fígado de bacalhau e óleo de germe de trigo, é útil no tratamento local de feridas.

FRAMBOESA – As folhas da framboeseira, em decocção (15 g para meio litro de água), são empregadas topicamente no tratamento de úlceras e feridas.

GENGIBRE – Para infecções em geral da pele é utilizado com muito proveito o chá de gengibre: ferve-se um rizoma de tamanho médio cortado em pedaços, durante 10 a 15 minutos, em meio litro de água e toma-se à vontade.

GIRASSOL – Em casos de feridas ulceradas recomendam-se compressas locais feitas com as sumidades floridas e as sementes de girassol: 30 g em meio litro de água, fervendo durante 8 minutos.

INGÁ – A casca cozida dessa árvore é empregada topicamente no tratamento de feridas e úlceras crônicas.

JURUBEBA – Colocar folhas amassadas de jurubeba localmente sobre feridas e úlceras.

MASTRUÇO-DO-PERU – As folhas dessa planta, aplicadas sobre contusões e feridas, promovem a reabsorção dos hematomas e favorecem a cicatrização.

MEL – O Dr. P. J. Armon, ginecologista da Maternidade de Risedale em Furness, Cúmbria, Inglaterra, publicou artigo em que recomenda com entusiasmo o tratamento com mel para a cicatrização de feridas cirúrgicas infectadas e escaras. Cita Cavanagh e outros (1970) que declaram ser esse tratamento bem mais eficaz do que o feito com antibióticos caros; demonstram que o mel é bactericida para um grande número de germes.

Há alguns anos o mel tem sido utilizado pelo Departamento de Obstetrícia e Ginecologia do Centro Médico Cristão de Kilimanjaro no tratamento de feridas infectadas, com excelentes resultados.

MIL-FOLHAS – As folhinhas dessa planta são usadas externamente no tratamento de feridas e úlceras.

MUTAMBA – O decocto da casca dessa árvore é utilizado localmente no tratamento de feridas e úlceras.

PEIXES – V. verbete "couve" neste capítulo.

REPOLHO – Este vegetal tem ação extraordinária no tratamento de feridas e úlceras: empregam-se cataplasmas feitos com as folhas amassadas do repolho verde sobre a parte afetada. Trocar o curativo pela manhã e à noite, ou mais freqüentemente, dependendo da intensidade do quadro.

SALSA – Em casos de feridas rebeldes recomenda-se o uso de compressas tópicas feitas com folhas de salsa: ferver 50 g em meio litro de água.

SÁLVIA – Contra úlceras de decúbito e úlceras rebeldes em geral, recomenda-se ferver 30 g de folhas de sálvia em meio litro de água durante 10 minutos e usar em aplicações locais.

TOMATE – Em 1 quilo de banha de porco misturar uma xícara (de chá) de folhas amassadas de tomateiro e aplicar localmente.
Este tratamento era usado para aliviar os ferimentos dos escravos submetidos ao açoite.

TRIGO – V. verbete "Couve" neste capítulo.

FÍGADO

Ver também ICTERÍCIA, VESÍCULA BILIAR

AGRIÃO – Para hepatites e males em geral do fígado, recomenda-se pilar folhas de agrião ou batê-las em liquidificador, com um pouquinho de água, passando-as a seguir em peneira. Tomar esse suco à vontade.

ALCACHOFRA – Este vegetal tem ação excelente para os males do fígado e da vesícula biliar: ferver 20 g das folhas em meio litro de água durante 15 minutos e tomar 3 xicrinhas ao dia.

ALCAÇUZ – Relatórios médicos evidenciaram a ação da glicirrizina, substância encontrada no alcaçuz, no tratamento da hepatite viral crônica.

ALFAFA – Para males do fígado em geral, bem como ictericias, recomenda-se tomar diariamente de 20 a 50 ml do suco de folhas frescas dessa planta.

ALMEIRÃO – As folhas dessa verdura são estimulantes do fígado e da vesícula biliar.

AZEDA-MIÚDA – Essa planta hortense constitui bom auxiliar no tratamento da icterícia e dos males do fígado: tomar uma colher (de sopa) de seu suco, de hora em hora.

BARDANA – Para tratamento das cólicas hepáticas recomenda-se o chá de bardana, feito com 150 g das folhas em meio litro de água.

BERINJELA – É planta atuante nos males do fígado.

BERTALHA – As folhas dessa verdura são empregadas com sucesso nas moléstias hepáticas.

BETERRABA – É estimulante das funções hepáticas.

BOLDO – É planta de grande utilidade nos males do fígado e da vesícula biliar.

BUCHA-PAULISTA – É planta usada no tratamento de moléstias do fígado.

CAAPEBA-DO-NORTE – As raízes dessa árvore, cozidas, são empregadas nas afecções hepáticas.

CAMAPU – O cozimento feito com o caule, folhas, raízes e frutos do camapu é indicado nas moléstias do fígado.

CAQUI – É fruta indicada no tratamento das moléstias do fígado.

CARDO-SANTO – Fazer infusão com as folhas e flores: ferver 10 g em meio litro de água repousando durante 8 minutos. Tomar 3 xicrinhas ao dia. Indicado em ictericías.

CARURU – É planta muito louvada como eficaz no tratamento das doenças do fígado.

CEBOLA – O uso constante de cebola, preferentemente crua, combate problemas hepáticos.

CENOURA – É planta útil no tratamento dos males do fígado.

CENTEIO – É cereal indicado no combate aos males hepáticos.

CEVADA – O cozimento deste cereal produz uma mucilagem que auxilia o tratamento das doenças do fígado: fazer papinhas ou sopas bem cozidas.

CHICÓRIA – É planta útil no combate a afecções do fígado e da vesícula biliar: ferver 30 g das raízes em meio litro de água durante 6 minutos e tomar 3 xicrinhas ao dia.

Contra icterícia proveniente do fígado, ferver 30 g das raízes de chicória junto com 60 g de raízes de salsa e mais algumas folhas de salsa. Ferver durante 2 minutos em 1 litro de água, deixar amornar antes de filtrar e tomar 3 xícaras ao dia.

CHUCRUTE – O suco do chucrute, ingerido às colheradas, várias vezes ao dia, é benéfico em moléstias do fígado, inclusive hepatite.

COGUMELO – O cogumelo japonês rei-shi (também conhecido como leici ou ganoderma) tem sido usado com sucesso nas hepatites por vírus.

DAMASCO – Esta fruta é considerada útil no tratamento da cirrose hepática.

DENTE-DE-LEÃO – É considerada planta protetora hepática: consomem-se as folhas cruas, em saladas, e as raízes em decocção: ferver 20 g delas em meio litro de água durante 8 minutos e tomar 3 xicrinhas ao dia.

ERVA-DE-SÃO-PEDRO – É estimulante das funções hepáticas.

FORMIGA – Estudos feitos na China, principalmente por Wu Zhieberg, que estuda esses insetos há 50 anos, demonstraram que sua ingestão atua contra a hepatite B.

FRAMBOESA – É fruta útil nas afecções do fígado e da vesícula biliar.

GROSELHA – É descongestionante do fígado.

JILÓ – É alimento estimulante do metabolismo hepático.

Na hepatite aguda ou crônica, bem como na cirrose hepática, é empregada a monodieta de jiló.

JENIPAPO – É fruta útil contra os males do fígado.

JURUBEBA – O chá preparado com as raízes, as folhas e os frutos dessa planta é louvadíssimo no tratamento das moléstias do estômago e do fígado.

LECHIA – É fruta útil nos males do fígado.

MAÇÃ – Nas hepatites recomenda-se lavar bem uma maçã, cortá-la (com a casca) e ferver por 10 minutos em meio litro de água. Adicionar uma colher de mel e tomar pela manhã em jejum.

MAMÃO – Em casos de hepatite aguda é muito recomendável uma alimentação rica nessa fruta.

MEL – É alimento muito recomendado nos males do fígado, principalmente hepatites. De preferência mel produzido a partir de flores de alecrim ou de cipó-uva.

MELANCIA – É considerada fruta benéfica para o fígado.

MELÃO – É dotado de propriedades estimulantes hepáticas.

MELÃO-DE-SÃO-CAETANO – É alimento reputado como útil nas afecções hepáticas.

MORANGO – As frutas cozidas do morangueiro estimulam o funcionamento do fígado.

Nas hepatites recomenda-se tomar infusão preparada com 25 g das folhas em meio litro de água, repousando 12 minutos. Pode-se tomar também decocção feita com as raízes do morangueiro: 25 g em meio litro de água, fervendo 5 minutos. Em ambos os casos tomar 3 xicrinhas ao dia.

PACIÊNCIA – A raiz desta planta é empregada no tratamento das moléstias do fígado.

PARIPAROBA – O chá desta planta, preparado por decocção, é utilizado nos males do fígado.

PEPINO – É alimento tônico hepático.

RUIBARBO – Esta planta age descongestionando o fígado.

SABUGUEIRO – Nas icterícias de causa hepática é recomendada a infusão de cascas de sabugueiro: 30 g em meio litro de água, repousando 10 minutos. Tomar 3 xicrinhas ao dia.

SALSA – V. verbete "Chicória" neste capítulo.

SEGURELHA – Em casos de icterícia fazer infusão da planta inteira, sem a raiz: 30 g em meio litro de água, repousando 18 minutos. Tomar duas xicrinhas ao dia.

TAIOBA – É considerada muito eficaz contra males do fígado.

TAMARINDO – As flores do tamarindo, em infusão, são indicadas nas moléstias hepáticas.

TRAPOERABA – O chá preparado com as folhas dessa planta é considerado eficaz no combate às moléstias do fígado.

UVA – As uvas, bem como as folhas da parreira, são estimulantes das funções hepáticas, constituindo mesmo a base de preparados farmacêuticos para o fígado.

FLATULÊNCIA
(Excesso de gases intestinais)

ABACATE – Com as folhas do abacateiro e os brotos do abacate prepara-se, por infusão ou decocção, chá eficaz contra flatulência.

ABÓBORA – É alimento digestivo e antiflatulento.

AÇAFRÃO – O pó extraído dos estigmas dessa planta tem ação antiflatulenta.

ALCARAVIA – As sementes dessa planta, bem como a essência da mesma, são dotadas de atividade antiflatulenta.

ALECRIM – Tomar infusão preparada com as folhas e as flores do alecrim (20 g em 100 ml de água, repousando 20 minutos). Dose: 3 xicrinhas ao dia.

ALHO – Pesquisadores da Universidade de G. B. Pant, na Índia, verificaram ser o alho (bem como o gengibre), misturado aos alimentos, muito eficaz para a diminuição da quantidade de gases.

ANGÉLICA – É planta com propriedades antiflatulentas.

ANIS – É erva cujos frutos têm ação antiflatulenta: fazer infusão com 30 g em meio litro de água, repousando durante uma hora. Tomar 3 xicrinhas ao dia.

CAFÉ – É bebida digestiva e antiflatulenta.

COENTRO – É planta dotada de ação carminativa: fazer infusão com 20 g dos frutos em meio litro de água, deixando repousar 25 minutos. Tomar 3 xicrinhas ao dia.

COMINHO – As sementes dessa planta são antiflatulentas.

ENDRO – As folhas frescas e as sementes do endro têm ação digestiva e antiflatulenta, sendo úteis contra dispepsias, arrotos, gases e cólicas intestinais, e hiperacidez do estômago.

FUNCHO – É planta com muito merecida fama de antiflatulenta. Suas sementes ajudam a expelir o excesso de gases.

GENGIBRE – O rizoma (impropriamente considerado raiz) desta planta possui propriedades digestivas e antiflatulentas.
(Veja também ALHO, nesta seção.)

GUARANÁ – É fruta com ação antiflatulenta.

HORTELÃ – Fazer infusão com as sumidades floridas e as folhas da *Mentha piperita*: 10 g em meio litro de água repousando 15 minutos. Tomar 3 xicrinhas ao dia.

LIMA – O chá preparado com cascas de lima é muito eficaz contra flatulência, podendo ser usado inclusive por bebês e por recém-nascidos.

LOURO – O chá desta planta, por infusão ou por decocção, tem propriedades digestivas e carminativas.

MAMÃO – É fruta muito louvada mercê de suas propriedades digestivas, laxativas e antiflatulentas.

MANJERICÃO – As folhas dessa planta são digestivas e carminativas.

MANJERONA – Alivia arrotos e gases intestinais.

MIL-FOLHAS – Fazer infusão com a planta florida e as inflorescências: 30 g em meio litro de água, repousando 18 minutos. Tomar 3 xicrinhas ao dia. Contra-indicação: gravidez.

NOZ-MOSCADA – Tem ação digestiva e antiflatulenta.

ORÉGANO – É alimento com ação carminativa.

PIMENTA-DE-MACACO – Esta variedade de pimenta possui propriedades digestivas e antiflatulentas.

SALSÃO – É planta dotada de propriedades carminativas.

SALSA – As sementes dessa planta são antiflatulentas.

SERPILHO – É planta digestiva e antiflatulenta: deixar a parte aérea florida em infusão durante 18 minutos (25 g em meio litro de água) e tomar duas xicrinhas ao dia.

TOMILHO – O tomilho (ou timo) tem ação digestiva e carminativa: numa xicrinha com água bem quente colocar uma pitada das folhas desse vegetal e deixar durante 5 minutos; beber em seguida, logo após as refeições.

UVA – É fruta de ação antiflatulenta, indicada em casos de fermentações intestinais.

FLEBITE

AZEITE – Compressas locais com azeite de oliva são indicadas em casos de flebite.

LIMÃO – Em casos de flebite recomenda-se amplo consumo desta fruta.

FRIEIRAS

CALÊNDULA – Ferver 10 g das flores dessa planta em 100 ml de água durante 12 minutos e aplicar em compressas ou lavagens locais.

CEBOLA – Aplicada localmente a cebola é notadamente eficaz no tratamento das micoses.

LIMÃO – Friccionar o local com o suco desta fruta.

NOZ – Ferver 8 g de folhas de nogueira em 100 ml de água durante 15 minutos e usar em compressas locais.

GAGUEIRA

ALFAZEMA – Fazer infusão com 15 g das flores de alfazema em meio litro de água, deixando repousar 15 minutos. Tomar duas xicrinhas ao dia.

PRIMAVERA – Fazer infusão com 15 g das flores em meio litro de água, deixando repousar durante 20 minutos. Tomar duas ou três xicrinhas ao dia.

GARGANTA
AMÍDALAS, AFONIA, ANGINA,
FARINGITES e LARINGITES
V. também ROUQUIDÃO

ALFAVACA – Contra afecções da boca e da garganta recomendam-se bochechos e gargarejos com 50 g de folhas secas ou 100 g de folhas frescas de alfavaca fervidas durante 10 minutos em meio litro de água.

ALFAZEMA – Em casos de faringite recomendam-se gargarejos com flores de alfazema deixadas em infusão durante 15 minutos (5 g das folhas em 100 ml de água), 3 vezes ao dia. Após gargarejar, engolir o líquido.

Nas laringites, fazer infusão com flores frescas (5 g em 100 ml de água, repousando 15 minutos). Tomar duas xicrinhas ao dia, longe das refeições.

AMORA – É fruta que atua eficazmente contra aftas, estomatites, faringites e amidalites. Para isso espremem-se alguns punhados de amora não totalmente maduras e mistura-se o suco a um pouco de água. Utiliza-se em bochechos e gargarejos freqüentes.

ARARUTA – A fécula extraída dessa planta, misturada com shoyu (molho de soja), é ótimo remédio contra gripes e infecções de garganta.

AZEDINHA-DE-FLOR-AMARELA – As folhas e as raízes desta espécie de azedinha são empregadas contra dores de garganta, faringites e amidalites.

BISTORTA – Sob a forma de gargarejos e bochechos as raízes cozidas desta planta auxiliam o tratamento das afecções da boca, gengivas e garganta. Nas laringites recomenda-se decocção do rizoma (15 g em meio litro de água durante 10 minutos). Tomar 3 xicrinhas ao dia.

CAJÁ – O chá feito com as folhas e as flores da cajazeira é útil contra enfermidades da faringe e da laringe.

CAJU – As cascas cozidas do cajueiro, em gargarejos, são eficazes contra aftas e afecções da garganta.

CALÊNDULA – V. BOCA, DOENÇAS DA, pág. 151.

CEBOLA – A compressa de cebola tem ação excelente em casos de tosse e de dor aguda da garganta.
Coloca-se uma cebola crua, picada bem miúda, sobre uma fralda ou outro pano absorvente e aplica-se ao redor do pescoço (ou coloca-se sobre o peito ou as costas). Deixa-se durante a noite.
O contato com a cebola desinfeta e aumenta o fluxo sangüíneo na área afetada.
Além disso pode-se também fazer gargarejos com a cebola cortada em fatias finas e fervidas em leite.

COUVE – Contra afonia (perda da voz) recomendam-se gargarejos com suco de folhas frescas de couve e mel. Após gargarejar, deglutir a mistura.

DAMASCO – As folhas do damasqueiro, em decocção, são úteis no combate às afecções da garganta, sob a forma de gargarejos.

FENO-GREGO – Contra inflamações da garganta recomenda-se ferver 30 g de sementes dessa planta em meio litro de água, filtrar e, quando estiver morno, gargarejar várias vezes ao dia. Pode-se também gargarejar com infusão (repousar 10 minutos) preparada com as sementes moídas da planta.

FIGO – O decocto desta fruta, em gargarejos, é útil no combate a irritações da garganta.

FRAMBOESA – As folhas da framboeseira, em decocção (15 g para meio litro de água), são muito eficazes no combate a inflamações da boca e da garganta (em bochechos ou gargarejos).

GUANDO – A raiz desta leguminosa combate infecções da garganta.

INHAME – A monodieta deste alimento é utilizada com sucesso no tratamento de infecções agudas ou crônicas de qualquer tipo, em particular as infecções das amídalas.

JILÓ – Este vegetal, principalmente se utilizado sob forma de monodieta (de apenas um dia), produz ótimos resultados no combate às inflamações das amídalas.

LIMÃO – Em casos de estomatite e de dores de garganta recomenda-se gargarejos e/ou bochechos com suco de limão a 50% (metade suco e metade água morna).

MALVA – A malva grande é planta muito reputada, desde a antiguidade, contra afecções da boca, gengivas, dentes e garganta. Recomenda-se consumi-la amplamente em saladas.

Para laringites: fazer infusão das flores e/ou folhas (25 g em meio litro de água, repousando 20 minutos). Tomar 3 xicrinhas ao dia.

Em casos de úlceras da garganta fazer infusão com as folhas (10 g em 100 ml de água, repousando 10 minutos) e usar em gargarejos, com limão e mel.

MARMELO – Contra inflamações da boca e da garganta recomenda-se cozer marmelo com água, coar, diluir o filtrado em um pouco de água e utilizá-lo em bochecho e gargarejos.

MEL – Misturado com suco de pepino, o mel tem boa ação no tratamento dos males da garganta.

Contra afonia recomendam-se gargarejos de suco de folhas frescas de couve, com mel. Após gargarejar deve-se engolir a mistura.

PEPINO – V. verbete "MEL", neste capítulo.

PIMENTA – As folhas da pimenta-cumari, em decocção, são empregadas para combater inflamações da garganta, em bochechos e gargarejos.

ROMÃ – Para inflamações da boca, gengivas e garganta recomendam-se bochechos e gargarejos, várias vezes ao dia, com infusão preparada com meio litro de água fervente e 25 g de flores de romãzeira.

SABUGUEIRO – Para laringites recomenda-se ferver as flores dessa planta, durante 15 minutos, em água e usar em gargarejos, com mel.

Pode-se também gargarejar com infusão das flores (20 g em meio litro de água, repousando 18 minutos).

SAL – Gargarejos com água (preferentemente morna) e sal são muito úteis contra dores de garganta.

SÁLVIA – Contra dores de garganta e laringites, ferver folhas de sálvia com água durante 8 minutos e usar em gargarejos.

SALSÃO – Em casos de úlceras da garganta fazer decocção da planta inteira: 10 g em 100 ml de água, fervendo por 12 minutos. Usar em gargarejos.

Em casos de afonia (perda da voz), fazer um caldo com o caule e as folhas dessa planta, usando-o frio para gargarejos.

SERPILHO – É planta que combate a rouquidão e a dor de garganta.

SOJA – O molho de soja (*shoyu*), misturado com a fécula extraída da araruta, é ótimo remédio contra gripe e infecções da garganta.

TÂMARA – Posta de molho, esta fruta produz macerado de grande eficácia nas inflamações da garganta.

Pode-se também ferver 5 ou 6 tâmaras durante 10 minutos em 300 ml de água e usar em gargarejos.

TANCHAGEM – Em bochechos e gargarejos esta planta apresenta ótima ação contra dores de dente, aftas, estomatites, faringites e amidalites.

Para laringites: infusão de 30 g das folhas em meio litro de água, repousando 20 minutos. Tomar 3 xícaras ao dia.

TOMATE – O suco de tomate, sob a forma de gargarejos, dá bons resultados em inflamações da garganta.

VINAGRE – O vinagre de vinho, em solução a 10% (10 ml de vinagre para 100 ml de água), em gargarejos, é útil contra dores de garganta.

VIOLETA – As flores dessa planta, em infusão (6 g para 100 ml de água, repousando 20 minutos), são eficazes contra faringites: fazer gargarejos várias vezes ao dia.

GINECOLÓGICOS, Problemas
V. também CORRIMENTOS VAGINAIS (vulvovaginites)

BARDANA – Para salpingites (inflamações das trompas), lavar folhas frescas dessa planta, aplainá-las com um pau de macarrão e untá-las com óleo de rícino. Colocar à noite sobre o local inflamado e deixar até o dia seguinte. Repetir a operação durante 10 noites consecutivas.

BISTORTA – Em casos de fissura na vulva recomenda-se ferver 30 g do rizoma desta planta em meio litro de água durante 12 minutos e usar em compressas locais.

CONFREI – Em fissuras vulvares fazer infusão com 20 g da raiz e folhas dessa planta em 100 ml de água, deixando repousar durante 4 horas. Usar em compressas locais. Para salpingites (inflamação das trompas de Falópio) fazer infusão com 5 g da raiz em 100 ml de água, repousando 4 horas. Tomar 3 xicrinhas ao dia, com mel.

DENTE-DE-LEÃO – Para fissuras da vulva recomenda-se fazer infusão com 50 g de folhas e raízes dessa planta em meio litro de água, deixando repousar durante meia hora. Usar em compressas locais.

LIMÃO – O "banho de limão" (V. CORRIMENTOS VAGINAIS, pág. 176) é empregado com sucesso em numerosos casos de afecções ginecológicas: vulvovaginites, ressecamento e destruição da mucosa vaginal ("kraurosis vulvae"), infecções na vagina e no colo do útero, numerosos problemas menstruais, inúmeras perturbações da menopausa, vários problemas sexuais.

MALVA – Em casos de anexites (inflamação das trompas de Falópio e dos ovários) recomenda-se deixar folhas e flores da malva-pequena (*Malva rotundifolia*) em infusão durante 30 minutos e tomar duas ou três xícaras ao dia.

MIL-FOLHAS – Em casos de fibroma preconiza-se fazer infusão com mil-folhas (usar a planta florida): 30 g em meio litro de água, repousando 18 minutos. Tomar 3 ou 4 xicrinhas ao dia (contra-indicada durante a gravidez).

NABO – O chá das folhas de nabo comprido e o banho de assento feito com as mesmas são muito indicados para vários problemas ginecológicos, como corrimentos genitais, cólicas menstruais, menstruações irregulares, fibromas uterinos, cistos de ovários, inflamações dos órgãos genitais externos e internos.

TANCHAGEM – Para fissuras da vulva deixar 10 g de folhas de tanchagem em infusão em 100 ml de água, repousando meia hora. Usar em compressas locais.

GOTA

V. também ÁCIDO ÚRICO, REUMATISMO, ARTRITISMO

ABACATE – O óleo obtido desta fruta, em fricções locais, é muito eficaz em casos de reumatismo e de gota.

ABACAXI – A monodieta desta fruta, repetida com intervalos regulares (geralmente de uma semana), tem grande eficácia na prevenção das crises de gota e no reumatismo crônico.

ALCACHOFRA – Ferver 25 g das folhas em meio litro de água durante 8 minutos. Tomar 3 xicrinhas ao dia. Ferver 20 g das raízes em 100 ml de água durante 5 minutos. Tomar 3 xicrinhas ao dia.

ALFAZEMA – A alfazema, ou lavanda, é planta com ação antigotosa.

AVEIA – Este cereal tem ação medicinal contra gota. Nos casos agudos de podagra, ferver a palha da aveia (25 g em meio litro de água, durante 25 minutos) e tomar 3 xícaras ao dia, com bastante suco de limão.

BARDANA – É planta com ação antigotosa. Em casos de podagra (dor gotosa em dedo do pé), cozinhar durante 10 minutos 25 g da raiz em meio litro de água e tomar 3 xícaras ao dia, longe das refeições.

BERINJELA – É alimento indicado para alívio da gota, artrite e reumatismo.

CASTANHA – É dotada de propriedades antigotosas.

CENOURA – Tem ação eficaz contra reumatismo e gota.

CEREJA – É fruta possuidora de propriedades antigotosas.

COUVE – Contra crises de gota recomenda-se tomar diariamente 100 a 150 ml de suco de folhas frescas de couve.

INHAME – Nas crises de gota costuma-se obter bons resultados com a monodieta de inhame.

ITU – A casca desta árvore frutífera é utilizada no tratamento da gota e de processos reumáticos.

KIWI – Acredita-se que esta fruta tenha ação contra gota e reumatismo.

LARANJA – Atribui-se ação antigotosa a esta fruta.

LIMÃO – É considerada fruta antigotosa.

MAÇÃ – Esta fruta, assim como a bebida fermentada sidra, preparada a partir dela, possui propriedades antigotosas.

MANÁ – A casca do fruto dessa árvore, em infusão, tem propriedades antirreumáticas e antigotosas.

MELÃO – É considerada fruta eficaz contra gota.

MEXERICA – Acredita-se que possua ação antigotosa.

MILHO – É cereal com ação contra gota e reumatismo: ferver os estigmas (20 g em meio litro de água, durante 8 minutos) e beber à vontade durante o dia.

MORANGO – É fruta usada eficazmente contra processos reumáticos e gotosos.

PEPINO – O suco de pepino, de preferência adicionado ao de cenoura e/ou beterraba, é útil no combate a processos reumáticos e gotosos.

PÊSSEGO – É fruta possuidora de propriedades antigotosas.

PITANGA – Possui atividade antireumática e antigotosa.

PRIMAVERA – É planta empregada com bons resultados em casos de gota e de reumatismo. Utiliza-se o rizoma: ferver 20 g em meio litro de água durante 6 minutos e tomar 3 xicrinhas ao dia.

REPOLHO – Usam-se localmente as folhas (sem as nervuras) após havê-las aquecido com ferro de passar roupa.

SABUGUEIRO – O chá preparado com as flores dessa planta tem ação contra gota.

SALSÃO – É alimento com ação antigotosa: fazer infusão com 30 g das folhas em meio litro de água, repousando 22 minutos. Tomar 3 xicrinhas ao dia, longe das refeições.

TOMATE – Contra gota aconselha-se tomar diariamente 100 a 150 ml de suco de tomate fresco e maduro.

VIOLETA – Usam-se as flores em infusão: 30 g em meio litro de água, repousando durante 18 minutos. Tomar 3 xicrinhas ao dia, com um pouco de limão e mel (em casos de podagra).

ZIMBRO – Fazer infusão com 10 g de frutos esmagados, em meio litro de água, deixando repousar por 18 minutos. Tomar 3 xicrinhas ao dia.

GRAVIDEZ

Para uma gravidez a bom termo aconselha-se alimentação natural e integral, na medida do possível isenta de agrotóxicos e de aditivos químicos tóxicos, com amplo consumo particularmente dos seguintes alimentos:

AMÊNDOA – Comer uma dúzia de amêndoas diariamente, com figos e mel.

CENOURA – Beber 100 ml de suco de cenouras ao dia.

CRAVO-DA-ÍNDIA – Seu consumo reforça a musculatura uterina. Usá-lo como tempero em todos os alimentos, generosamente.

FENO-GREGO – Comer 4 g de sementes pulverizadas, diariamente.

REPOLHO – O consumo deste vegetal é muito útil contra as náuseas da gravidez.

SÁLVIA – Consumir amplamente este alimento, principalmente no final da gravidez.

TÂMARA – Consumir amplamente esta fruta durante toda a gravidez.

TRIGO – Durante toda a gravidez fazer consumo amplo de trigo germinado.

GRIPE. RESFRIADO

ACEROLA – Devido à grande quantidade de vitamina C que possui (40 a 80 vezes mais que o limão e a laranja) o consumo de acerola é útil na prevenção e no tratamento de gripes e resfriados.

ALCAÇUZ – A raiz deste arbusto é utilizada com sucesso em afecções do aparelho respiratório, sendo eficaz contra tosse, rouquidão, gripe e bronquite.

ALECRIM – Contra gripes recomenda-se colocar folhas e flores de alecrim sobre chapa quente e aspirar a fumaça.

ALFAVACA – Reduzir as folhas desta planta a pó e cheirá-lo.

ALFAZEMA – Deixar as flores em infusão durante 20 minutos (25 g em meio litro de água) e tomar duas ou três xicrinhas ao dia, com mel.

ALHO – É utilizado, de longa data, na prevenção e tratamento de doenças agudas e crônicas do aparelho respiratório.
 É utilizado com muito sucesso o "chá-maravilha" ou "superchá": em uma xícara de água fervem-se, durante cinco minutos, alguns dentes de alho, duas cebolas cortadas e limão picado, com casca. Adoça-se com mel e bebe-se bem quente.

AMEIXA – Para tratamento da gripe recomenda-se assar ao forno algumas ameixas-pretas sem caroço e, quando estiverem bem duras, socá-las no pilão até serem reduzidas a pó. Mistura-se este com água quente e mel e toma-se o líquido ao longo do dia.

ARARUTA – A fécula extraída dessa planta, misturada com molho de soja (shoyu), é ótimo remédio contra gripe e infecções da garganta.

ARROZ – A monodieta de arroz integral é empregada com sucesso em casos de gripes repetidas.

BORRAGEM – Ferver 20 g das folhas em meio litro de água durante 10 minutos e tomar 3 xicrinhas ao dia.

CAJU – O uso constante desta fruta tem ação preventiva contra gripes e resfriados.

CAMBARÁ – Atua contra gripes, resfriados, rouquidões e males em geral do aparelho respiratório.

CANELA – Possui ação antigripal. Usá-la em chás bem quentes.

CARDO-SANTO – Fazer infusão com

as folhas e flores: 12 g em meio litro de água, repousando 20 minutos. Usar em instilações nasais, com suco de limão.

CEBOLA – Numerosas receitas à base de cebola são empregadas com sucesso no tratamento de gripes e resfriados: macerar duas cebolas cortadas em fatias, em meio litro de água. Beber um calicezinho antes das refeições e outro à noite, ao deitar-se.
 Colocar meia cebola crua sobre uma mesa e aspirar.
 "Chá-maravilha": v. verbete "Alho" neste capítulo.

COGUMELO – De acordo com experiências efetuadas por cientistas japoneses, o cogumelo shiitake combate o vírus da gripe graças a uma substância: o lentinan, nele contida.

FIGO – Cozinhar 5 figos secos, cortados em fatias finas, em meio litro de leite, por 20 minutos. Beber quente, ao deitar-se, na cama.

GENGIBRE – É alimento que combate energicamente o vírus da gripe.

HORTELÃ – Inalar algumas gotas de essência de hortelã em água fervente.

LARANJA – O uso constante desta fruta constitui bom preventivo contra gripes e resfriados.

LIMÃO – V. "chá-maravilha", no verbete "ALHO", neste capítulo.
 Além disso o suco de limão pode ser instilado no nariz, puro ou com outros alimentos (v. verbetes "CARDO-SANTO" e "MALVA", neste capítulo).

LOURO – Fazer infusão com as folhas (10 g em meio litro de água, repousando 8 minutos). Tomar duas xicrinhas ao dia.

MAÇÃ – É planta dotada de ação antigripal.

MALVA – Fazer infusão com folhas da malva-grande (10 g em 100 ml de água, repousando 40 minutos) e usar em instilações nasais, com suco de limão.

MAMÃO – O consumo constante desta fruta ajuda a prevenir gripes e resfriados.

MANDACARU – Tem ação benéfica em casos de gripes, resfriados, tosses e bronquites.

MANJERONA – Usam-se as folhas em inalações ou sob a forma de pomadas (amassadas e misturas com gordura vegetal) para untar o nariz. Tais pomadas são muito eficazes no combate às obstruções nasais das crianças.

MEL – Puro ou associado a vários alimentos (figo, sálvia etc.) o mel atua favoravelmente em resfriados e gripes.

MEXERICA – O uso constante desta fruta ajuda a prevenir gripes e resfriados.

PARIPAROBA – O chá feito com as folhas dessa planta tem ação antigripal.

PIMENTA – Segundo o Dr. Irwin Ziment, professor da UCLA e especialista em aparelho respiratório, a pimenta é alimento com excelente ação sobre problemas em geral desse aparelho, tais como gripes e bronquites. É dotada de acentuada ação expectorante.

SÁLVIA – Fazer infusão com as folhas (20 g em meio litro de água, repousando 18 minutos). Tomar 3 xicrinhas ao dia, com mel.

SORGO – As sementes cozidas desse cereal são empregadas com sucesso nas afecções das vias respiratórias (gripes, rouquidões, tosses, bronquites).

TOMATE – Tomar 100 ml de suco de tomates frescos e maduros, diariamente.

HÁLITO
(PURIFICADORES DO)

ALCAÇUZ – A raiz deste arbusto é empregada na fabricação de balas que purificam o hálito.

ALECRIM – Fazer infusão com as folhas e flores (15 g em meio litro de água, repousando durante 20 minutos). Tomar 3 xícaras ao dia.

ALFAVACA – É usada, no interior do Brasil, para perfumar o banho dos recém-nascidos e das criancinhas e também para purificar o hálito. Para esta finalidade coloca-se em meio litro de água fervendo 30 g de folhas secas de alfavaca, 30 g de bagas de zimbro e 10 g de folhas de rosa vermelha. Quando o líquido estiver morno deve-se filtrá-lo espremendo bem as folhas e as bagas, para fazer sair o suco. Usar em bochechos após escovar os dentes.

ANGÉLICA – Fazer chá com 10 g das raízes dessa planta em 100 ml de água, fervendo durante 8 minutos. Usar em bochechos e gargarejos.

ANIS – Esta erva tem ação purificadora do hálito.

AZEDA-MIÚDA – Ferver a planta inteira durante 10 minutos (10 g em 100 ml de água) e usar em bochechos e gargarejos.

HORTELÃ – É usada localmente para purificar o hálito.

Pode-se também fazer infusão com as sumidades floridas (10 g em meio litro de água, repousando 15 minutos) e tomar 3 xicrinhas ao dia.

LIMÃO – O suco desta fruta pode ser usado para limpar os dentes, desinfetar a boca e purificar o hálito.

SALSA – A mastigação das folhas de salsa refresca e purifica o hálito.

SÁLVIA – As folhas dessa planta, mastigadas lentamente e por bastante tempo, purificam o hálito e fortificam as gengivas.

ZIMBRO – V. verbete "Alfavaca", neste capítulo.

HEMIPLEGIA

É a paralisação de um dos lados do corpo.
Os seguintes alimentos auxiliam a recuperação dos hemiplégicos:

MANJERONA – A planta florida. Fazer infusão com 10 g em meio litro de água, deixando repousar por 15 minutos. Tomar 3 xicrinhas ao dia.

PRIMAVERA – A raiz. Ferver 20 g em meio litro de água durante 6 minutos. Tomar 4 xicrinhas ao dia.

TOMILHO – A planta florida. Fazer infusão com 15 g em meio litro de água, repousando durante 15 minutos. Tomar 3 xicrinhas ao dia.

HEMORRAGIA
(Anti-hemorrágicos)

ACELGA – Usam-se as sementes torradas e moídas (à maneira do que se faz com o café), adicionando-se em seguida uma colher (de sopa) do pó em um copo de água. Ferve-se durante 15 minutos e toma-se o caldo filtrado, na dose de uma colher de sopa duas vezes ao dia.

ALFAFA – Tem ação anti-hemorrágica, estando indicada inclusive em casos de púrpura. Tomar cerca de 50 ml diários do suco de folhas frescas.

AMEIXA-AMARELA – É fruta possuidora de propriedades anti-hemorrágicas.

AMORA – Tem ação anti-hemorrágica.

ARAÇÁ – A casca do caule do araçazeiro é eficaz no combate a hemorragias.

BAMBU – Tem propriedades anti-hemorrágicas.

BATATA-DOCE – A batata-doce japonesa, conhecida como batata-simão ou shime-ame, é de grande utilidade no combate a hemorragias em geral.

BERTALHA – O consumo das folhas desta verdura é utilizado com sucesso como anti-hemorrágico no pós-parto.

BISTORTA – As raízes cozidas desta planta, em uso interno, são empregadas no combate a hemorragias.

CAMBUÍ-VERDADEIRO – A ingestão dessa fruta ajuda a combater hemorragias.

CANELA – Tem ótima ação contra hemorragias, sobretudo no pós-parto. Atua também eficazmente nas hemorragias nasais (epistaxes) e nas regras muito profusas e prolongadas.

CEBOLA – A cebola crua, cortada em dois e aspirada, combate as epistaxes (hemorragias nasais).

COENTRO – É planta dotada de ação anti-hemorrágica.

COGUMELO – Muitos cogumelos apresentam atividade anti-hemorrágica.

GOIABA – Chá preparado com brotos de goiaba e folhas de goiabeira agem contra hemorragia uterina. Tomar à vontade.

JABUTICABA – A casca da jabuticabeira e a da própria fruta, em decocção, tem propriedades anti-hemorrágicas.

LIMÃO – Contra hemorragias recomenda-se tomar diariamente 100 ml do suco desta fruta, com água.

Em casos de púrpura pode-se também aplicar o suco localmente, em compressas.

MIL-FOLHAS – Esta planta, usada por via interna, apresenta acentuada ação anti-hemorrágica.

NOZ – Tomar decocção de folhas de nogueira (30 g em meio litro de água, fervendo durante 10 minutos).

Nas hemorragias vaginais pode-se usar sob a forma de lavagens.

PALMITO – Por expressão do caule do palmiteiro obtém-se suco que, aplicado localmente, faz estancar de imediato hemorragias ocasionadas por cortes ou golpes, produzindo a cicatrização da ferida em poucas horas (embora provoque forte ardor).

SABUGUEIRO – Para fazer cessar de pronto hemorragias nasais, recomenda-se pilar um punhado de folhas secas de sabugueiro até reduzi-las a pó e aspirar uma pitada.

SALSA – Em casos de hemorragia nasal pode-se introduzir na narina sangrante um chumaço de algodão embebido com o suco desta planta.

TANCHAGEM – A ingestão desta planta favorece a coagulação do sangue.

TRIGO – O consumo de trigo integral, particularmente em fase de germinação (trigo germinado), atua no sentido de prevenir hemorragias.

VERDURAS – O consumo regular e constante de verduras em geral tem ação preventiva contra hemorragias.

HEMORRÓIDAS

ACELGA – Contra hemorróidas recomenda-se o uso amplo e diário desta verdura, às refeições.

ALHO-PORRO – Contra dores causadas por hemorróidas recomenda-se ferver um quilo de bulbos e talos de alho-porro em alguns litros de água e usar em banhos de assento.

ARROZ – Cozinhar 300 g deste cereal em 3 litros de água, deixando ferver lentamente, até que o líquido tenha se reduzido a 2/3 de seu volume inicial e tenha se transformado numa papa. Quando estiver morno, filtrar em uma bacia e empregar em lavagens, adicionando água morna, se necessário.

BARDANA – Fazer decocção da raiz (20 g em meio litro de água, fervendo 15 minutos). Tomar 3 xicrinhas ao dia (uma delas pela manhã, em jejum).

CEBOLA – Em ungüentos a cebola é usada no tratamento de hemorróidas.

CEREFÓLIO – A decocção desta planta, tanto em uso interno quanto externo, é indicada no tratamento das hemorróidas.

DENTE-DE-LEÃO – Fazer infusão com as raízes e folhas (30 g em meio litro de água, deixando repousar 18 minutos). Tomar 3 xicrinhas ao dia.

Pode-se também consumir as folhas, em saladas.

FIGO – Amassar bem dois figos, reduzindo-os a uma papa; misturá-la então com um pouco de mel e farinha de trigo. Usar em aplicações locais.

LOURO – O chá desta planta, em uso externo, é usado para aliviar as hemorróidas.

MARMELO – Sob a forma de cataplasmas, o marmelo, cozido e amassado, alivia as hemorróidas externas.

MAXIXE – O suco deste alimento é muito utilizado em aplicações tópicas para debelar crises hemorroidárias.

MELÃO – A polpa desta fruta é utilizada no tratamento de hemorróidas internas: introduzem-se no reto pedaços de melão cortados de forma cilíndrica.

MIL-FOLHAS – Fazer infusão com a planta aérea inteira: 30 g em meio litro de água, repousando 18 minutos. Tomar 3 xicrinhas ao dia. Contra-indicação: gravidez.

NABO – A ingestão de chá de nabo-comprido, assim como o banho de assento com esse chá, é muito utilizada para alívio das hemorróidas, pólipos e fissuras.

REPOLHO – Cataplasmas feitos com as folhas cruas amassadas desta planta, sem as nervuras, produzem excelentes resultados contra hemorróidas. Usar o repolho de cor verde.

SABUGUEIRO – Cataplasmas feitos com flores frescas e um pouco esmagadas desta planta aliviam hemorróidas inflamadas e doloridas.

SORVA-DA-EUROPA – Esta fruta, quando verde, produz suco que aplicado localmente tem ação anti-hemorroidária.

TOMATE – Esta fruta, empregada em cataplasmas, combate as hemorróidas.

HERPES

ALCAÇUZ – Relato de 1987 publicado no *Antiviral Research* demonstrou que um dos componentes desta planta, a glicirrizina, possui atividade "in vitro" contra o vírus do herpes-zoster e varicela-zoster.

Outros relatos mostraram ação benéfica dessa substância também contra o vírus do herpes simples e outros vírus.

ALGAS – Pesquisadores do Laboratório Naval de Biociências da Universidade da Califórnia, em Berkeley, em estudos realizados em tubos de ensaio, verificaram que numerosos tipos de algas marinhas comestíveis bloquearam o desenvolvimento do vírus do herpes.

BARDANA – Cataplasmas feitos com a raiz dessa planta são úteis no tratamento do herpes.

HISTERIA
V. também CALMANTES
(SEDATIVOS)

ALFAVACA – Usar as folhas e as sumidades floridas, em infusão (20 g em meio litro de água, repousando 12 minutos). Tomar 3 xicrinhas ao dia.

ANGÉLICA – Fazer infusão da raiz desta planta (25 g em meio litro de água, repousando durante 20 minutos). Tomar 3 xicrinhas ao dia.

ARTEMÍSIA – Fazer infusão com as folhas e as extremidades floridas (8 g em meio litro de água, repousando 10 minutos). Tomar 3 xicrinhas ao dia.

CALÊNDULA – Fazer infusão com a planta inteira, particularmente as flores (5 g em meio litro de água, repousando 15 minutos). Duas xicrinhas ao dia.

CIDRA – Tomar de 300 a 400 ml do suco desta fruta ao dia, diluído com água (meio-a-meio).

PRIMAVERA – Fazer infusão com as flores (20 g em meio litro de água, repousando 18 minutos). Tomar 3 xicrinhas ao dia.

ICTERÍCIA
V. também FÍGADO

BANANA – A seiva do tronco da bananeira tem ação no tratamento da icterícia.

CARDO-SANTO – Fazer infusão com as folhas e flores (10 g em meio litro de água, repousando 8 minutos). Tomar 3 xicrinhas ao dia.

CHICÓRIA – Contra icterícia proveniente do fígado recomenda-se ferver 30 g de raízes de chicória, 60 g de raízes de salsa e folhas desta planta, durante 2 minutos, em um litro de água. Deixar amornar antes de filtrar e tomar 3 xícaras ao dia.

SABUGUEIRO – Fazer infusão com a casca da árvore (30 g em meio litro de água, repousando 10 minutos). Tomar 3 xicrinhas ao dia.

SALSA – V. verbete "Chicória", neste capítulo.

SEGURELHA – Fazer infusão com a planta inteira, sem a raiz (30 g em meio litro de água, repousando 18 minutos). Tomar duas xicrinhas ao dia.

IMPOTÊNCIA SEXUAL
V. também AFRODISÍACOS

ALHO – Consumir amplamente este alimento.

CAJU – A castanha-de-caju (que é o verdadeiro fruto do cajueiro) é tida como eficaz contra a impotência sexual.

CEBOLA – Consumir amplamente este alimento.

ERUCA – Fazer infusão com a planta inteira florida (30 g em meio litro de água, repousando 20 minutos). Tomar 3 xícaras ao dia, longe das refeições.

FENO-GREGO – Fazer infusão com as sementes (25 g em meio litro de água, repousando uma hora e meia). Tomar 3 xicrinhas ao dia.

FORMIGA – Estudos antigos e agora retomados por cientistas chineses indicam que o consumo desse inseto atua contra a impotência sexual, bem como contra a fertilidade masculina.

FUNCHO – Fazer decocção com as raízes: ferver 20 g em meio litro de água durante 8 minutos e tomar 3 xícaras ao dia.

HORTELÃ – Fazer infusão com as folhas e as sumidades floridas (10 g em meio litro de água, repousando 10 minutos). Tomar uma xicrinha à noite, 15 a 20 minutos antes de deitar-se.

SALSA – É considerada eficaz contra impotência sexual.

SÁLVIA – Fazer infusão com as folhas (20 g em meio litro de água, repousando 18 minutos). Tomar 3 xicrinhas ao dia.

Pode-se também pôr num saquinho de pano 300 g de folhas de sálvia reduzidas a pó e colocá-lo na água do banho.

IMUNIDADE
(RESISTÊNCIA)

ALGAS – Pesquisas recentes demonstraram que derivados de algas marinhas têm atividade antiviral, inclusive contra o vírus HIV, encontrado nos casos de AIDS.

Em várias partes do mundo está sendo utilizada uma alga microscópica, a *clorela*, no combate àquela síndrome, por fortalecer o sistema imunológico.

ALHO – Estudos feitos na Escola de Medicina da Loma Linda University, nos USA, demonstraram a capacidade desse alimento em aumentar a atividade imunológica.

COGUMELO – O cogumelo comestível mais popular do Japão, o *shiitake* (também conhecido como cogumelo das florestas japonesas), possui um componente, o polissacarídeo *lentinan*, dotado de propriedades estimuladoras biológicas. Relatório publicado no *New England Journal of Medicine* conclui que tal substância poderá vir a ser eficaz no tratamento da AIDS.

Outro cogumelo, o *leici* (ou *rei-shi*) também parece agir como imunoestimulante.

Pesquisas recentes têm demonstrado ação imunoestimulante muito acentuada do cogumelo maitake (V. também AIDS).

INHAME – Este tubérculo fortalece o sistema imunológico, ativando o funcionamento dos gânglios linfáticos, cuja forma, aliás, o inhame reproduz. Desta maneira, atua auxiliando a prevenção e o tratamento da síndrome de imunodeficiência imunitária adquirida (AIDS).

IOGURTE – De há muito conhece-se o poder desse alimento para matar bactérias nocivas. Além disso, estudos recentes, realizados pelo Professor Claudio De Simone na Itália e por Georges M. Halpern nos Estados Unidos, demonstraram ser o iogurte poderoso agente ativador da imunidade e da resistência orgânica.

OSTRA – Graças à sua extraordinária riqueza em zinco, esse alimento é muito eficaz para o aumento da imunidade. Outros alimentos ricos em zinco: caranguejo, frutos-do-mar em geral, fígado de boi, sementes de abóbora, maxixe, levedura de cerveja.

PEIXES – O esqualene, em estudos realizados principalmente no Japão, mostrou-se útil no tratamento de doenças imunológicas em geral, inclusive AIDS.

INFERTILIDADE

FORMIGA – Há 3.000 anos foram feitas experiências, agora retomadas por cientistas chineses, demonstrando que o consumo de formigas atua contra a infertilidade masculina, bem como contra a impotência sexual.

INSÔNIA
Ver também CALMANTES

ALFACE – Esta verdura é muito utilizada contra insônia. Pode-se empregar chá preparado por decocção com as folhas, ou simplesmente consumi-las.

ALFAVACA – Consumir as folhas amplamente à noite, no jantar, sob a forma de salada.

ALFAZEMA – Fazer infusão com as flores (5 g em 100 ml de água, repousando 18 minutos). Tomar uma xícara ao deitar-se. Pode-se também pingar algumas gotas de óleo essencial de alfazema (lavanda) na fronha do travesseiro, ao deitar-se.

ALHO – Esmagar um dente de alho numa xícara de leite quente, deixando-o em infusão durante 10 minutos. Beber em seguida.

ANIS – Colocar em infusão 13 g das sementes em 50 ml de álcool a 70º, por 10 dias. Filtrar, colocar num frasco e tomar 10 gotas logo depois do jantar.

ARECA – Os frutos dessa palmeira são empregados pelos nativos da Ásia e da Indonésia como narcóticos.

BOLDO – O chá desta planta atua contra a insônia.

CEBOLA – Seu uso combate a insônia.

HORTELÃ – Fazer infusão com as sumidades floridas: 3 g em 100 ml de água, repousando 15 minutos. Tomar uma xícara ao deitar-se.

LARANJA – As flores de laranjeira são utilizadas para se preparar a famosa água-de-flor-de-laranjeira, muito utilizada no combate à insônia.

LÚPULO – As flores desta planta são dotadas de atividade sonífera.

MAÇÃ – É fruta eficaz no combate à insônia.

MARACUJÁ – Fazer infusão com as folhas e as flores (6 g em 200 ml de água, repousando durante 18 minutos). Tomar uma xícara à noite, ao deitar-se.

PAPOULA – A papoula de folhas brancas (*Papaver somniferus*) é conhecida também como dormideira, dada sua pronunciada ação hipnótica.

Fazer infusão com 2 g de pétalas dessa flor em 200 ml de água, deixando repousar por 20 minutos. Tomar uma xícara antes de deitar-se.

PRIMAVERA – Fazer infusão com as flores (4 g em 200 ml de água, repousando durante meia hora). Tomar uma xícara ao deitar-se.

TÂMARA – Esta fruta age no combate à insônia.

LAXANTES
V. PRISÃO DE VENTRE

LEITE, AUMENTAR A PRODUÇÃO DE

ALFAFA – Este alimento atua eficazmente para aumentar o leite das nutrizes.

AMÊNDOA – O leite de amêndoa favorece a lactação.

ANIS – Tem a propriedade de aumentar a produção de leite nas nutrizes.

BELDROEGA – As folhas dessa erva aumentam a produção de leite.

BORRAGEM – As sementes dessa planta, secas e moídas, estimulam a produção de leite.

BUTIÁ – Este cereal age favoravelmente no sentido de estimular a produção láctea.

CANJICA – V. MILHO, neste capítulo.

CARURU-VERDADEIRO – É considerado eficaz para estimular a produção de leite.

CASTANHA – É fruta com ação estimulante sobre a produção de leite.

CASTANHA-DO-PARÁ – Estimula a produção de leite nas nutrizes.

CENOURA – O consumo de cenoura estimula a produção de leite; aconselha-se tomar de 150 a 200 ml de suco diariamente.

FUNCHO – Fazer infusão com os frutos (20 g em meio litro de água, repousando 25 minutos). Tomar 4 xicrinhas ao dia.
Pode-se também utilizar as raízes: decocção de 20 g em meio litro de água, fervendo durante 6 minutos. Tomar 3 xícaras ao dia.

MANGA – É fruta que estimula a produção de leite.

MILHO – Diz-se que a canjica estimula a produção de leite.

NOZ – É fruta com ação estimulante sobre a lactação.

SALSÃO – Fazer decocção com a raiz desta planta: 20 g em meio litro de água, fervendo durante 6 minutos. Tomar 3 xícaras ao dia.

TRIGO – No Hospital Regional de Brazlândia (cidade-satélite de Brasília) foi constatado que a administração diária de duas colheres de sopa de farelo de trigo na alimentação das nutrizes faz com que a apojadura (a "descida" do leite) aconteça em apenas 24 horas e não em 3 dias, que é o habitual. Izabel Barreto, nutricionista naquela cidade, declara que "onde houver possibilidade será ensinado o uso de plantas e ervas na alimentação".

LEUCEMIA

ALGAS – O consumo de algas marinhas parece agir beneficamente em casos de leucemia.

LUMBAGO
(LOMBAGIA)

AVEIA – Fazer decocção com a palha seca deste cereal: 25 g em meio litro de água, fervendo de 20 a 25 minutos. O produto pode ser usado em compressas locais ou por via oral: tomar 3 xicrinhas ao dia.

FAVA – Usar as flores dessa planta: infusão de 5 g das flores em 100 ml de água fervente, repousando durante 10 minutos. Usar em compressas locais ou por via oral: duas ou três xicrinhas ao dia.

LOURO – Cozinhar as folhas dessa planta em óleo (5 g em 100 ml de óleo) e aplicar em fricções locais.

TOMILHO – Fazer infusão com a planta inteira florida (15 g em 100 ml de água, repousando durante 40 minutos). Usar em compressas locais.

MAGREZA

Em casos de magreza muito acentuada podem ser consumidos os seguintes alimentos:

AGRIÃO – Consumir as folhas frescas, como também o suco (100 ml diários).

ARROZ – Cozinhar as sementes desse cereal em leite de vaca e consumi-las amplamente.

AZEITE – Tomar uma colher de sobremesa de azeite de oliva (preferentemente prensado a frio), 5 minutos antes de cada refeição.

COCO – Consumir amplamente esta fruta.

FENO-GREGO – Reduzir as sementes desta planta a pó e tomar duas colheres (de chá) deste, com mel, 3 vezes ao dia.

FIGO – Ferver 5 ou 6 figos secos em meio litro de leite durante 10 minutos, acrescentar uma boa colherada de mel e tomar como desjejum, juntamente com biscoitos de fécula de batata.

NOZ – Consumir amplamente esta fruta, com pão de trigo integral ou de centeio.

MALEITA
(MALÁRIA; IMPADULISMO; SEZÃO)

ALCACHOFRA – Tomar 3 xicrinhas ao dia da decocção da raiz desta planta: 15 g em meio litro de água, fervendo durante 10 minutos.

INHAME – A ingestão deste alimento atua preventivamente quanto à maleita.

NOZ – Fazer infusão com as folhas da nogueira (15 g em meio litro de água, repousando meia hora). Tomar 3 xicrinhas ao dia.

SÁLVIA – Fazer decocção com as folhas dessa verdura (50 g em meio litro de água, fervendo por 10 minutos). Tomar 3 cálices ao dia, longe das refeições.

MAMAS
(SEIOS; MAMILOS; MASTITES)

CALÊNDULA – Para fissuras dos mamilos usa-se a planta inteira, quer em decocção (40 g em meio litro de água, fervendo durante 10 minutos) quer em infusão (10 g em um litro de água, repousando 18 minutos). Aplicar em compressas locais.

CONFREI – Em casos de fissuras dos mamilos recomendam-se compressas locais feitas com infusão preparada com as raízes e folhas dessa planta (20 g em 100 ml de água, deixando repousar por 4 horas).

FAVA – Para mastites, moer bem sementes de fava, misturá-las com água ou leite quentes, formando uma pasta para usar em cataplasmas locais.

FUNCHO – Para mastites, ferver 10 g de raízes desta planta em 100 ml de água durante 12 minutos e usar em compressas locais.

LINHAÇA – Para mastites, usar farinha (aquecida) feita com essas sementes, em compressas locais.

MALVA – Usar compressas locais feitas com infusão de folhas de malva (10 g em 100 ml de água, repousando durante 80 minutos).

MARMELO – Em casos de fissuras dos mamilos recomenda-se aplicação de compressas locais preparadas com infusão de sementes dessa fruta (15 g em 100 ml de água, deixando repousar durante 3 horas).

REPOLHO – Para fissuras dos mamilos, lavar bem as folhas de repolho (verde) e reduzi-las a uma papa que deve ser aplicada localmente.

SABUGUEIRO – Para mastites, preparar infusão com flores de sabugueiro (10 g em 100 ml de água, repousando 20 minutos) e usar em aplicações locais.

SERPILHO – Para mastites, fazer infusão com toda a parte aérea da planta (10 g em 100 ml de água, repousando 25 minutos) e usar em aplicações locais.

TRIGO – Para mastites usar cataplasmas locais preparados com uma pasta obtida da moagem das sementes desse cereal misturada com água ou leite quentes.

MAU-HUMOR

ALHO – Estudos realizados por pesquisadores da Universidade de Hannover, na Alemanha, demonstraram que o uso desse vegetal melhora o humor.

CASTANHA-DO-PARÁ – É alimento que combate o mau-humor graças a seu alto conteúdo em selênio.

FRUTOS DO MAR – Graças ao selênio que contêm, a ingestão desses alimentos melhora acentuadamente o humor dos que os consomem.

MAU-OLHADO

ARRUDA – O nome botânico desta planta (*Ruta graveolens*) provém do grego: *reou*, que significa liberar, pois acreditava-se (como até hoje em dia muitas pessoas acreditam) que a arruda pode livrar o corpo de todas as doenças, além de encerrar poderes mágicos que protegeriam contra feitiçarias e mau-olhado.

AVELÃ – Diz-se que esta fruta afugenta os maus espíritos, protegendo contra o mau-olhado.

MENOPAUSA
(CLIMATÉRIO)

LIMÃO – Numerosas perturbações da menopausa, como rubor, suor e ondas de calor, são grandemente aliviadas pelos "banhos de limão" (v. CORRIMENTOS VAGINAIS, pág. 176).

LINHAÇA – Ver verbete "SOJA" neste mesmo item.

MARACUJÁ – Fazer infusão com as folhas e flores (15 g em meio litro de água, repousando durante 18 minutos). Tomar 3 xicrinhas ao dia.

MELÃO – Esta fruta, principalmente se consumida como monodieta, está indicada nos distúrbios da menopausa, em particular nas ondas de calor. Age também em vários tipos de desequilíbrios hormonais femininos.

MIL-FOLHAS – Usar a parte aérea florida da planta, em infusão (30 g em meio litro de água, repousando durante 18 minutos). Tomar 3 xicrinhas ao dia.

PRIMAVERA – Fazer decocção com a raiz: 15 g em meio litro de água, fervendo durante 10 minutos. Tomar 3 xicrinhas ao dia.

SOJA – Estudos recentes realizados na Bowman Gray School of Medicine, nos USA, mostraram que a soja, assim como seus derivados (tofu, missô – mas não o molho e o óleo de soja), contêm substâncias que se ligam aos receptores de estrógenos nas células e que passam a atuar como estes hormônios.

Tais efeitos desses fitoestrógenos são observados com a ingestão diária de 20g de proteína da soja. As mulheres asiáticas, que consomem regularmente essa leguminosa, sofrem muito menos com a menopausa.

Para que sejam obtidas 20 gramas de proteína da soja é necessário consumir 103 g de soja cozida; 234 g de missô; 45 g de soja torrada; 306g de tofu (queijo de soja) normal; 857g de leite de soja.

Segundo estudos feitos na Austrália, a linhaça apresenta os mesmos efeitos que a soja.

TOMATE – Tomar diariamente de 150 a 200 ml de suco de tomates maduros e frescos.

MENSTRUAÇÃO
V. também EMENAGOGOS

ABACATE – As folhas do abacateiro e os brotos de abacate, sob a forma de chá (por decocção ou por infusão), são reguladores dos processos menstruais.

ABACAXI – Em casos de atraso menstrual aconselha-se o amplo consumo desta fruta.

De acordo com Phyllis Johnson, pesquisadora do Centro de Pesquisas em Nutrição Humana do Departamento Norte-Americano de Agricultura em Grand Forks, USA, dietas pobres em manganês produziram aumento de 50% no fluxo menstrual.

Para prevenir perdas menstruais anormalmente intensas é recomendado o consumo de alimentos ricos nesse elemento, como é o caso do abacaxi (e também nozes, cereais integrais, feijão e espinafre).

AÇAFRÃO – O pó de açafrão, extraído dos estigmas das flores, é dotado de acentuada ação emenagoga. Fazer infusão com 2,5 g em meio litro de água, repousando durante 16 minutos. Consumir às colheradas.

AGRIÃO – Em casos de diminuição do fluxo menstrual (hipomenorréia), consumir amplamente esta verdura, em saladas, ou tomar de 100 a 150 ml de suco ao dia.

ALCARAVIA – Para distúrbios menstruais, menstruações "difíceis" e atrasos menstruais, fazer infusão com os frutos desta planta (5 g em 100 ml de água, deixando repousar por meia hora) e tomar duas ou três xicrinhas ao dia.

ALECRIM – É planta que favorece a menstruação.

ALFACE – Recomenda-se consumo desta verdura em casos de menstruação dolorosa.

ALHO – Para menstruações irregulares: macerar 3 ou 4 dentes de alho esmagados em 250 ml de leite, por 6 horas. Tomar um calicezinho cada 3 ou 4 horas.

ANGÉLICA – Nas menstruações irregulares e/ou escassas, fazer infusão com 30 g de raízes desta planta em meio litro de água, repousando 25 minutos. Tomar 3 xicrinhas ao dia.

ANIS – Para menstruações dolorosas recomenda-se a infusão (deixar repousar durante 15 minutos) de folhas e flores de anis.

Para distúrbios menstruais em geral, menstruações "difíceis" e muito escassas recomenda-se tomar 3 xicrinhas ao dia de infusão preparada com os frutos de anis (8 g em 100 ml de água, repousando meia hora).

CALÊNDULA – No combate às menstruações dolorosas fazer infusão de planta inteira (5 g em meio litro de água, deixando durante 18 minutos) e tomar duas xicrinhas ao dia.

CANELA – Tem ação eficaz nos casos de menstruações profusas e prolongadas.

CENOURA – Em casos de hipomenorréias (fluxo menstrual pequeno), ferver 20 g de cenouras em meio litro de água, durante 8 minutos; tomar 3 xícaras ao dia.

CEREFÓLIO – A decocção desta planta tem ação favorecedora sobre a menstruação.

HORTELÃ – Para fluxos menstruais muito escassos recomenda-se o emprego de infusão preparada com as sumidades floridas dessa planta (15 g em meio litro de água, durante 12 minutos). Tomar 3 xicrinhas ao dia.

LIMÃO – Numerosos problemas menstruais (menstruações ausentes, prolongadas demais, muito freqüentes, raras, excessivamente curtas) podem ser resolvidas com os "banhos de limão" (v. CORRIMENTOS VAGINAIS, pág. 176).

MARACUJÁ – Nas menstruações dolorosas, fazer infusão com folhas e flores de maracujá: 15 g em meio litro de água, por 18 minutos. Tomar 3 xicrinhas ao dia.

MELÃO – Esta fruta, principalmente sob a forma de monodieta, tem ação reguladora sobre a menstruação.

NABO – O chá de nabo comprido costuma dar bons resultados em casos de menstruações irregulares, bem como em vários problemas genitais femininos.

SALSA – Em casos de menstruações irregulares ou menstruações muito escassas, fazer decocção com a raiz dessa planta (25 g em meio litro de água, fervendo por 10 minutos) e tomar 3 xícaras ao dia.

SÁLVIA – Nas menstruações dolorosas e nos atrasos menstruais, fazer infusão com folhas de sálvia: 20 g em meio litro de água, durante 18 minutos. Tomar 3 xicrinhas ao dia.

SORGO – Em casos de hipermenorréias (menstruações muito profusas) recomenda-se tomar 4 xicrinhas ao dia de infusão preparada com as inflorescências desse cereal (20 g em meio litro de água, durante 18 minutos).

ZIMBRO – Para menstruações dolorosas e atrasos menstruais, fazer infusão com os frutos do zimbro (15 g em meio litro de água, durante 18 minutos). Tomar 3 xicrinhas ao dia.

MICOSES
V. também SAPINHO e FRIEIRAS

PAPOULA – Das sementes de papoula negra obtém-se o óleo de cravo (que pode ser adquirido em farmácias), útil no tratamento de micose de unhas.

NARIZ ENTUPIDO
(Obstrução nasal)

ALECRIM – Contra obstrução nasal são muito úteis aspirações ou instilações de decocção preparada com água, um punhado de folhas de alecrim e um punhado de folhas de banchá. Deixar ferver alguns minutos e, quando estiver morninho, colocar uma pitadinha de sal.

MANJERONA – As folhas desta planta, em inalações ou sob a forma de pomadas (amassadas e misturadas com gordura vegetal) para untar as narinas, são muito eficazes para combater a obstrução nasal, sobretudo de crianças.

SAL – Aspirações ou instilações nasais com água e sal constituem bom remédio para desobstruir nariz entupido.

NÁUSEAS

ALFAZEMA – Fazer infusão com as flores (4 g em 100 ml de água, deixando durante 15 minutos). Tomar uma ou duas xicrinhas ao dia.

FRAMBOESA – Com as folhas da framboeseira é preparado chá muito louvado contra náuseas.

GENGIBRE – Em casos de náuseas e enjôos de viagens ou de outra natureza, o consumo de gengibre tem-se mostrado de grande valor, geralmente mais eficaz que os remédios utilizados para esse fim.

LIMÃO – Contra náuseas e vômitos (de qualquer origem) recomenda-se cheirar um limão cortado.

REPOLHO – Para alívio das náuseas da gravidez está indicado o consumo desta planta.

NERVOS, Tônicos dos

ABÓBORA – Alimento rico em fósforo, a abóbora atua beneficamente sobre o cérebro e o sistema nervoso, em geral.

ALFAZEMA – É considerada tônica do sistema nervoso.

AMÊNDOA – Constitui excelente tônico nervoso.

COUVE – Esta verdura é tônico nervoso, sendo indicada nos tremores dos membros.

MAMÃO – As raízes cozidas do mamoeiro são tônicas para os nervos.

NOZ – É alimento tônico de valor para o cérebro e nervos.

PEIXES – Atuam beneficamente sobre o sistema nervoso, tonificando-o.

SOJA – A lecitina, extraída habitualmente desta leguminosa, é bom tônico das células nervosas.

NEURITES E POLINEURITES

ALHO – Fazer uma pasta com uma parte de alho bem amassado e duas partes de óleo canforado. Usar em fricções locais.

LINHAÇA – Colocar sementes em pó da mostardeira-negra junto com as sementes de linho (linhaça). Usar localmente, em cataplasma morno.

MOSTARDA – V. verbete "Linhaça", neste capítulo.

RABANETE – Consumir amplamente este alimento.

NEVRALGIA

ALCAPARRA – O consumo de chá feito com decocção de alcaparras melhora certas nevralgias, sobretudo a ciática.

ALFACE – Aplicar localmente cataplasmas feitos com folhas novas desta verdura, banhadas com um pouco de óleo.

ALFAZEMA – Fazer infusão com as flores (25 g em meio litro de água, durante 15 minutos) e tomar 3 xicrinhas ao dia.

AMEIXA – O consumo da ameixa salgada japonesa ("umeboshi") costuma dar bons resultados em casos de nevralgias.

ESTRAGÃO – Fazer infusão com 20 g de folhas em 100 ml de água, durante 10 minutos. Usar em compressas e fricções locais.

GRAVIOLA-DO-NORTE – As flores e os brotos dos frutos, sob a forma de chás, atuam contra nevralgias (uso interno).

LIMÃO – Massagear o local dolorido com esta fruta.

LINHAÇA – V. verbete "Mostarda", neste capítulo.

LÚPULO – As flores do lúpulo possuem propriedades antinevrálgicas.

MOSTARDA – Utilizar as sementes da mostarda-negra, em pó. Colocar este em um cataplasma de farinha de linhaça, morno.

ORÉGANO – Fazer decocção com as sumidades floridas (5 g em 100 ml de água, fervendo 15 minutos) e usar em compressas locais.

REPOLHO – Aplicar as folhas de repolho verde sobre o local, tendo o cuidado de retirar as nervuras centrais. Renovar a cada duas horas.
   Eficaz inclusive em casos de nevralgia facial.

SERPILHO – Fazer decocção com a parte aérea florida da planta, fervendo durante 6 minutos. Usar em compressas locais.

OBESIDADE
V. também EMAGRECEDORES

ABACAXI – A monodieta desta fruta é usada com bons resultados em casos de obesidade.

ALCACHOFRA – Fazer decocção com as folhas: 25 g em meio litro de água, fervendo durante 15 minutos. Tomar 3 xícaras ao dia, com suco de limão.

ALGAS – São muito utilizadas em dietas de emagrecimento, basicamente por duas razões: a) pelo elevado conteúdo em fenilalanina, aminoácido que atua sobre o centro da fome, inibindo-o; b) por provocar sensação de plenitude gástrica, fazendo o indivíduo sentir-se saciado.

Uma das substâncias extraídas das algas marinhas é o *agar-agar*, freqüentemente empregada em dietas de emagrecimento.

ALHO-PORRO – Consumir amplamente, em saladas.

ARROZ – A monodieta de arroz integral tem sido empregada com bons resultados em casos de obesidade.

ASPARGO – Fazer decocção com a raiz: 50 g em meio litro de água, fervendo por 5 minutos. Tomar 3 xícaras ao dia, longe das refeições.

BORRAGEM – Fazer infusão com as folhas: 30 g em meio litro de água, por 20 minutos. Tomar 3 xícaras ao dia, com suco de limão.

CAFÉ – Esta bebida tem ação coadjuvante no tratamento da obesidade, conforme demonstraram pesquisas realizadas em 1974 e retomadas em 1982.

CEBOLA – Consumir amplamente este alimento.

CEREJA – Fazer decocção com os pedúnculos (cabinhos) das frutas: 5 g em 100 ml de água, fervendo durante 10 minutos. Tomar 3 xícaras ao dia, com suco de limão.

CHICÓRIA – Fazer decocção com a raiz: 30 g em meio litro de água, fervendo durante 10 minutos. Tomar 3 xicrinhas ao dia, com suco de limão.

COGUMELO – O cogumelo maitake mostrou-se eficaz para diminuir o peso em experiências efetuadas em ratos.

O Dr. Maasamori Yokota, da Clínica Koseikoi de Tóquio, Japão, confirmou esses resultados em seres humanos.

ESPINAFRE – Consumir amplamente esta verdura.

LIMÃO – V. verbetes "Alcachofra, Borragem, Cereja e Chicória", neste capítulo.

Além disso recomenda-se recorrer ao "tratamento pelo limão", que consiste no seguinte: no primeiro dia toma-se o suco de um limão galego; no segundo dia, o suco de dois limões; no terceiro, o suco de três; e assim por diante, até chegar ao décimo dia, com o suco de dez limões. A partir daí vai-se decrescendo: no 11º dia toma-se o suco de nove limões; no 12º, o suco de oito limões etc., até encerrar o tratamento, com o suco de um limão, no 19º dia.

Nesse tratamento o suco deve ser tomado puro, ao menos uma hora antes da primeira refeição. Crianças de até dez anos devem reduzir o tratamento até, no máximo, cinco limões.

Para adultos alguns autores preconizam a continuação do tratamento até chegar a 21 limões diários, para então iniciar a fase decrescente.

MAÇÃ – Fazer infusão com uma maçã com casca, cortada em pedaços pequenos, juntamente com 10 g de melissa, em meio litro de água fervente. Deixar por 10 minutos e beber durante a manhã.

Costuma-se empregar, com bons resultados, a "dieta de maçã", que consiste no seguinte: ingerir de três a cinco maçãs ao dia, distribuídas em três a cinco refeições durante três a sete dias ou mais, de acordo com o caso (até duas ou três semanas); após o segundo ou terceiro dia pode-se aumentar para até 10 maçãs ao dia.

O vinagre de maçã também é empregado contra obesidade.

NABO – Tomar de 150 a 200 ml de suco de nabo comprido cru.

PEIXES – A gelatina de peixes é bom auxiliar no tratamento da obesidade.

UVA – No tratamento da obesidade recomenda-se a dieta de uva durante 3 dias.

Tal dieta consiste no seguinte: no primeiro dia consome-se um quilo de uvas em bagas ou sob a forma de suco, com ou sem casca. As frutas devem ser bem maduras e isentas de produtos tóxicos.

Pode-se aumentar a quantidade até 3 quilos por dia, distribuídos em 5 ou 6 refeições diárias.

A dieta de uvas, que deve sempre ser feita sob supervisão médica, pode ser pura ou misturada com outras frutas, podendo se prolongar por tempo bem maior.

OBSTIPAÇÃO INTESTINAL
(Vide prisão de ventre)

OLHOS
(VISTA; VISÃO)
V. também CATARATA

ABÓBORA – É alimento indicado para problemas da vista.

AÇAÍ – Esta fruta age no combate a numerosos problemas visuais.

ALECRIM – Em casos de bolsas sob os olhos recomenda-se aplicação local de compressas feitas com folhas e flores de alecrim em decocção: ferver durante 8 minutos 2 gramas em 100 ml de água.

ALFACE – Para irritações nos olhos fervem-se folhas desta verdura, deixa-se esfriar e usa-se, em seguida, em compressas sobre os olhos.

ALFAFA – O consumo de alfafa, principalmente em fase de germinação, é útil contra problemas visuais.

ARRUDA – Para irritações nos olhos fazer decocção com folhas de alecrim (100 g em meio litro de água, fervendo durante 15 minutos). Após isso filtrar o líquido e empregá-lo para lavar os olhos e fazer sobre eles compressas com algodão embebido.

BATATA – Em casos de bolsas sob os olhos recomenda-se cortar uma batata em fatias finas e aplicá-las sobre os olhos, prendendo-as com um pano. Aplicar à noite, ao deitar-se, retirando na manhã seguinte.
  Para combater irritação nos olhos reduz-se batata a uma papa que é aplicada sobre os olhos.

BERTALHA – As folhas desta verdura são úteis para a vista.

BURITI – É fruta muito útil contra problemas visuais.

CENOURA – O consumo de cenoura, preferencialmente crua, é útil para evitar e combater numerosos problemas visuais.

CEREFÓLIO – Em casos de inflamações nos olhos recomenda-se instilar localmente suco preparado com a planta inteira fresca.

CHÁ – Contra irritação dos olhos é preconizado o uso de compressas locais preparadas com infusão de folhas de chá (2 g em 100 ml de água, repousando durante 10 minutos).

COUVE – O uso desta verdura combate a fraqueza visual. Aliás, os legumes verdes (verduras), em geral, são ótimos alimentos para os olhos.

DENDÊ – O famoso azeite-de-dendê é muito útil contra problemas da vista.

DENTE-DE-LEÃO – Em casos de manchas no branco-do-olho, fazer decocção com as hastes das flores desta planta (5 g em 100 ml de água, deixando ferver durante 8 minutos). Tomar duas xicrinhas ao dia; também pode ser usado como colírio.

FORMIGA – É voz corrente que comer içá faz bem para a vista.

FRAMBOESA – Contra blefarites é usada com bons resultados infusão de folhas de framboeseiro (10 g em 100 ml de água, repousando durante 20 minutos). Usar em aplicações locais.

FUNCHO – Contra irritação dos olhos ferve-se 5 g de sementes de funcho reduzidas a pó em meio litro de água durante 5 minutos, coa-se e usa-se como colírio.

Em casos de glaucoma recomenda-se ferver 20 g de sementes de funcho em meio litro de água durante 8 minutos e usar em compressas locais ou por via interna (tomar duas xicrinhas ao dia).

GERGELIM – O óleo extraído das sementes desta planta é usado com grande sucesso como colírio, sendo útil para numerosas afecções oculares. Para preparar o colírio filtra-se o óleo puro de gergelim em algodão esterilizado, por 10 vezes.

LIMÃO – O suco desta fruta, aplicado topicamente, é indicado para combater inflamações dos olhos.

MALVA – Em casos de blefarite fazer infusão com flores e folhas frescas de malva-grande (5 g em 100 ml de água, repousando durante 20 minutos). Coar e usar em aplicações tópicas.

MAMÃO – É fruta indicada para problemas visuais.

MANGA – É útil para problemas visuais.

MANTEIGA – É alimento que faz bem para a vista.

NABO – O nabo comprido é útil no tratamento de problemas dos olhos, tais como miopia, astigmatismo e outros. Recomenda-se comer 100 g diariamente desse vegetal.

NOZ – Para manchas no branco-dos-olhos pingar localmente óleo puro de noz duas ou três gotas ao dia.

Para inflamações nos olhos fazer lavagens locais com decocção das folhas de nogueira (6 g em 100 ml de água, deixando ferver durante 15 minutos).

PEIXES – De acordo com pesquisas realizadas por Prasad S. Kulkarni, da Universidade de Louisville, em Kentucky, EUA, a ingestão de óleo de peixe parece atuar favoravelmente em casos de glaucoma.

Tais pesquisas foram realizadas a partir da observação que os esquimós, cuja alimentação é muito rica em óleo de peixe, raramente desenvolvem glaucoma.

PEPINO – O consumo deste alimento faz bem aos olhos.

SABUGUEIRO – Para irritação dos olhos aplicar localmente decocção feita com a casca da planta (10 g em 100 ml de água, fervendo durante 15 minutos).

Em casos de blefarite aplicar localmente infusão preparada com as flores de sabugueiro (8 g em 100 ml de água, deixando repousar durante 20 minutos).

SALSA – O suco desta planta age no sentido de aliviar irritações dos olhos: instilar algumas gotas nos olhos ou embeber chumaços de algodão com o suco e aplicá-los sobre os olhos.

TANCHAGEM – Contra irritações dos olhos usam-se as folhas frescas desta planta: lavá-las muito bem e aplicá-las diretamente sobre os olhos.

TOMILHO – Em casos de conjuntivite fazer infusão com a planta inteira florida (10 g em 100 ml de água, repousando meia hora) e usar em lavagens locais.

ORQUITE
(INFLAMAÇÃO DOS TESTÍCULOS)

ALCARAVIA – Usar as sementes bem quentes, em cataplasmas locais.

BARDANA – Picar folhas frescas desta planta, reduzindo-as a pedacinhos, e aplicar localmente.

BORRAGEM – Fazer decocção com as folhas: 10 g em 100 ml de água, deixando ferver durante 15 minutos. Usar em aplicações locais.

CHICÓRIA – Fazer decocção com a raiz desta planta: 25 g em meio litro de água, fervendo durante 10 minutos. Tomar 3 xicrinhas ao dia, longe das refeições.

GRÃO-DE-BICO – Fazer farinha com as sementes dessa leguminosa e aplicar em cataplasmas locais.

MILHO – Fazer decocção com os estigmas (barbas): 25 g em 1/4 de litro de água, fervendo durante 10 minutos. Tomar 3 xícaras ao dia.

ZIMBRO – Fazer infusão com os frutos: 6 g em 200 ml de água, repousando por 18 minutos. Tomar 3 xicrinhas ao dia.

OSSOS
V. também FRATURAS

ABACAXI – Pesquisas realizadas pela Dra. Jeanne Freeland-Graves, professora de nutrição da Universidade do Texas, em Austin, demonstraram que o manganês é elemento importante no metabolismo ósseo e que sua deficiência ocasiona osteoporose severa em animais.

A autora em questão recomenda o uso de abacaxi para a prevenção e tratamento da osteoporose, dado o elevado teor de manganês nessa fruta.

Outras fontes importantes de manganês são: nozes, cereais integrais em geral, feijão, espinafre.

ACELGA – Para fortalecer os ossos, consumir amplamente as folhas e raízes dessa planta.

ALGAS – Graças à sua riqueza em cálcio as algas constituem alimentos importantes para a saúde dos ossos.

CEBOLA – O consumo amplo deste vegetal fortalece os ossos.

CENOURA – É alimento que atua favoravelmente na ossificação e formação dos dentes.

COUVE – Para fortalecer os ossos, tomar diariamente de 200 a 250 ml de suco de couve.

CONFREI – Acredita-se que a ingestão de confrei auxilia a consolidação de fraturas; aliás, o nome em inglês dessa planta é "knitbone": "cola-ossos".

GROSELHA – Consumir amplamente

os frutos. Pode-se também fazer infusão com as folhas das groselheiras: 20 g em meio litro de água, durante 20 minutos; tomar 3 xicrinhas ao dia.

INHAME – A monodieta deste alimento tem ação favorável em casos de tuberculose óssea.

NABO – Consumir as folhas deste vegetal em sopas ou em saladas. Pode-se também tomar diariamente de 100 a 150 ml de suco do tubérculo.

OVO – A casca do ovo, sendo riquíssima em cálcio, constitui alimento de grande valor para o esqueleto e os dentes: ferver as cascas, secá-las e triturá-las em liquidificador ou em máquina de moer carne. Misturar então a outros alimentos.

PEIXES – A gelatina de peixes dá bons resultados em casos de osteoporose.

TRIGO – O trigo germinado fortalece os ossos e os dentes.

OSTEOPOROSE
V. ossos

OUVIDOS

V. também DOR DE OUVIDO

AZEITE – Em casos de penetração de inseto no ouvido, um excelente remédio consiste em pingar algumas gotas de azeite no local.

INHAME – Em casos de otites purulentas tem sido usada, com bons resultados, a monodieta deste tubérculo.

PALPITAÇÕES

ALECRIM – Fazer infusão com as folhas e as flores (20 g em meio litro de água, por 18 minutos). Tomar 3 xicrinhas ao dia.

LIMÃO – Tomar 150 ml de suco desta fruta ao dia, dissolvido em água (50%).

MARACUJÁ – Fazer infusão com as folhas e flores (15 g em meio litro de água, deixando 15 minutos). Tomar 3 xicrinhas ao dia.

PANARÍCIO

ALHO – Esmagar alguns dentes de alho e colocá-los sobre o local. Enfaixar com gaze e deixar por duas ou três horas.

AZEITONA – Fazer decocção com as folhas de oliveira (10 g em 100 ml de água, deixando ferver por 20 minutos). Usar localmente, em compressas quentes.

BATATA – Aplicar localmente uma batata cozida, ainda quente.

CEBOLA – Triturar uma cebola e colocá-la sobre o local, deixando-a durante 3 a 4 horas, após o que, renovar a aplicação.

REPOLHO – Usar a planta crua e fresca, de preferência a variedade verde. Quanto ao modo de usar, v. verbete "Repolho" no capítulo ABSCESSOS. FURÚNCULOS.

PÂNCREAS

AMORA – Em caso de funcionamento deficiente do pâncreas recomenda-se decocção de folhas de amoreira negra: 6 g de folhas em 100 ml de água; ferver por 2 minutos e tomar duas ou três xicrinhas ao dia.

PARASITAS INTESTINAIS
(VERMES INTESTINAIS. VERMÍFUGOS)

ABACATE – A casca moída desta fruta é um bom remédio contra vermes intestinais.

ABÓBORA – As sementes de abóbora são utilizadas no combate a parasitas intestinais, notadamente a solitária (tênia).

AGRIÃO – O consumo de folhas frescas desta verdura age contra parasitas intestinais.

ALGAS – As algas marinhas, principalmente as vermelhas, são usadas com sucesso há milênios no combate a parasitas intestinais.

ALHO – Como vermífugo eficaz contra lombrigas, oxiúros e solitária, fervem-se alguns dentes de alho previamente esmagados, durante um minuto, em leite adoçado. Tomar duas ou três colheres por dia.
Para *tênia* (solitária), esmagar alho, fazer decocção (3 g em 100 ml de água, deixando ferver durante 15 minutos) e usar em clisteres.
Para *Enterobius* (oxiúros), esmagar alguns dentes de alho, fazer decocção como para solitária e usar em clister.

ALHO-PORRO – É planta com ação sobre parasitas intestinais.

AMORA – A casca da amoreira tem ação contra vermes intestinais.

ARATICUM – Os frutos e as folhas dessa árvore, em infusão, têm propriedades antiparasitárias.

ARROZ – O consumo de arroz integral cru promove a eliminação de lombrigas.

ARRUDA – Para combater as lombrigas ferve-se 20 g de folhas desta planta em 1 litro de azeite e toma-se duas ou três colheres (de chá) ao dia.

BELDROEGA – As sementes dessa erva são utilizadas no tratamento de verminoses intestinais, sobretudo a ancilostomíase (amarelão).

BUCHA-PAULISTA – Os frutos dessa planta costumam ser usados como vermífugos.

CALÊNDULA – Contra teníase (solitária), fazer uma infusão com a planta inteira e as flores (10 g em um litro de água, deixando 20 minutos). Tomar 3 xícaras ao dia.

CEBOLA – Corta-se em fatias uma cebola de tamanho médio e macera-se em 300 ml de água, durante 8 horas. Depois espreme-se a cebola na água e toma-se esta em jejum, por 3 ou 4 manhãs.

CENOURA – Além de ser anti-séptico intestinal, a cenoura combate lombrigas, oxiúros e solitária: tomar de 150 a 200 ml de suco fresco, diariamente.

COCO – A polpa do coco verde ou seco

tem ação vermífuga. A água do coco verde também possui tal ação.

COUVE – Contra lombrigas recomenda-se tomar diariamente de 100 a 150 ml de suco de couve pela manhã, em jejum.

FIGO – Esta fruta, comida crua e em jejum, é dotada de ação contra vermes intestinais.

FRUTA-DE-BURRO – Esta fruta é considerada possuidora de ação contra vermes intestinais.

GRÃO-DE-BICO – Contra oxiúros, esmagar as sementes desta leguminosa e fazer decocção (30 g em meio litro de água, fervendo durante 25 minutos). Tomar 3 xícaras ao dia.

HORTELÃ – O chá de folhas de hortelã é usado para combater a tendência a verminoses.

JILÓ – O uso de jiló, sob a forma de monodieta, tem ação contra vermes intestinais.

MAMÃO – As sementes desta fruta, secas e trituradas, combatem vermes intestinais: tomar uma colherinha do pó misturado com mel, três vezes ao dia, durante três dias consecutivos.

MANGA – A castanha contida no caroço dessa fruta é dotada de ação vermífuga.

MANGOSTÃO – É fruta considerada possuidora de propriedades vermífugas.

MARACUJÁ – Às sementes desta fruta são atribuídas propriedades antiparasitárias: secá-las e moê-las, tomando o pó em jejum.

MELÃO – As sementes dessa fruta, secas e trituradas, são vermífugas, agindo principalmente contra tênias (solitárias): ingeri-las em jejum, fazendo uso de purgativo salino uma hora depois.

MORANGO – Considera-se que esta fruta possui propriedades vermífugas.

NOZ – É fruta considerada eficaz no tratamento das tênias (solitárias).

ROMÃ – A casca da fruta, bem como as cascas da raiz e da árvore, têm ação contra vermes intestinais, principalmente tênias (solitárias) e oxiúros.

SEGURELHA – Esta erva é tida como possuidora de ação no combate a vermes intestinais.

TAMARINDO – As folhas do tamarindeiro, em infusão, são vermífugas.

UMARI – Considera-se eficaz esta fruta no combate a parasitas intestinais.

PARKINSON, MAL DE

PEIXES – Em peixes que habitam águas geladas dos oceanos existe uma substância chamada *esqualene*, que parece agir favoravelmente na doença de Parkinson.

PELE

V. também: DEPURATIVOS. ECZEMA. ESCARAS. FERIDAS. ÚLCERAS. PSORÍASE. VITILIGO.

ABACATE – Devido à sua ação benéfica sobre pele e cabelos, o abacate constitui base de uma série de produtos de beleza, tais como cremes, xampus, sabonetes, emulsões hidratantes, loções etc.

AGRIÃO – Contra irritações de pele causadas pelo vento ou pelo sol, recomendam-se aplicações locais de loção preparada com 50 g de suco de agrião e 10 gotas de essência de amêndoas amargas.

ALFACE – Esta verdura é utilizada em cosmetologia para tratamentos rejuvenescedores da pele (cremes de alface).

ALGAS – A alga *Clorela* atua no restabelecimento da pele, combatendo acnes (espinhas), cravos, rugas precoces, estrias e celulite.

AMÊNDOA – Esta fruta é largamente empregada na indústria de cosméticos que a utiliza na fabricação de diversos cremes e produtos para a pele.
V. também verbete "Agrião", neste capítulo.

AZEITONA-DO-MATO – O chá preparado com as folhas dessa árvore é muito usado para afecções da pele em geral, como depurativo.

BARDANA – Esta planta é muito utilizada com grande eficácia em problemas cutâneos vários: feridas, úlceras (chá de folhas de bardana), crosta láctea dos bebês, furunculoses, eczema, acne (espinha): coloca-se 25 g da raiz cortada em pedaços em meio litro de água, ferve-se por 10 minutos e deixa-se repousar durante 15 minutos. Depois de coar tomar uma xícara (de chá) 3 vezes ao dia, fora das refeições.

BATATA – Cataplasmas de batata crua ralada são usados com bons resultados em irritações cutâneas.

CAJU – O óleo do mesocarpo do caju, aplicado localmente, é empregado contra manchas da pele.

CAMAPU – O decocto desta planta, em uso interno, é eficaz contra dermatoses em geral.

CAPUCHINHA – As folhas desta planta, consumidas em saladas ou ensopadas, constituem bom remédio contra eczemas, psoríase e outras afecções cutâneas.

CENOURA – O consumo deste alimento tem ação favorável sobre a pele.

CEREFÓLIO – A variedade de cerefólio com folhas lisas, não crespas, é útil no tratamento de doenças da pele.

GELÉIA REAL – Acredita-se que este produto impede o envelhecimento prematuro da pele, podendo ser usado por via oral ou topicamente.

HORTELÃ – Pruridos cutâneos são aliviados com aplicações tópicas desta planta.

JUÁ – A casca do tronco do juazeiro é útil contra várias moléstias da pele.

LEVEDURA DE CERVEJA – Seu consumo ajuda a manter a pele saudável.

LIMA – É fruta eficaz no combate a moléstias da pele.

LIMÃO – Seu uso combate várias moléstias cutâneas.

MAMÃO – O mamão maduro, esfregado sobre a pele, elimina manchas e espinhas. As folhas do mamoeiro esfregadas nas mãos, deixam-nas lisas e macias.

MEL – Este alimento, ingerido ou aplicado localmente, é benéfico para a pele e os cabelos.

MELÃO – A monodieta desta fruta deixa a pele sedosa e combate as rugas. É considerada uma dieta de rejuvenescimento.

PACIÊNCIA – A raiz desta planta é utilizada como depurativo e no tratamento de numerosas afecções da pele.

PAINÇO – Este cereal é útil contra doenças da pele, unhas e cabelos.

PEIXES – A gelatina de peixe é um bom remédio contra descamações da pele. É útil também em casos de estrias.
A substância denominada *esqualene*, encontrada no organismo de peixes que habitam águas geladas dos oceanos, dá bons resultados no tratamento de diversos problemas cutâneos.

PEPINO – Este vegetal atua no combate a vários tipos de problemas de pele, motivo pelo qual é amplamente empregado na fabricação de cosméticos.

RAIZ-FORTE – É empregada para clarear manchas da pele: ferve-se uma xícara de leite e coloca-se um pedacinho de raiz-forte; após esfriar, filtrar o líquido que será então aplicado sobre as manchas.

TRAPOERABA – Pruridos cutâneos são aliviados com aplicação tópica, sob forma de cataplasma, de suco de folhas maceradas de trapoeraba.

VINAGRE – O vinagre de maçã, usado por via interna, é um bom tônico cutâneo, estando indicado nas moléstias da pele, em geral.

PICADAS DE INSETOS

ABRICÓ-DO-PARÁ – A raiz dessa árvore, bem como as folhas e a resina obtida da casca do tronco, é usada em aplicações locais, contra úlceras e picadas de inseto.

ARARUTA – O suco dessa planta é recomendado em aplicações locais, contra picadas de insetos.

BATATA – Cataplasmas de batata crua e ralada são usados com bons resultados em picadas de insetos e irritações da pele.

CALÊNDULA – Em aplicações locais age contra picadas de insetos.

CEBOLA – Aplicada localmente ameniza picadas de abelhas e de outros insetos.

HORTELÃ – Em emprego local é utilizada para aliviar pruridos cutâneos, principalmente se devidos a picadas de insetos.

SALSA – Pincelar o local atingido com suco de salsa ou friccionar de leve com folhas frescas amassadas.

SÁLVIA – Aplicar folhas frescas e amassadas dessa planta sobre as picadas.

TOMATE – Fazer compressas locais com tomate, de preferência associado a alho.

TRAPOERABA – Aplicar topicamente suco de folhas maceradas dessa planta sob a forma de cataplasma.

URUCUM – Nossos indígenas usam muito o urucum não só para pintar o corpo, com finalidade estética, mas também para protegê-lo contra os raios solares e picadas de insetos.

PIOLHO

ANIS – O óleo das sementes dessa erva, friccionado sobre o couro cabeludo, combate os piolhos.

PLEURIS
(PLEURITE. PLEURISIA)

CARDO-SANTO – Fazer infusão com as folhas e as flores: 8 g em meio litro de água, deixando durante 12 minutos. Tomar 3 xicrinhas ao dia.

GIRASSOL – Usar os ramos frescos: macerar por um mês 50 g desses ramos em 100 ml de álcool a 95%, filtrando em seguida. Tomar duas colherinhas ao dia, diluídas em um pouquinho de vinho branco seco.

PRESSÃO ARTERIAL
V. também DIURÉTICOS

ABACAXI – A monodieta desta fruta ajuda a baixar a pressão arterial.

ALFACE – Consumir esta verdura à vontade, de preferência com alho.

ALHO – Este alimento tem a propriedade de baixar a pressão arterial: macerar durante 6 ou 7 dias 100 g de alho esmagando os bulbos frescos. Tomar dois cálices ao dia, longe das refeições.

AMORA – As folhas da amoreira em infusão têm propriedades hipotensoras (de baixar a pressão arterial): fazer uma infusão com 25 g das folhas em meio litro de água, deixando 15 minutos. Tomar duas ou três xícaras ao dia.

AZEITONA – As folhas da oliveira, em decocção, são úteis no tratamento da hipertensão arterial: ferver 25 g em meio litro de água.

CANA-DE-AÇÚCAR – Com as folhas dessa planta prepara-se um chá com ação hipotensora.

CHUCHU – Cozido sem sal o chuchu é empregado para baixar a pressão arterial.

COGUMELO – Pesquisas efetuadas no Japão demonstraram que o cogumelo comestível mais popular daquele país, o *shiitake*, diminui a pressão arterial dos hipertensos. A mesma propriedade é também atribuída ao cogumelo *leici* (ou *lei-shi*).

O cogumelo maitake mostrou-se eficaz para reduzir a pressão arterial em ratos.

FRUTAS E VEGETAIS EM GERAL – Foi constatado que os vegetarianos costumam ter pressão arterial mais baixa que a população geral e que instituir regime vegetariano leva à baixa da pressão.

LARANJA – O consumo desta fruta contribui para baixar a pressão arterial.

LIMÃO – No combate à hipertensão arterial, pode-se recorrer, com resultados favoráveis, ao "tratamento pelo limão". V. verbete "OBESIDADE", pág. 244.

MATE – Existem estudos mostrando que o uso de mate eleva a pressão arterial; esta bebida, portanto, pode estar indicada para pessoas com pressão baixa.

MORANGO – É fruta com ação hipotensora.

PEIXES – Uma substância denominada *esqualene*, encontrada no organismo de peixes que habitam águas geladas dos oceanos, pode ajudar a baixar a pressão arterial.

PÊRA – Para ajudar a baixar a pressão arterial, aconselha-se o amplo consumo desta fruta.

SAL – O sal aumenta a pressão arterial.

Em casos de mal-estar devido à baixa da pressão arterial, recomenda-se ingerir um pouco de sal puro ou algum alimento bem salgado: azeitona, missô, shoyu, umeboshi.

SALSA – Para baixar a pressão arterial, recomenda-se tomar infusão preparada com 30 g de sementes de salsa em 200 ml de água fervente (tomá-la morna).

SALSÃO (aipo) – Desde 200 a.C. o aipo ou salsão tem sido usado pelos asiáticos para baixar a pressão arterial.

SERPILHO – Em casos de hipertensão arterial, fazer uma infusão com a parte aérea florida dessa planta: 25 g em meio litro de água, repousando durante 18 minutos. Tomar 3 xicrinhas ao dia.

SERRALHA – A serralha de folhas pintadas (*Carduus marianus*, conhecida no Rio Grande do Sul como cardosanto) ajuda a aumentar a pressão arterial. Em casos de pressão muito baixa, recomenda-se usar as raízes e as sementes.

Raízes: decocção de 20 g em meio litro de água fervendo durante 8 minutos. Tomar 3 xicrinhas ao dia.

Sementes: ferver 15 g em meio litro de água durante 6 minutos. Consumir às colheradas.

PRISÃO DE VENTRE

ABÓBORA – A ingestão deste alimento facilita a evacuação.

ACELGA – É hortaliça com ação laxativa. À noite, ao deitar-se, tomar meia xícara de suco de acelga com uma colher (de chá) de azeite de oliva.

ALCACHOFRA – É alimento indicado em casos de prisão de ventre.

ALCAÇUZ – Tem ação laxativa. Dissolver uma colherinha (de café) da raiz em pó em meio cálice de água morna e tomar à noite, ao deitar-se.

ALFARROBA – O fruto da alfarrobeira, assim como as sementes, é empregado como laxante.

ALFAVACA – Deixar as flores em infusão (15 g para meio litro de água, repousando 15 minutos) e tomar 3 xicrinhas ao dia.

ALGAS – Possuem propriedades laxativas.
Uma das substâncias extraídas das algas marinhas e freqüentemente utilizadas como laxativo mecânico é o *agar-agar*, que promove nos intestinos aumento de volume do bolo intestinal, estimulando os movimentos peristálticos.

ALHO – Possui ação laxativa.

AMEIXA – A ameixa-preta é tradicionalmente empregada em casos de obstipação intestinal (prisão de ventre), inclusive de nenês. Para estes costuma-se utilizar a água ou o chá de ameixas-pretas.

AMEIXA-DA-TERRA – A polpa desta fruta é eficaz contra prisão de ventre.

AMÊNDOA – O óleo de amêndoas doces é laxante suave e eficaz, indicado inclusive para crianças.

AMORA – É fruta com ação laxativa (a casca da amoreira é purgativa).

AVEIA – As fibras deste cereal estimulam o peristaltismo dos intestinos e por essa razão a aveia é indicada em casos de prisão de ventre (obstipação intestinal).

AVELÃ – Desta fruta é extraído óleo com propriedades laxativas.

AZEDA-MIÚDA – É planta com ação laxativa.

AZEITONA – Possui propriedades laxativas (em particular a azeitona preta). O óleo extraído dessa fruta, o famoso azeite de oliva, é muito empregado com essa finalidade (v. verbete "Acelga", neste capítulo).

BANANA – A banana-nanica, ao contrário das demais (principalmente da banana-maçã, que é muito obstipante), possui ação levemente laxativa.

BELDROEGA – É verdura com ação laxativa.

BETERRABA – É planta dotada de propriedades laxativas.

BOLDO – É planta útil em casos de prisão de ventre.

BREDO-DE-ESPINHO – As folhas e os brotos deste vegetal têm ação laxativa.

BRÓCOLOS – Possuem propriedades laxativas.

CAMAPU – Este fruto, quando verde, tem ação laxativa.

CAQUI – Quando bem maduro tem ação laxativa (enquanto verde, quando "pega" na boca, tem ação contrária: é obstipante).

CASTANHA-DO-MARANHÃO – É fruta possuidora de ação laxativa.

CEBOLA – Seu consumo é útil contra prisão de ventre.

CEREAIS INTEGRAIS – Os cereais (arroz, trigo, milho, cevada, centeio, aveia, painço, sorgo) integrais são excelentes para combater a prisão de ventre graças à grande quantidade de farelo existente em suas camadas periféricas.

CEREJA – Possui propriedades laxativas.

CHICÓRIA – As folhas e as raízes são laxativas.

COGUMELO – Sendo ricos em celulose ajudam a combater a obstipação intestinal.

CONFREI – Tem ação laxativa.

COUVE – É verdura com propriedades laxativas.

COUVE-FLOR – Esta variedade de couve também é laxativa.

DENTE-DE-LEÃO – É alimento laxativo.

ESCORCIONEIRA – As raízes desta planta constituem ótimo laxativo.

ESPINAFRE – Seu consumo ajuda a combater a prisão de ventre.

ESPINAFRE-DA-NOVA-ZELÂNDIA – Tem ação laxativa.

FIGO – É fruta com ação laxativa.

FRAMBOESA – É dotada de propriedades laxativas.

FRUTA-DO-CONDE – As folhas da árvore têm ação laxativa.

FRUTA-PÃO – Possui ação laxativa.

GERGELIM – As sementes de gergelim são laxativas.

INGÁ – É fruta com ação laxativa.

JUJUBA – A polpa desta fruta é ligeiramente laxativa.

JUTAÍ – Esta fruta tem ação laxativa.

KIWI – É fruta com propriedades laxativas.

LARANJA – É laxativa, principalmente se ingerida com o bagaço.

LEVEDURA DE CERVEJA – Age contra a prisão de ventre.

LIMA – Assim como a laranja, a lima, principalmente se ingerida com o bagaço, é laxativa.

LINHAÇA – A água de linhaça tem ação emoliente sobre o conteúdo intestinal, estando indicada em casos de prisão de ventre (obstipação intestinal): coloca-se uma colher (de sopa) de sementes cruas num copo de água, deixando-se em repouso durante toda uma noite; na manhã seguinte ingere-se a água e as sementes. Fazer este tratamento pelo menos durante 15 dias.

Além disso, a semente do linho pode ser empregada como recheio de pães ou, ocasionalmente, na culinária macrobiótica.

LÚPULO – As flores desta planta têm propriedades laxativas.

MAÇÃ – É fruta utilizada habitualmente como obstipante, ou seja, destinada a "prender" o intestino, mas sua casca é laxativa.

MALVA – É planta com propriedades laxativas.

MAMÃO – Esta fruta é, com muita razão, reputada como laxativo eficaz. Seu efeito é ainda mais acentuado se forem ingeridas também as sementes (preferentemente sem serem mastigadas, devido ao gosto pouco agradável que apresentam).

MANÁ – Dessa árvore exsuda suco de sabor delicado, que possui propriedades laxativas.

MATE – É bebida com ação laxativa.

MEL – Este alimento é dotado de propriedades laxativas.

MELANCIA – É fruta levemente laxativa.

MELÃO – Tem ação laxativa.

MELÃO-DE-SÃO-CAETANO – O fruto desta trepadeira possui ação laxativa.

MEXERICA – É fruta dotada de propriedades laxativas.

MORANGO – Apresenta ação laxativa suave.

MOSTARDA – As folhas dessa planta, principalmente as da variedade branca, são laxativas.

NOZ – É fruta laxativa.

PEPINO-DO-MATO – Este vegetal da Amazônia tem propriedades laxativas.

PÊRA – É fruta dotada de ação laxativa.

PÊSSEGO – Esta fruta, bem como as flores do pessegueiro, tem propriedades laxativas.

QUIABO – É alimento laxativo.

RABANETE – É planta possuidora de propriedades laxativas.

RÁBANO – Assim como o rabanete, o rábano tem ação laxativa.

SÁLVIA – As folhas deste vegetal são laxativas.

TAMARINDO – Esta fruta tem conhecida ação laxativa, constituindo mesmo a base de numerosos produtos farmacêuticos existentes no mercado com tal finalidade. Essa ação é devida não somente à celulose, como também aos ácidos existentes no tamarindo: tartárico, cítrico, cremotartárico e málico.

TOMATE – Possui propriedades laxativas.

UVA – É fruta ativadora das funções intestinais, estando indicada em casos de prisão de ventre, flatulência e fermentações intestinais excessivas.

VAGEM – É alimento com boa ação laxativa.

PRÓSTATA

ABÓBORA – Em casos de prostatismo, fazer decocção de 10 g de sementes em 100 ml de água, deixando ferver durante 15 minutos. Tomar 3 xicrinhas ao dia.

ABÓBORA-MORANGA – O consumo diário de um punhado de sementes de abóbora-moranga tem-se mostrado eficaz para reduzir os sintomas do aumento da próstata (micção noturna, urgência urinária, freqüência urinária aumentada).

ALFAFA – O consumo desta planta ajuda a combater a hipertrofia da próstata.

CEBOLA – Em casos de prostatismo, macerar durante uma semana meio quilo de cebolas bem trituradas, em um litro de vinho branco seco. Depois coar com um pano, adicionar 100 g de mel e tomar dois cálices ao dia.

MEL – O consumo deste alimento ajuda a combater a hipertrofia da próstata.

MELANCIA – É fruta considerada útil em casos de doenças da próstata.

NABO – O chá feito com as folhas de nabo comprido ajuda a combater os tumores da próstata e o prostatismo.

PÓLEN – Tem ação eficaz contra a hipertrofia da próstata.

PÊRA – Em casos de prostatite recomenda-se o amplo consumo desta fruta.

TOMATE – De acordo com estudos desenvolvidos pela Harvard School of Public Health e pela American Health Foundation o tomate pode ajudar na prevenção de tumores do tubo digestivo e também, principalmente, da próstata.

Essa ação parece ser devida a uma substância, existente nesse vegetal, chamada *Lycopene*, um tipo de caroteno que dá ao tomate sua coloração vermelha, funções e poderes antioxidantes.

PROTETOR SOLAR

ALGAS – A ingestão da alga marinha microscópica *clorela* protege o organismo contra radiações de vários tipos, inclusive as solares (raios ultravioleta).

URUCUM – A bixina, um dos pigmentos contidos no urucum, protege a pele contra a ação dos raios ultravioleta do sol e contra a absorção do calor solar. Nossos indígenas ainda usam muito essa planta não apenas para pintar o corpo com finalidade estética, mas também para protegê-lo contra os raios solares e picadas de insetos.

PSORÍASE
V. também PELE

ALCACHOFRA – As folhas desta planta (não as brácteas comestíveis), em decocção, atuam contra a psoríase: ferver 25 g em meio litro de água, durante 12 minutos. Tomar 3 xicrinhas ao dia.

CAPUCHINHA – As folhas dessa planta, consumidas em saladas e ensopados, constituem remédio eficaz contra a psoríase e outras manifestações cutâneas.

PEIXES – A substância chamada *esqualene*, encontrada em peixes habitantes de águas geladas dos oceanos, parece agir contra a psoríase.

PURGANTES

AMORA – A casca da amoreira tem ação purgativa.

AROEIRA – As folhas, flores e frutos dessa árvore têm ação purgativa.

BUCHA-DE-PURGA – As raízes dessa trepadeira, assim como os frutos, quando verdes, são purgativos.

CABAÇA – A polpa desta fruta é altamente purgativa.

CAGAITEIRA – Esta fruta tem uma propriedade curiosa: ingerida parcimoniosamente apresenta ação antidiarréica; se, ao contrário, for consumida em grande quantidade, passa a produzir diarréia.

CAPUCHINHA – Os frutos da capuchinha, secos e reduzidos a pó, têm bom efeito purgativo (meio grama do pó em meio copo de água).

CUITÉ – A polpa dos frutos verdes dessa árvore (chamada cuia) tem ação purgativa.

ERVA-ARMOLES – As sementes dessa planta são vomitivas e purgativas.

ESPINAFRE-DA-GUIANA – O suco da raiz e dos frutos desse arbusto é purgativo.

FRUTA-DO-CONDE – As raízes dessa árvore são altamente purgativas.

GROSELHA-DA-ÍNDIA – Utilize as raízes e as sementes.

RUIBARBO – É planta com efeito purgativo.

QUEIMADURAS

ABÓBORA – A polpa fresca da abóbora, bem como as folhas frescas e amassadas da planta, é empregada com eficácia em cataplasmas contra queimaduras.

ACELGA – Em queimaduras agudas é recomendada a aplicação local de cataplasmas frios de acelga.

AZEITE – O azeite de oliva tem ação benéfica quando aplicado localmente em queimaduras.
Uma receita: misturar 50 g de azeite com igual quantidade de vinho tinto e untar a região afetada.
Outra receita: misturar 50 g de azeite de oliva com uma clara de ovo e untar a região afetada.

BANANA – A parte interna (branca) da casca da banana fresca é um ótimo cicatrizante. Pode ser aplicada sobre feridas, inflamações e queimaduras. Os soldados durante a revolução cubana (1959) amarravam a casca da banana sobre os ferimentos para estancar hemorragias e cicatrizá-los.
A polpa (fruta) da banana é usada para tratar feridas profundas, úlceras e queimaduras de primeiro, segundo e terceiro graus. A técnica usada para casos de queimaduras foi introduzida pela enfermeira Irmã Maria do Carmo Cerqueira, no setor de pediatria do Hospital Jesus Nazareno, de Caruaru (Pernambuco), para tratar crianças queimadas.

BATATA – Ralar ou cortar batatas em fatias bem finas e aplicá-las sobre o local atingido.

BELDROEGA – Os talos dessa erva, bem como as folhas amassadas, aliviam a dor das queimaduras e apressam a cicatrização.

CENOURA – Aplicar no local cenoura fresca.

CONFREI – Fazer uma infusão com a

raiz: 10 a 15 g em 100 ml de água, deixando-a repousar durante 4 horas. Usar em compressas frias.

PARIPAROBA – O suco extraído das folhas dessa planta é usado em aplicações tópicas nas queimaduras.

SABUGUEIRO – As folhas do sabugueiro, amassadas, aliviam rapidamente a dor quando aplicadas em queimaduras.

TOMATE – Em casos de queimaduras de sol, obtém-se bons resultados com aplicações locais de tomate.

URUCUM – Esta planta é empregada há longo tempo pelos nossos indígenas para pintar o corpo, não apenas com finalidade estética, como também para protegê-lo, contra os raios solares.

QUELÓIDES

BANANA – É possível eliminar quelóides conseqüentes a cirurgias passando diariamente sobre eles a parte interna (branca) das cascas de bananas.

RACHADURAS, FISSURAS
V. também CICATRIZANTES. PELE.

CEBOLA – Triturar as cebolas até reduzi-las a suco; cozinhar 50 g deste em 150 g de gordura de frango durante 10 minutos. Aplicar sobre a rachadura.

LIMÃO – Para rachaduras dos dedos dos pés, friccionar localmente com o suco dessa fruta.

MARMELO – Em rachaduras dos seios, fissuras da boca e do ânus, gretas em geral, emprega-se localmente infusão de sementes de marmelo: 20 g em 100 ml de água, repousando durante 3 horas.

RAPÔNCIO – Infusão das extremidades floridas dessa planta (10 g em 100 ml de água, repousando 25 minutos). Usar em aplicações locais.

REPOLHO – Lavar folhas de repolho (de cor verde), cortar a saliência do talo e estender as folhas com rolo de macarrão ou com uma garrafa. Após isso, colocá-las sobre o local, renovando o curativo pela manhã e à noite. (V. ABSCESSOS. FURÚNCULOS, página 135).

TOMILHO – Para rachaduras dos dedos dos pés, colocar a planta moída, reduzida a pó, entre os dedos. Pode-se também fazer infusão com a planta inteira florida (15 g em 100 ml de água) e usar para banhar os pés, em uma bacia.

REJEIÇÃO (A TRANSPLANTES)

GRAPEFRUIT – O suco desta fruta aumenta a eficiência da ciclosporina, droga usada para diminuir a rejeição do organismo a órgãos transplantados.

Tal conclusão foi obtida por estudos efetuados por cientistas da Universidade da Flórida (USA).

O estudo, publicado na conceituada revista *Lancet*, acentua que uma das vantagens do uso dessa fruta é não apresentar efeitos colaterais nocivos ao organismo. Além disso, é barata e de paladar agradável.

REUMATISMO. ARTRITE
V. também GOTA

ABACATE – O consumo prolongado desta fruta combate o reumatismo e o ácido úrico.

Chás preparados com as folhas do abacateiro e com os brotos da fruta têm ação anti-reumática.

ABACAXI – Esta fruta age favoravelmente em casos de reumatismo e de artritismo.

A monodieta dessa fruta é eficaz na prevenção de crises de gota em casos de reumatismo crônico.

AGRIÃO – As folhas frescas desta verdura têm propriedades anti-reumáticas.

ALCACHOFRA – Fazer decocção com as raízes: 20 g em 100 ml de água, fervendo durante 10 minutos. Tomar 3 xicrinhas ao dia.

ALECRIM – As folhas de alecrim, colocadas na água do banho de imersão, ajudam a aliviar as dores reumáticas.

ALFAFA – As folhas de alfafa atuam eficazmente em casos de reumatismo e de artritismo. Podem ser usadas por via interna ou externa, em fricção.

ALFAZEMA – É planta com atividades antigotosa e anti-reumática.

ALGAS – Entre as numerosas propriedades medicinais das algas inclui-se a de ser anti-reumática.

ALHO – Pode ser empregado:

a) Sob a forma de cataplasmas: esmagar bem alguns dentes de alho e estendê-los sobre um pano de lã, quente. Aplicar na região doente.

b) Uso interno: triturar 25 g de alho seco, sem casca, adicionando-se a seguir 60 ml de álcool destilado de frutas. Tomar 15 gotas pela manhã, em jejum, em um pouco de água; aumenta-se duas gotas por dia até chegar a 25 gotas.

ARATICUM – As folhas dessa árvore, em infusão, dão bons resultados em casos de reumatismo.

AROEIRA – As folhas, flores, frutos e casca dessa árvore são utilizados contra o reumatismo.

ARROZ – A monodieta de arroz integral é empregada com bons resultados em casos de reumatismo.

ARTEMÍSIA – É erva muito utilizada no tratamento das artrites.

AVEIA – É cereal dotado de ação eficaz contra reumatismo e gota.

AZEITONA – As folhas da oliveira, em decocção, são úteis no tratamento do reumatismo.

BARDANA – a) Decocção das folhas: ferver 30 g em meio litro de água, durante 20 minutos. Tomar 3 xícaras ao dia, longe das refeições.

b) Cataplasmas preparados com as raízes.

c) Em casos de artritismo fazer decocção com raízes de bardana de 2 anos (25 g em meio litro de água, fervendo 15 minutos). Tomar 2 ou 3 xicrinhas ao dia, em jejum.

BERINJELA – É recomendada contra gota, artrite e reumatismo.

BETERRABA – As raízes comestíveis têm ação antiartrítica.

BORRAGEM – As folhas dessa erva, usadas localmente em cataplasmas, são dotadas de ação anti-reumática e antigotosa.

CAFÉ – As folhas do cafeeiro, colocadas no banho de imersão, ajudam a aliviar as dores reumáticas.

CAMAPU – O chá desta planta, por decocção, é eficaz nos reumatismos crônicos (uso interno).

CAMBARÁ – O chá preparado com as folhas e as flores dessa planta, por infusão ou decocção, tem largo emprego como anti-reumático (uso interno).

CANA-DE-AÇÚCAR – Fazer decocção com o rizoma (20 g em meio litro de água, fervendo durante 15 minutos). Tomar 3 xícaras ao dia, com suco de limão.

CEBOLA – Macerar meio quilo de cebolas cortadas em fatias finas, em um litro de vinho tinto amargo e, em seguida, filtrar. Adicionar 100 g de mel. Tomar dois cálices ao dia.

CENOURA – Tem ação contra reumatismo e gota.

CEREJA – É fruta com propriedades anti-reumáticas.

COUVE – Tomar diariamente de 200 a 250 ml de suco de couve.

FORMIGA – São preparados remédios contra reumatismo à base de formigas.

FRUTA-DO-CONDE – As folhas dessa árvore, ingeridas sob a forma de chá, têm atividade anti-reumática.

GENGIBRE – Usado há milhares de anos na medicina ayurvédica para tratar várias doenças reumáticas, o gengibre tem demonstrado sua eficácia. Experiências feitas pelo Dr. Srivastava confirmam sua ação.

GERGELIM – O óleo de gergelim, em aplicações tópicas, alivia as dores do reumatismo e do artritismo.

GRAVIOLA-DO-NORTE – Chá preparado com as flores dessa árvore e com os brotos dos frutos tem ação anti-reumática.

GROSELHA – É fruta com atividades anti-reumáticas.

GRUMIXAMA – As folhas e a casca da árvore são anti-reumáticas.

HORTELÃ – Usada externamente, em fricções, esta planta combate o reumatismo.

INHAME – A monodieta deste alimento é empregada no tratamento do reumatismo agudo e de crises de gota.

ITU – A casca dessa árvore é utilizada

no tratamento da gota e de processos reumáticos.

KIWI – É fruta empregada no combate ao reumatismo e à gota.

LARANJA – Esta fruta possui ação antiartrítica.

LIMÃO – Esta fruta tem propriedades antiartríticas e anti-reumáticas, atuando principalmente se for utilizado o "tratamento pelo limão" (V. verbete OBESIDADE, pág. 244).

LOURO – Usada externamente, em banhos de imersão, esta planta perfuma, proporciona descanso e alivia as dores reumáticas.

MAÇÃ – É fruta dotada de poder antirreumático.

MANÁ – A casca do fruto desta planta, em infusão, tem propriedades antirreumáticas e antigotosas.

MANJERONA – As folhas dessa planta, em aplicações locais, mitigam as dores reumáticas.
Banhos de imersão em água quente com essas folhas também produzem bons resultados.

MELÃO – É fruta com atividade antirreumática e antigotosa.

MELÃO-DE-SÃO-CAETANO – É reputado como útil nas afecções reumáticas.

MEXERICA – É fruta com ação antirreumática e antigotosa.

MILHO – Em casos de reumatismo e de gota fazer decocção com estigmas de milho: ferver durante 10 minutos 50 g de estigmas (cabelos) em meio litro de água. Tomar 3 xícaras ao dia, com suco de limão.

MORANGO – É fruta utilizada eficazmente no combate a processos reumáticos e gotosos.

MOSTARDA – As sementes de mostarda, em particular da variedade negra, são utilizadas para preparar cataplasmas eficazes no combate à ciática e dores reumáticas (o famoso condimento, conhecido e usado em todo o mundo, é produzido com as sementes dessa planta: o amarelo com as sementes da mostarda-branca e o escuro, marrom, com as da mostarda-negra). Usar os cataplasmas cuidadosamente, a fim de serem evitadas queimaduras na pele.

NABO – O nabo comprido é útil no tratamento do reumatismo.

NOZ – É fruta com ação anti-reumática.

PACOVÁ – Os rizomas dessa planta são considerados muito eficazes contra dores reumáticas em geral.

PECÃ – Esta variedade de noz, a exemplo desta, também possui propriedades anti-reumáticas.

PEIXES – Os peixes gordos, graças ao elevado teor em ácidos graxos ômega-3, são alimentos indicados no tratamento de artrite reumatóide. A gelatina de peixes atua favoravelmente em casos de reumatismos e de artritismo.

PEPINO – A ingestão do suco deste vegetal, de preferência associado ao de cenoura e/ou beterraba, é útil no combate a processos reumáticos e gotosos.

PÊSSEGO – É fruta com ação antiartrítica e antigotosa.

PINHÃO – O óleo de pinho, empregado em massagens locais, alivia dores musculares e reumáticas.

PITANGA – O chá feito com as folhas de pitangueira é anti-reumático e antigotoso.

PITOMBA – Esta fruta possui propriedades anti-reumáticas.

PRIMAVERA – É planta empregada com bons resultados em casos de reumatismo e de gota.

REPOLHO – Aplicação local de cataplasmas feitos com folhas de repolho (preferencialmente da variedade verde) têm acentuada ação contra dores reumáticas.

SABUGUEIRO – O chá preparado com as flores dessa planta é dotado de atividade anti-reumática e antigotosa.

SALSÃO – O consumo amplo deste vegetal combate o reumatismo, o artritismo e a gota.

SAMAMBAIA-VERDADEIRA – Infusão preparada com as folhas desta planta combate o reumatismo.

SERPILHO – É planta com atividade anti-reumática.

TOMATE – Tomar diariamente de 100 a 200 ml de suco de tomate fresco ajuda a combater o reumatismo e o artritismo.

TRIGO – O trigo integral, principalmente em fase de germinação, tem ação anti-reumática.

VINAGRE – O vinagre de maçã é dotado de propriedade anti-reumática.

ZIMBRO – Fazer infusão com os frutos: 10 g em meio litro de água, deixando repousar durante 25 minutos. Tomar 3 xicrinhas ao dia, longe das refeições.

ROUQUIDÃO
V. também AFONIA

ABACATE – Chá feito com folhas de abacateiro e/ou brotos de abacate são úteis contra rouquidão.

ALCAÇUZ – A raiz deste arbusto é eficaz contra rouquidão.

ALECRIM – Em casos de rouquidão recomendam-se gargarejos com decocção de folhas de alecrim e de banchá, em água; deixar ferver e, quando estiver morno, colocar um pouco de sal.

AMEIXA – Assar ao forno algumas ameixas-pretas sem caroço e, quando estiverem bem duras, socá-las no pilão até serem reduzidas a pó. Este, então, deve ser misturado com água morna e mel. Tomar o líquido ao longo do dia.

CAMBARÁ – É planta indicada em casos de rouquidões, tosses, gripes, bronquites e afecções do aparelho respiratório em geral.

CENOURA – Cozinhar 250 g de cenouras em meio litro de água até que o líquido fique viscoso. Acrescentar então suco de limão e mel e tomar ao longo do dia.

COUVE – Tomar diariamente 200 ml de suco das folhas desta verdura com limão e mel.
Pode-se tomar também a água resultante do cozimento da couve.

LIMÃO – V. verbetes CENOURA, ORÉGANO, SABUGUEIRO e TOMILHO, neste capítulo.

MEL – Ver verbetes AMEIXA, CENOURA, ORÉGANO, RÁBANO, SABUGUEIRO e TOMILHO, neste capítulo.

ORÉGANO – Fazer infusão com as extremidades floridas (10 g em meio litro de água, repousando durante 18 minutos). Tomar 3 xicrinhas ao dia, com suco de limão e mel.

RÁBANO – Cortar rábano em rodelas finas, cobri-las com mel e deixá-las à noite, ao relento. Na manhã seguinte tomar o líquido que se formou.
Pode-se também ferver um pedaço da raiz em uma xícara de água, adoçar com mel e beber.

REPOLHO – Aplicação de cataplasmas feitos com as folhas desse vegetal (variedade verde) dão ótimos resultados em rouquidões e afonias, em particular de cantores e de oradores.

SABUGUEIRO – Fazer infusão com as flores: 10 g em 200 ml de água, repousando durante 20 minutos. Tomar 3 xicrinhas ao dia, com mel e suco de limão.

SERPILHO – É planta que combate a rouquidão e a dor de garganta.

SORGO – As sementes cozidas desse cereal atuam contra a rouquidão.

TOMILHO – Fazer infusão da planta inteira: 15 g em meio litro de água, deixando repousar durante 18 minutos. Tomar 3 xicrinhas ao dia, com suco de limão e mel.

SANGUE, FLUIDIFICANTES DO
("Afinam" o sangue)

GROSELHA – Esta fruta tem ação fluidificante sobre o sangue.

PEIXES – Os peixes, notadamente os de água bem frias (trutas, bacalhau etc.), possuem em seu organismo determinados ácidos graxos, denominados ômega-3, que atuam diminuindo a viscosidade sangüínea ("afinam" o sangue).
Para que esses ácidos sejam totalmente aproveitados pelo organismo humano há a necessidade de se ingerir os peixes crus ou, toleravelmente, assados ou cozidos; fritos, perdem cerca de 75% dessas substâncias.

SAPINHO
(MONILÍASE ORAL.
CANDIDÍASE ORAL.)

ABRICÓ-DO-MATO – O suco das raízes dessa planta, aplicado localmente, é útil no tratamento da moniliase oral ("sapinho").

SARAMPO

BORRAGEM – a) Decocção das folhas: 15 g em meio litro de água, fervendo durante 10 minutos. Tomar às colheradas.
 b) Infusão das flores: 25 g em meio litro de água, repousando durante 25 minutos. Tomar 3 xícaras ao dia.

MIL-FOLHAS – Fazer infusão com a parte aérea da planta florida: 12 g em 200 ml de água, deixando repousar durante 18 minutos. Tomar às colheradas.

SABUGUEIRO – O chá feito com as flores dessa planta é muito utilizado no tratamento do sarampo.

SALSA – Fazer decocção com as raízes:

25 g em 100 ml de água, fervendo durante 10 minutos. Tomar 3 xicrinhas ao dia.

SARNA
(ESCABIOSE)

ALECRIM – Para o tratamento desta parasitose cutânea usa-se localmente pomada preparada com 10 partes de gordura vegetal e uma parte de suco de alecrim.

CAMBARÁ – O decocto desta planta, em uso externo, é usado no tratamento da escabiose (sarna).

SEBORRÉIA

BARDANA – Usar em aplicações locais decocção feita com a raiz dessa planta (10 g em 200 ml de água, deixando ferver por 15 minutos).

VINAGRE – O vinagre de maçã, usado por via interna ou aplicado topicamente, é de utilidade no combate à seborréia.

SINOVITE

CONFREI – Fazer compressas locais com infusão da raiz dessa planta: 20 g em 100 ml de água, deixando repousar durante 4 horas.

SERPILHO – Fazer infusão com a parte aérea da planta florida: 20 g em 200 ml de água, repousando durante 25 minutos. Usar em compressas locais.

SINUSITE

ALECRIM – Fazer chá por decocção com água, um punhado de folhas de ban-chá e um punhado de folhas de alecrim. Após ferver durante 5 minutos deixar amornar, colocar uma pitadinha de sal e fazer aspirações (não são inalações) pela manhã e à noite: 3 ou 4 aspirações em cada narina (deve-se sentir o líquido descer pela garganta).

ARROZ – A monodieta de arroz integral é utilizada no tratamento da sinusite.

INHAME – A monodieta deste alimento é empregada no tratamento da sinusite.

MALVA-GRANDE – Aspirar os vapores emitidos pelas folhas frescas, em infusão (12 g em 100 ml de água).

MEL – Mastigar favo de mel contribui para melhora da sinusite.

TOMILHO – Aspirar os vapores emitidos pela infusão da planta inteira florida (10 g em 100 ml de água).

SOLUÇO

ALFAVACA – Fazer infusão com as extremidades floridas (8 g em 200 ml de água, repousando 15 minutos) e tomar às colheradas.

ALFAZEMA – Fazer infusão com as flores (8 g em 200 ml de água, repousando 12 minutos) e tomar às colheradas.

FUNCHO – Fazer infusão com os frutos (8 g em 200 ml de água, repousando 25 minutos) e tomar às colheradas.

LIMÃO – Tomar uma colher (de sopa) do suco desta fruta.

STRESS

ALFAVACA – Fazer infusão com as folhas e as sumidades floridas (8 g em 200 ml de água, repousando durante 12 minutos) e tomar 3 xicrinhas ao dia, com mel.

FENO-GREGO – O consumo deste alimento constitui valiosa arma contra o *stress*.

GELÉIA-REAL – Tomar 1 grama de geléia, pura ou com mel, de preferência em jejum e sempre longe de refeições, principalmente se quentes.

GINSENG – É usado com sucesso em casos de *stress*. Dois estudos coreanos relataram melhor adaptação ao *stress* entre os indivíduos que consumiam ginseng, bem como recuperação mais rápida após cirurgias.

MARACUJÁ – Fazer infusão com as folhas e as flores (6 g em 200 ml de água, repousando durante 18 minutos) e tomar 3 xicrinhas ao dia, com mel.

PEIXES – O esqualene, substância encontrada em peixes de águas geladas dos oceanos, ajuda a combater o *stress*.

PÓLEN – O pólen das flores é considerado poderosa arma na luta contra o *stress*.

SUDORÍFEROS
(SUADOUROS – QUE FAZEM SUAR)
V. também: FEBRE. SUOR.

BORRAGEM – As flores dessa planta têm ação sudorífera.

CAJU – O suco de caju é considerado sudorífero.

CAMBARÁ – É planta dotada de ação sudorífera.

COENTRO – É planta com apreciável atividade sudorífera.

CONFREI – Esta planta age como sudorífera.

SABUGUEIRO – O chá feito com as flores dessa planta é muito usado em gripes e moléstias eruptivas (sarampo, em particular) por produzir rápida e intensa transpiração.

ZIMBRO – Os frutos do zimbro têm ação sudorífera.

SUOR
(EXCESSO DE):
HIPERIDROSE

V. também FEBRE. SUDORÍFEROS.

FENO-GREGO – Em caso de excessivo suor nos pés, polvilhar localmente sementes de feno-grego trituradas e reduzidas a pó.

HORTELÃ – Em casos de transpiração exagerada recomenda-se tomar 3 xicrinhas ao dia de infusão preparada com as sumidades floridas de hortelã (*Mentha piperita*): 15 g em meio litro de água, deixando repousar por 12 minutos.

MORANGO – Em casos de suores noturnos, ferver durante 8 minutos 8 g de raiz de morangueiro em 200 ml de água e tomar 3 xícaras ao dia.

SÁLVIA – Para suores noturnos, ferver 10 g de folhas de sálvia em 200 ml de água durante 5 minutos e tomar 3 xicrinhas ao dia.

TOMILHO – Para exagerada sudorese (produção de suor) nos pés:

a) Banhar os pés em decocção da planta inteira, florida e seca: 20 g em 200 ml de água, deixando ferver por 12 minutos.

b) Polvilhar os pés com pó resultante da trituração da planta inteira, florida e seca.

TINHA
(PELADA)

AZEDA-MIÚDA – Em casos de tinhas ("peladas") aplicar o suco das folhas sobre as partes afetadas.

TIREÓIDE

AVEIA – No hipotireoidismo, consumir amplamente este cereal, em sopas bem cozidas ou em mingaus.

CEBOLA – No hipertireoidismo, macerar por 8 dias, em vinho branco seco, 500 g de cebolas trituradas. Filtrar em pano grosso, adicionar 100 g de mel e tomar dois ou três calicezinhos ao dia.

MASTRUÇO – No hipertireoidismo, consumir diariamente de 60 a 100 g de suco feito com as folhas frescas dessa planta.

TÔNICOS
(FORTIFICANTES.
RECONSTITUINTES.
VITALIZANTES.)
Cansaço fácil. Astenia.
Fraqueza.

AGRIÃO – Como ótimo reconstituinte, no combate à fraqueza geral, recomenda-se tomar suco de agrião: pilar as folhas ou passá-las no liquidificador, com um pouquinho de água, coando-as em seguida.

ALCACHOFRA – Tem ação tonificante sobre o organismo.

ALECRIM – É planta muito reputada como excelente tônico geral.

ALFAFA – É excelente tônico geral, ótimo reconstituinte.

ALFAVACA – Em casos de debilidade geral, fraqueza, cansaço fácil, recomenda-se tomar infusão preparada com algumas folhas de alfavaca em água fervendo; adoçar com um pouco de mel.

AMÊNDOA – Recomenda-se o amplo consumo desta fruta.

AMENDOIM – É alimento dotado de acentuada ação tônica geral.

ARRUDA – Esta planta possui ação tonificante.

ARTEMÍSIA – Sua ingestão ajuda a tonificar o organismo.

AVEIA – É o cereal que, tradicionalmente, confere força e vigor.

BACUPARI – A casca da raiz do bacupari-açu (uma variedade de bacupari), amarga, é dotada de ação tônica.

BETERRABA – O suco de beterraba é um bom tônico geral.

BRÓCOLOS – Tem ação tônica graças à sua acentuada ação mineralizante.

CAJÁ – O decocto da casca dessa árvore tem ação tônica.

CAJU – As cascas do cajueiro, cozidas, têm ação tonificante.

CAMBARÁ – É planta dotada de propriedades tonificantes.

CANA-DE-MACACO – Os rizomas dessa planta têm propriedades tônicas.

CANA-DO-BREJO – Esta planta, tomada como chá preparado por infusão ou por decocção, é considerada tônica e vitalizante.

CANELA – É planta com ação tônica, reconstituinte.

CARDO-SANTO – Possui propriedades tônicas.

CASTANHA-DO-PARÁ – É tônico de alto valor, indicado aos desnutridos, débeis, anêmicos e desmineralizados.

CENOURA – Tem ação tônica e vitalizante, principalmente se comida crua.

CEVADA – É cereal dotado de propriedades tonificantes.

CHÁ – Esta bebida tem ação tônica sobre o organismo.

CHICÓRIA – As folhas e as raízes têm propriedades tônicas, vitalizantes.

CONFREI – É planta dotada de ação tônica.

CRUÁ – As folhas dessa trepadeira são consideradas tônicas.

DENTE-DE-LEÃO – Tem ação tônica, combatendo a debilidade.

ERVA-DE-SANTO-ANTONIO – É planta com propriedades tonificantes.

FENO-GREGO – As sementes dessa planta têm ação tônica, estimulante e vitalizante.

GELÉIA REAL – É considerada excelente tônico orgânico, indicada particularmente para pessoas debilitadas e necessitadas de aumento da resistência orgânica. É muito recomendada nas convalescenças.

GENCIANA – As raízes de algumas espécies dessa planta, em particular as da *Gentiana lutea*, constituem poderoso vitalizante e reconstituinte, indicado para convalescentes e pessoas débeis.

GERGELIM – As sementes de gergelim constituem alimento dos mais nutritivos, constituindo tônico de primeiríssima.

GINSENG – As propriedades tônicas desta planta são conhecidas há 3.000 anos na China, Coréia e Tibete. Pesquisadores soviéticos afirmam que seu consumo aumenta a energia e o vigor físico. Estudos feitos na Suíça revelaram melhor desempenho físico entre as pessoas que consumiam ginseng.

GIRASSOL – As sementes desta planta têm a notável propriedade de reter energia solar, transmitindo imensa vitalidade às pessoas que as consomem.

GRÃOS GERMINADOS – Os grãos em fase de germinação apresentam mudanças que aumentam de forma extraordinária seu valor nutritivo: tornam-se ricos em enzimas e proteínas e apresentam quantidade cinco vezes maior de vitaminas.
São considerados excelentes tônicos orgânicos.
Numerosos grãos, em fase de germinação, são habitualmente utilizados, sendo que o trigo germinado é considerado seu "porta-estandarte".

GROSELHA – É fruta dotada de ação tônica.

HORTELÃ – Esta planta tem ação tônica.

JILÓ – É tônico geral.

MAÇÃ – Do tronco dessa árvore exsuda suco de sabor delicado, com ação tônica.

MEL – Este alimento, de grande poder energético, possui acentuadas propriedades tônicas.

MORANGO – É bom tônico mineralizante, empregado nas convalescenças.

NABO – O nabo comprido é considerado alimento que mantém a saúde e o vigor do organismo, proporcionando longevidade. É dotado de ação tônica e mineralizante.

NOZ – É fruta com ação tônica geral e excelente poder revigorante.

PACOVÁ – Os rizomas e as sementes dessa planta são tônicos.

PARIPAROBA – O chá preparado com as folhas dessa planta é tônico geral.

PÊRA – Consumir amplamente essa fruta.

PIMENTÃO – É alimento tônico e vitalizante, estimulante do metabolismo.

PINHÃO – É alimento possuidor de propriedades tônicas e revigorantes.

PÓLEN – É excelente tônico geral.

QUIXABA – As cascas da quixabeira, em decocção, possuem propriedades tonificantes.

RÚCULA – Esta planta atua como tônico geral.

RUIBARBO – Essa erva é possuidora de ação tônica.

SAL – Banhar-se (evitando molhar os cabelos e sem usar sabonete) em 5 litros de água morna com 200 g de sal marinho, enxugando-se depois o mínimo possível. É ótimo reconstituinte.

SALSA – É planta com propriedades tônicas.

SALSÃO – O salsão, ou aipo, tem propriedades tonificantes e estimulantes.

SÁLVIA – Esta planta tem ação tônica geral.

SARRACENO – É alimento dotado de acentuada ação tonificante, agindo como ótimo reconstituinte nas convalescenças.

STÉVIA – As folhas dessa erva originária do Paraguai têm ação tônica.

TÂMARA – Consumir amplamente esta fruta.

UVA – É fruta dotada de ação tônica.

VAGEM – É alimento tonificante, usado em casos de convalescenças e fraqueza geral.

TÔNICOS CEREBRAIS
(CÉREBRO, TÔNICOS DO. NERVOS, TÔNICOS DO. MEMÓRIA. INTELECTO.)

ABACAXI – Esta fruta é um bom tônico cerebral.

ALECRIM – Para combater o cansaço intelectual, fazer infusão com folhas e flores de alecrim (8 g em 200 ml de água, deixando durante 18 minutos) e tomar 3 xicrinhas ao dia.

ALFAZEMA – É planta tônica do sistema nervoso.

ALGAS – A alga *clorela* estimula as funções intelectuais, principalmente nas crianças.

AMEIXA – Esta fruta atua eficazmente em casos de debilidade cerebral.

AVELÃ – É muito indicada como tônico cerebral.

BETERRABA – É alimento estimulante das funções intelectuais.

CAJU – É considerado bom para a memória.

CASTANHA-DO-PARÁ – É considerada ótimo tônico cerebral, recomendada a estudantes e intelectuais.

CENOURA – Seu consumo estimula as funções intelectuais.

CEVADA – É cereal indicado nos casos de fraqueza intelectual.

COCA – A cocaína, alcalóide existente

na casca desse vegetal é, em doses mínimas, empregada como tônico estimulante da atividade mental.

GINSENG – Seu uso aumenta a capacidade mental. Estudos duplo-cegos, controlados por placebo, revelaram que o ginseng aumentou a capacidade de realizar operações aritméticas mentais.

LEVEDURA DE CERVEJA – É um bom tônico cerebral, indicado para ativar a memória e as funções intelectuais em geral.

MAÇÃ – O amplo consumo desta fruta, assim como o da pêra, melhora o cansaço intelectual.

NABO – É vegetal com propriedades estimulantes sobre o metabolismo cerebral.

NOZ – Constitui tônico de valor para o cérebro e os nervos.

OVA – Constitui alimento muito indicado para estudantes e intelectuais, como tônico cerebral.

PEIXES – O esqualene, substância encontrada no organismo de peixes habitantes de oceanos gelados, é um bom tônico cerebral.

PÓLEN – O uso do pólen melhora a atividade cerebral e as funções intelectuais (memória, rapidez de raciocínio, clareza de raciocínio).

RAIZ-FORTE – Tem atividade estimulante sobre o metabolismo cerebral.

TRIGO – O trigo integral, principalmente em fase de germinação, tem ótimo efeito no sentido de estimular as faculdades intelectuais, sendo muito indicado a intelectuais e estudantes.

TORCICOLO

LOURO – Esmagar bem as bagas; após isso cozinhá-las em gordura e óleo de oliva. Aplicar localmente, em fricções.

MANJERONA – Fazer infusão com a planta florida (10 g em 100 ml de água, deixando durante 30 minutos) e usar em compressas locais.

SERPILHO – Ferver durante 15 minutos 30 g da planta florida reduzida a pó, em 100 g de gordura de frango ou óleo de oliva. Usar frio, em fricções locais.

TOSSE
V. também: ASMA. BRONQUITE. COQUELUCHE. GRIPE. EXPECTORANTES. ROUQUIDÃO.

ABACATE – Chás preparados com as folhas do abacateiro e os brotos da fruta são úteis contra tosse, bronquite e rouquidão.

ABACAXI – Cortar rodelas de abacaxi e/ou beterraba crua (rodelas bem finas), cobri-las com mel e deixá-las numa vasilha à noite, ao relento. Ao longo do dia seguinte ir tomando o líquido que se forma, às colheradas.

ABIO – É fruta indicada contra tosse e afecções em geral do aparelho respiratório.

AGRIÃO – Com esta erva prepara-se infusão a frio excelente no combate à tosse: colocam-se algumas flores e folhas frescas em um pouco de água, deixando-se de molho toda a noite. No dia seguinte filtra-se e esmagam-se as flores e as folhas para retirar todo o líquido. Toma-se em jejum, de preferência com mel.

Pode-se também tomar diariamente 150 ml de suco da planta inteira, fresca, com sal.

ALCAÇUZ – Esta planta é empregada com sucesso em afecções do aparelho respiratório, sendo eficaz contra tosses, rouquidões, gripes e bronquites.

ALECRIM – Em casos de gripes e bronquites recomenda-se colocar um punhado de folhas secas de alecrim sobre uma chapa quente (mas não incandescente) e aspirar a fumaça.

ALHO – É utilizado na prevenção e tratamento das doenças agudas e crônicas do aparelho respiratório, sendo notável sua ação antitussígena, inclusive na coqueluche (tosse comprida).

AMEIXA – Para males do aparelho respiratório (tosse, gripe, rouquidão), recomenda-se assar no forno algumas ameixas-pretas sem caroço e, quando estiverem bem duras, socá-las no pilão até ficarem reduzidas a pó. Mistura-se então o pó com água morna e mel e toma-se o líquido ao longo do dia.

BETERRABA – V. verbete "ABACAXI", neste capítulo.

CAFÉ – Esta bebida possui ação antitussígena.

CAJU – Do tronco do cajueiro exsuda resina amarela e dura, eficaz contra tosse e males do aparelho respiratório em geral.

CAMBARÁ – Esta planta age contra tosses em geral, inclusive a da coqueluche (tosse comprida).

CANELA – Seu uso combate a tosse.

CAQUI – É fruta indicada em casos de tosse e moléstias das vias respiratórias em geral.

CARAGUATÁ – Com o suco dessa fruta é produzido xarope muito empregado como expectorante e contra bronquite, asma, coqueluche e tosses em geral.

CASTANHA – As folhas tenras do castanheiro, em infusão, combatem a coqueluche, bronquite e tosses em geral.

CEBOLA – A compressa de cebolas tem excelente ação em casos de tosse e dor de garganta aguda. Modo de preparar: colocar uma cebola crua, bem picada, sobre um pano e aplicar ao redor do pescoço ou então no peito e costas. Deixar durante a noite.

CENOURA – Tomar diariamente 150 ml de suco fresco de cenoura (eficaz particularmente contra tosses rebeldes).

CERCEFI – As raízes dessa planta hortense, carnudas e levemente açucaradas, são peitorais, indicadas em casos de tosse e de problemas respiratórios.

COCO-DA-BAÍA – Constitui ótimo remédio para tosses rebeldes: faz-se um orifício no coco verde e por aí introduz-se mel; tapa-se o orifício e mergulha-se a fruta em banho-maria por meia hora. Toma-se o conteúdo ao longo do dia.

COGUMELO – Muitos cogumelos possuem ação antitussígena.

COUVE – Da couve cozida em água obtém-se tisana muito eficaz no combate a problemas do aparelho respiratório: tosse, bronquite, rouquidão, asma.

GENGIBRE – O rizoma desta planta (impropriamente considerado raiz) é muito eficaz no combate a males do aparelho respiratório (gripes, bronquites, catarro crônico, tosses em geral).

GOIABA – É fruta útil no combate à tosse e males do aparelho respiratório.

GRAVIOLA-DO-NORTE – As flores dessa árvore e os brotos dos frutos são utilizados na preparação de chás com ação antitussígena.

GUANDU – Chás preparados com as folhas dessa planta e os brotos de seus frutos têm ação antitussígena.

FIGO – Os figos secos, cozidos com água ou leite, têm ação expectorante e sedativa da tosse.

Para tosses crônicas recomenda-se ferver de 6 a 8 figos secos, bem triturados, em 200 ml de leite durante 15 minutos, e tomar uma xícara pela manhã e à noite, bem quente.

FIGO-DA-ÍNDIA – É planta com propriedades expectorantes, antiasmáticas e sedativas da tosse: comer a fruta assada ao forno. Pode-se também descascar algumas frutas (usar faca e garfo por causa dos espinhos), cortá-las em rodelas bem finas, colocá-las numa vasilha, cobri-las com mel, deixando repousar por uma noite. Na manhã seguinte coá-las e tomar o caldo às colheradas, ao longo do dia.

HISSOPO – É planta útil no combate à tosse e a problemas em geral do aparelho respiratório.

JABUTICABA-BRANCA – É considerada eficaz contra tosse e afecções respiratórias.

JACA – É fruta recomendada contra tosses em geral.

LARANJA – O chá preparado com folhas de laranjeira tem ação antitussígena.

LÓTUS – Os rizomas dessa planta atuam eficazmente nos males do aparelho respiratório, desde tosses banais até graves afecções.

MALVA – Possui propriedades antitussígenas.

MAMÃO – A infusão de flores do mamoeiro macho, misturadas com mel, dá bons resultados em problemas de tosse em geral.

MANÁ – Dessa árvore exsuda suco de

sabor adocicado com propriedades sedativas da tosse.

MANDACARU – Este cacto tem ação tônica sobre o aparelho respiratório, estando indicado no tratamento de seus males.

MANGA – A polpa dessa fruta, bem como as folhas da mangueira em xaropes com mel, são úteis contra a tosse.

MARMELO – É fruta utilizada contra tosse e males em geral do aparelho respiratório.

MASTRUÇO – As folhas desta planta constituem bom remédio contra tosses e males em geral do aparelho respiratório.

MASTRUÇO-DO-PERU – Assim como seu parente mastruço, o mastruço-do-peru também apresenta folhas dotadas de propriedades antitussígenas e benéficas para males em geral do aparelho respiratório.

MEL – Alimento muito reputado como tônico do aparelho respiratório, indicado em casos de tosses em geral.
V. verbetes Agrião, Abacaxi, Ameixa, Beterraba, Cambará, Coco-da-Baía, Figo-da-Índia, Mamão, Manga, Nabo e Papoula, neste capítulo.

MURICI – Tanto a fruta quanto o caule da planta são empregados contra bronquites e tosses em geral.

MUTAMBA – A casca cozida da árvore é empregada contra tosses e afecções do aparelho respiratório.

NABO – Misturado com agrião e mel, sob forma de xarope, o nabo constitui remédio de valor no combate a tosses e males em geral do aparelho respiratório.

PAPOULA – Para tosses secas, irritantes, fazer infusão das pétalas (5 g) em meio litro de água, repousando 20 minutos. Tomar duas xicrinhas ao dia, com mel.
Uma das numerosas espécies de papoulas, a *Papaver rhoeas*, apresenta flores vermelhas cujas pétalas têm ação peitoral, sendo empregadas contra tosses e males em geral do aparelho respiratório.
Do látex da cápsula da papoula de folhas brancas (*Papaver somniferum*, conhecida também como dormideira), é extraído o ópio, do qual um dos alcalóides é a codeína, substância possuidora de notável ação antitussígena.

PARIPAROBA – O chá feito com as cascas do tronco é empregado no combate a tosses e bronquites.

PEPINO-DO-MATO – Uma das plantas com essa designação, a *Ambelania tenuiflora*, tem propriedades antitussígenas.

PINHÃO – Do pinheiro é obtida a terebentina, óleo-resina usado em medicina como anti-séptico respiratório, útil em casos de tosses e problemas infecciosos das vias aéreas.

PRIMAVERA – É empregada com bons resultados em casos de bronquites e de tosses em geral.

QUIABO – Este alimento, bem como as folhas do quiabeiro, sob a forma de chá, é utilizado em casos de tosses e problemas respiratórios em geral.

RABANETE – As partes aéreas dessa planta são usadas com sucesso no combate à tosse, particularmente a da coqueluche.

SÁLVIA – Combate as tosses em geral, inclusive de bronquite e coqueluche.

SAMAMBAIA-VERDADEIRA – Os rizomas desta planta, em decocção, têm ação antitussígena.

SORGO – As sementes cozidas desse cereal são empregadas nas afecções das vias respiratórias (tosses, bronquites, gripes, rouquidões).

TÂMARA – O decocto desta fruta é ótimo expectorante e antitussígeno.

TOMILHO – O tomilho ou timo tem ação antitussígena: numa xícara com água fervendo acrescentar um punhadinho de folhas de tomilho, abafar e deixar durante 5 minutos. Beber em seguida.

TRAPOERABA – Chás preparados com as folhas dessa planta são considerados eficazes no combate à tosse e males do aparelho respiratório.

UMARI – Esta fruta, comida cozida ou em mingaus, fornece massa considerada peitoral e de ação antitussígena.

TROMBOSE

ALHO – Vários estudos, realizados em diversas universidades, comprovaram acentuada ação antitrombótica desse vegetal.

CEBOLA – Em casos de trombose é recomendável amplo consumo deste alimento.

CENOURA – Tomar diariamente de 200 a 250 ml de suco fresco de cenoura.

LIMÃO – Problemas de trombose beneficiam-se pela "dieta do limão"; v. verbete OBESIDADE, à pág. 244.

PEIXES – Devido ao alto teor em ácido graxo ômega-3, os peixes, notadamente os de água muito fria, têm ação favorável no combate aos coágulos.

PIMENTA – Este alimento constitui poderosa arma contra os coágulos.

VINHO – O consumo moderado de vinho tinto às refeições é muito eficaz para "afinar o sangue", retardando a formação de coágulos.

TUBERCULOSE

AGRIÃO – O suco das folhas cruas dessa planta atua eficazmente no combate a moléstias do aparelho respiratório, sendo importante auxiliar no tratamento da tuberculose pulmonar, principalmente se tomado com mel.

ALFAVACA – Com a raiz dessa planta prepara-se xarope usado no combate à tuberculose pulmonar.

BANANA – A seiva do "tronco" da bananeira age no combate à bronquite e à tuberculose pulmonar.

INHAME – A monodieta deste tubérculo auxilia no tratamento da tuberculose óssea.

LÓTUS – O consumo dos rizomas (impropriamente considerados raízes) dessa planta tem indicação no tratamento da tuberculose pulmonar.

TUMORES
V. também CÂNCER.

COUVE – Estudos recentes revelaram que essa verdura é dotada de propriedades antitumorais.

INHAME – Este alimento possui propriedades antitumorais, estando indicado, principalmente sob forma de monodieta, em casos de tumores benignos ou malignos.

KIWI – É fruta usada no combate a vários tumores.

MEXERICA – Esta fruta, tão popular e conhecida, tem indicação no combate a vários tumores.

ÚLCERAS GÁSTRICAS E DUODENAIS

ABACATE – A monodieta desta fruta é empregada no tratamento de úlceras gástricas e duodenais.

ALCAÇUZ – É alimento útil contra úlceras gástricas e duodenais graças à carbenoxolona, substância isolada dessa planta.

ALGAS – Estudos feitos no Japão demonstraram que a alga unicelular *clorela* age na prevenção e tratamento das úlceras gástricas e duodenais.

AMÊNDOA – O leite de amêndoas age favoravelmente contra úlceras gástricas e duodenais (as amêndoas, bem mastigadas, têm o mesmo efeito).

AZEITE – Tomar uma colher (de sobremesa) de azeite de oliva antes das refeições.

BANANA – Esta fruta, particularmente a banana-da-terra, é alimento de valor no tratamento das úlceras gástricas e duodenais.

BARDANA – Reduzir a raiz a pó e fazer decocção (10 g em 200 ml de água, fervente durante 10 minutos). Tomar 3 xicrinhas ao dia, com mel e suco de limão.

CENOURA – Tomar diariamente 150 ml de suco fresco de cenoura.

CONFREI – Combatendo o excesso de acidez no estômago esta planta é útil no tratamento de úlceras gástricas e duodenais: fazer infusão com a raiz (12 g em 200 ml de água, repousando 3 horas) e tomar uma xicrinha 4 vezes ao dia.

COUVE – O suco das folhas e dos talos dessa hortaliça é de grande valia no combate às úlceras do estômago e do duodeno: tomar 200 ml ao dia, preferentemente em jejum.

FIGO – Esta fruta, cozida com leite, é

empregada contra úlceras gástricas.

GOIABA – É indicada no tratamento de úlceras gástricas.

MAÇÃ – Para tratamento de gastrites e de úlceras do duodeno recomenda-se tomar diariamente de 100 a 150 ml de suco de maçã.

MAMÃO – Graças à sua ação sedativa sobre o aparelho digestivo, o mamão é recomendado em casos de gastrites e de úlceras.

PEIXES – A substância *esqualene*, encontrada no organismo de peixes de águas geladas dos oceanos, atua contra úlceras gástricas e duodenais.

REPOLHO – Este vegetal contém substâncias que combatem as úlceras gástricas e duodenais. Aconselha-se a ingestão diária de suco de repolho verde cru e fresco.

UNHAS
V. também PANARÍCIO

DAMASCO – Sua ingestão fortalece as unhas e os cabelos.

FENO-GREGO – Para tratamento do panarício ou paroníquia (inflamação ao redor do leito das unhas) recomenda-se o emprego de compressa de feno-grego: cozinhar um punhado de flores dessa planta em um pouco de água (algumas colheradas) e quando o líquido tiver se evaporado, estender as flores cozidas sobre uma gaze. Ainda quente, cobrir a região afetada.

INHAME – O consumo deste tubérculo, principalmente sob a forma de monodieta, atua contra inflamações nas unhas.

PAINÇO – A ingestão desse cereal atua contra doenças dos fâneros (unhas e cabelos), fortalecendo-os.

PEIXES – A gelatina de peixe tem ação favorável no fortalecimento de unhas fracas, doentes e quebradiças.

PEPINO – Atua favoravelmente sobre unhas, cabelos e pele.

UREMIA

ALCACHOFRA – Fazer decocção das folhas (não as brácteas comestíveis): 12 g em 200 ml de água, fervendo durante 10 minutos. Tomar duas ou três xicrinhas ao dia.

ALHO-PORRO – Consumir o bulbo, amplamente.

CEBOLA – Macerar 400 g de cebolas bem trituradas em 1 litro de vinho branco seco por 6 dias; após isso filtrar através de um pano, espremendo bem. Adicionar 100 g de mel e tomar dois calicezinhos ao dia.

TOMATE – Tomar diariamente de 150 a 200 ml de suco fresco de tomates maduros.

URTICÁRIA

ALCACHOFRA – Fazer decocção com as folhas (não as brácteas comestíveis): 8 g em 200 ml de água, fervendo durante 10 minutos. Tomar 3 xícaras ao dia, longe das refeições.

BORRAGEM – a) Fazer decocção com as folhas: 8 g em 100 ml de água, fervendo por 10 minutos. Usar em compressas locais.

b) Infusão com as flores: 6 g em 100 ml de água, repousando por 18 minutos. Tomar 3 xicrinhas ao dia.

LIMÃO – Friccionar levemente com limão o local atingido.

VARIZES

CENOURA – Tomar diariamente de 100 a 150 ml de suco fresco de cenouras.

DENTE-DE-LEÃO – Consumir amplamente as folhas, em saladas.
Pode-se também fazer infusão com a raiz: 30 g em meio litro de água, repousando durante 18 minutos. Tomar 3 xícaras ao dia, com suco de limão.

GRAPEFRUIT – Tomar o suco de uma grapefruit madura antes de cada refeição.

LIMÃO – Tomar diariamente 100 ml de suco de limão, misturado com água e mel.

VINAGRE – O vinagre de maçã tomado por via oral ou usado em aplicações tópicas tem se mostrado útil no combate às varizes.

VERRUGAS

ABÓBORA – A seiva das folhas do pé de abóbora é usada com sucesso na remoção de verrugas.

BANANA – Aplicar localmente a parte interna (branca) da casca da banana, em particular da banana-maçã.

CAJU – O suco de castanhas-de-caju frescas é muito eficaz na remoção de calos e verrugas.

CALÊNDULA – Esta planta, conhecida também como verrucária, aplicada localmente, produz bons resultados no tratamento de calos e verrugas.

FIGO – Aplicar localmente o suco leitoso das folhas e dos ramos da figueira.

INHAME – Sob a forma de emplastro o inhame "puxa" tudo: verrugas, furúnculos, abscessos, espinhas e até pequenos corpos estranhos introduzi-

dos acidentalmente nos pés ou nas mãos.
Modo de fazer o emplastro de inhame: v. verbete "Inhame" no capítulo ABSCESSOS, FURÚNCULOS, à pág. 135.

MAMÃO – O leite que sai do mamão, aplicado localmente, age no sentido de remover verrugas e calos.

TOMATE – O suco de tomate, aplicado localmente à noite em calos e verrugas, é eficaz para sua remoção.

TRAPOERABA – Fazer cataplasmas com o suco de folhas maceradas desta planta e aplicá-los localmente sobre as verrugas.

VERTIGENS
DESMAIOS. LIPOTÍMIAS. TONTURAS.

AGRIÃO – Tomar o suco fresco desta verdura ou consumi-la amplamente, em saladas.

ALFAVACA – Em casos de vertigens, principalmente de origem nervosa e da menopausa, recomenda-se tomar infusão preparada com uma colherinha de folhas secas de alfavaca em um cálice de água fervendo (tomar apenas durante a indisposição).

MARACUJÁ – Nas vertigens de origem nervosa tomar infusão feita com as flores e as folhas dessa planta: 18 g em meio litro de água, repousando durante 20 minutos. Tomar 3 xicrinhas ao dia.

PRIMAVERA – Tomar 3 xicrinhas ao dia da decocção da raiz: ferver durante 6 minutos as raízes em 200 ml de água.

VESÍCULA BILIAR
V. também CÁLCULOS

ABACATE – As folhas do abacateiro e os brotos do abacate são estimulantes da vesícula biliar. O chá preparado com eles, por infusão ou por decocção, atua contra a "vesícula preguiçosa".

ACELGA – V. CÁLCULOS, à pág. 159.

AGRIÃO – V. CÁLCULOS, à pág. 159.

ALCACHOFRA – É planta de grande valia no tratamento das moléstias do fígado e da vesícula biliar. Nas colecistites recomenda-se ferver 8 g de folhas (não as brácteas comestíveis) em 200 ml de água, durante 15 minutos, e tomar 3 xicrinhas ao dia.

ALECRIM – Tem ação estimulante sobre a produção de bile.
Nas colecistites crônicas recomenda-se macerar 50 g de folhas e ramos de alecrim reduzidos a pó, em 1 litro de vinho branco seco, por 8 dias. Tomar dois calicezinhos ao dia.

ALMEIRÃO – As folhas dessa verdura são estimulantes do fígado e da vesícula biliar.

BARDANA – V. CÁLCULOS, à pág. 159.

BERINJELA – É vegetal dotado de ação estimulante sobre a produção de bile.

BOLDO – É considerada planta de grande utilidade no tratamento das moléstias do fígado e da vesícula biliar.

CHICÓRIA – Todas as variedades desta verdura, incluindo a chicória-crespa, a escarola, a endívia, o almeirão e a catalônia, são eficazes no combate a moléstias do fígado e da vesícula biliar.

DENTE-DE-LEÃO – V. CÁLCULOS, à pág. 159.

FRAMBOESA – É fruta de utilidade contra problemas do fígado e da vesícula biliar.

JILÓ – A monodieta deste alimento tem ação estimulante sobre a vesícula biliar, atuando contra a "vesícula preguiçosa".

RABANETE – É estimulante da vesícula biliar.

RÁBANO – Assim como seu parente rabanete, o rábano também atua como estimulante da vesícula biliar.

VÍCIOS
V. também ALCOOLISMO

AVEIA – A medicina ayurvédica utiliza, com bons resultados, decocção de aveia para o tratamento de viciados em ópio.

A revista *Nature* publicou artigo informando sucesso no abandono do vício do fumo em pessoas que utilizaram extratos alcoólicos de aveia.

CAFÉ – O consumo desta bebida, graças à presença de substâncias chamadas lactonas, é recomendado na prevenção e no tratamento do alcoolismo.

VITILIGO

PEIXES – O *esqualene*, substância encontrada no organismo de peixes habitantes de águas geladas dos oceanos, parece ter ação favorável em casos de vitiligo.

VÔMITOS

ALECRIM – Fazer infusão com as folhas e as flores: 6 g em 200 ml de água, deixando repousar por 20 minutos. Tomar 3 xicrinhas ao dia.

ALFAVACA – Preparar infusão com uma colherzinha de folhas secas dessa planta em uma xicrinha de água fervendo.

ARTEMÍSIA – Fazer infusão com as folhas e as sumidades floridas: 4 g em 200 ml de água, deixando 10 minutos. Tomar 3 xicrinhas ao dia.

ASPARGO – Reduzir as sementes dessa planta a pó e preparar infusão com 3 g em 100 ml de água, deixando 15 minutos. Tomar 3 xicrinhas ao dia.

CAJÁ – Usar decocto feito com a casca da árvore.

CIDRA – Tomar o suco dessa fruta pela manhã, em jejum.

ENDRO – Nos vômitos de causa nervosa fazer infusão com os frutos do endro: 12 g em 200 ml de água, deixando uma hora. Tomar 3 xicrinhas ao dia, longe das refeições.

ERVA-ARMOLES – Em ocasiões em que se deseja provocar vômitos, usar as sementes dessa planta, que são vomitivas.

FUNCHO – Contra vômitos usar infusão feita com os frutos: 8 g em 200 ml de água, durante 15 minutos. Tomar 3 xicrinhas ao dia.

GENGIBRE – Cortar um tubérculo pequeno de gengibre em fatias e colocar para ferver durante 10 minutos em meio litro de água. Tomar enquanto necessário: ótimo contra vômitos.

HORTELÃ – Usar as folhas e as sumidades floridas, em infusão (10 g em meio litro de água, durante 10 minutos). Tomar 3 xicrinhas ao dia.

JENIPAPO – É fruta com ação antiemética (contra vômitos).

LIMÃO – Contra náuseas e vômitos recomenda-se cheirar um limão cortado.

MARACUJÁ – Nos vômitos devidos a causas nervosas fazer infusão com folhas e flores de maracujá: 6 g em 200 ml de água, deixando durante 18 minutos. Tomar 3 xicrinhas ao dia.

MIL-FOLHAS – Usar a planta aérea florida, em infusão: 10 g em 200 ml de água, deixando por 20 minutos. Tomar às colheradas.

SÁLVIA – Fazer infusão com as folhas (8 g em 200 ml de água, por 18 minutos). Tomar 3 xicrinhas ao dia.

VIOLETA – Fazer infusão com as flores: 10 g em 200 ml de água, deixando durante 18 minutos. Tomar 3 xicrinhas ao dia.

VULVOVAGINITES

IOGURTE – Estudos feitos no Centro Médico Judaico de Long Island (Nova York), pela Dra. Eileen Hilton, demonstraram que a ingestão diária de uma xícara de iogurte diminui acentuadamente a incidência de vaginites em mulheres.

O iogurte deve ser consumido não aquecido e deve conter *Lactobacilos acidophilus*.

GLOSSÁRIO

CARMINATIVO – Antiflatulento: contra excesso de gases intestinais.

CATAPLASMAS – Papas medicamentosas que se aplicam, entre dois panos, a uma parte do corpo, dorida ou inflamada (*Aurélio*). Dependendo do caso podem ser empregados quentes, mornos ou frios.
  São obtidos misturando-se pós, farinhas ou plantas cozidas e amassadas com água (ou outro líquido) em quantidade suficiente para lhes dar a consistência desejada.

COLAGOGO – Que estimula a produção de bile.

DECOCÇÃO (cozimento) – Significa o ato de ferver uma substância num líquido qualquer, para dela extrair os princípios ativos.

DECOCTO – É o produto obtido por meio de uma decocção.

EMENAGOGO – Substância que faz vir a menstruação.

EMOLIENTE – Substância que amolece ou abranda.

ENURESE – Incontinência de urina.

INFUSÃO – Ato de se colocar determinada substância (para dela serem extraídos princípios ativos) numa vasilha, vertendo-se a seguir sobre ela água fervente e tapando-se em seguida. Deixa-se em repouso durante um tempo variável de alguns minutos até horas, dependendo da substância.

INFUSO – É o nome do produto obtido por meio de uma infusão.

MACERAÇÃO – Operação executada colocando-se uma substância (geralmente planta) em um líquido (água, vinho, vinagre, álcool) à temperatura ambiente e durante um tempo variável, dependendo dos princípios ativos que se deseje obter dissolvidos.

MACERADO – É o produto obtido por meio de uma maceração.

MONODIETA – Ingestão exclusiva de um determinado alimento durante certo tempo, variável segundo cada caso e cada alimento.
Alimentos dotados de poder curativo agem mais eficazmente se forem ingeridos sob forma de monodieta, que reforça seu poder medicinal, porém manifestam sua ação mesmo se utilizados normalmente, em conjunto com outros.
Duração média de algumas monodietas:

>Abacaxi; jiló; melão .... 1 dia.
>Mamão .... 3 dias.
>Inhame .... 4 a 7 dias.
>Arroz integral .... 10 dias.

POÇÕES – São tisanas (v. adiante) às quais adicionam-se xaropes, tinturas ou outros ingredientes.

RIZOMA – É o caule subterrâneo de algumas plantas (ocasionalmente o rizoma pode ser aéreo).

TINTURAS – Produtos preparados com álcool ao qual se colocam partes de vegetais, a fim de serem dissolvidos seus princípios ativos. O contato dura em média de 2 a 6 dias, devendo-se em seguida filtrar e espremer o resíduo.

TISANA – É o nome genérico que se dá às soluções, macerações, decocções e infusões.

UNGÜENTOS – Produtos obtidos misturando-se substâncias (ervas, suco de ervas etc.) a uma substância gordurosa (vaselina, manteiga, gordura de porco, de coco, de amendoim), aquecendo-se até derreter. Pode-se depois acrescentar cera de abelha, para dar consistência mais espessa.

XAROPES – Líquidos espessos preparados (a quente ou a frio) misturando-se certos sucos, decoctos, infusos ou macerados com mel (ou eventualmente, açúcar).

BIBLIOGRAFIA

ADRIEN, J. *A Dietética*. Lisboa, Presença, 1981.
ALIMENTOS *de Alto Valor Nutritivo e Baixo Custo. A Experiência da Dra. Clara T. Brandão*. São Paulo, TAPS, 1991.
ALMEIDA, E. R. *Plantas Medicinais Brasileiras*. São Paulo, Hemus, 1993.
ARMON, P. J. "O uso do mel no tratamento das feridas infectadas". *Tropical Doctor.*, 1980, 10, 91.
A SOJA QUE SALVA. *In: Marie Claire*, abril 1997.
BALBACH, A. *As Plantas Curam*. São Paulo, Edições A Edificação do Lar.
_____. *As Hortaliças na Medicina Doméstica*. São Paulo, Edições A Edificação do Lar.
_____. *As Frutas na Medicina Doméstica*. São Paulo. Edições A Edificação do Lar.
BALMÉ, F. *Plantas Medicinais*. São Paulo, Hemus, 1982.
BLANC, Camille. "Les propriétés médicales de la feuille de chou". *In* COMTAPS, São Paulo, n.º 11, 1993.
BONTEMPO, M. *Manual da Medicina Integral*. São Paulo, Best-Seller-Círculo do Livro, 1994.
_____. *Medicina Natural. Alimentação*. São Paulo, Nova Cultural-Círculo do Livro, 1992.
BURKHARD, G. K. *Novos Caminhos da Alimentação*. São Paulo, CLR Balieiro, 1984.
CAMINHOÁ, J. M. "Chá preto" e "Cogumelos". *In* Cruz, G. L. *Dicionário das Plantas Úteis do Brasil*. Rio de Janeiro, Civilização Brasileira, 1985.
CARIBÉ, J.; CAMPOS, J. M. *Plantas Que Ajudam o Homem*. São Paulo, Cultrix/Pensamento, 1991.
CARPER, J. *Alimentos: O Melhor Remédio para a Boa Saúde*. Rio de Janeiro, Editora Campus, 1995.

Castro, J. L. *Alimentação Natural*. Lisboa, Europa-América.
_____. *Curso de Botânica Aplicada à Medicina e à Alimentação*. Lisboa, Centro Botânico Dietético, 1975.
Chá verde pode ajudar a combater o câncer. *Folha de S. Paulo*, 5-6-97.
Chatonet, J. *As Plantas Medicinais – Preparo e Utilização*. São Paulo, Martins Fontes, 1983.
Corrêa, M. P. *Dicionário das Plantas Úteis do Brasil e das Exóticas Cultivadas*. 6 volumes ilustrados. Ministério da Agricultura. Instituto Brasileiro de Desenvolvimento Florestal, 1984.
Crane, E. *O Livro do Mel*. São Paulo, Nobel, 1983.
Cravo, A. B. *Frutas e Ervas que Curam. Panacéia Vegetal*. São Paulo, Hemus.
Cruz, C. L. *Dicionário das Plantas Úteis do Brasil*. Rio de Janeiro, Civilização Brasileira, 1985.
"Cura pelo Óleo de Girassol?" COMTAPS, São Paulo, n.º 6, 1991.
Darricol, J. L. *Os Cereais e a Saúde*. Lisboa, Presença, 1980.
_____. *O Mel e a Saúde*. Lisboa, Presença, 1981.
Droz, C. "Von den wunderbaren Heilwirkungen des Kohlbattes". *In* COMTAPS, São Paulo, n.º 11, 1993.
Fagundes Neto, U. *et al*. "Água de coco. Variações de sua composição durante o processo de maturação". *Jornal de Pediatria*, vol. 65, pp. 17-21, 1989.
Ferreira, A. B. H. *Novo Dicionário da Língua Portuguesa*. 2.ª ed. Rio de Janeiro, Nova Fronteira, 1989.
Fleury(Laboratório). *Manual de Exames*. Laboratório Fleury S/C Ltda., São Paulo, 1990.
"Frutas podèm reduzir o risco de derrame". *Folha da Tarde*, São Paulo, 12-4-1995.
Furlenmeier, M. *Plantas Curativas*. Suíça, Editorial Schwitter Zug, 1984. (Tradução em espanhol por Dr. Luis Carreras Matas.)
Gendes, R. *Plantas Silvestres Comestibles*. Barcelona, Editorial Blume, 1988.
Gonsalves, P. E. *Livro dos Alimentos*. São Paulo, Martins Fontes, 1992.
Grande Enciclopédia Delta Larousse. Rio de Janeiro, Delta, 1971.
Guia Rural. "Ervas e Temperos. 180 Plantas Medicinais e Aromáticas". São Paulo, Abril, 1991.
Guia Rural. "250 Culturas de A a Z". São Paulo, Abril, 1986.
Hendler, S. S. *A Enciclopédia de Vitaminas e Minerais*. Rio de Janeiro, Campus, 1994.
Hirsch, S. *Inhame*. 2.ª ed. Rio de Janeiro, 1988.
_____. *Boca Feliz. Comer é Bom e Eu Gosto*. Rio de Janeiro, Fundação Bem-Te-Vi, 1989.
Joly, A. B. *Botânica – Introdução à Taxonomia Vegetal*. São Paulo, Companhia Editora Nacional, 1966.
Karé-Werner, M. *L'Alimentation vivante: le miracle de la vie*. Genebra, Editions Soleil, 1989.

"LA LECHE y los productos lacteos en la nutrición humana". *Estudios sobre Nutrición*, Roma, n.º 27, 1972.

LOECKLE, W. E. "O Banho Genital da Mulher". *In* COMTAPS, São Paulo, n.º 18, 1994.

"MAITAKE, o rei dos cogumelos – Imunoterapia para prevenção do crescimento tumoral e metástases". Dr. Hiroaki Namba, 1955.

MARCONDES, E.; LIMA, I. N. *Dietas em Pediatria Clínica*. São Paulo, Sarvier, 1981.

MEDEIROS NETO, C. "Óleo de peixe, dieta e exercícios contra o colesterol", *Folha de S. Paulo*, 19-4-1988.

MORGAN, R. *Enciclopédia das Ervas e Plantas Medicinais*. 8.ª ed., São Paulo, Hemus, 1994.

"ACEROLA ou cereja-das-antilhas na alimentação humana". Pró-Reitoria de Atividades de Extensão, Departamento de Ciências Domésticas, Recife, Ministério da Educação e Cultura/Universidade Federal de Pernambuco, 1984.

"A IMPORTÂNCIA do consumo de acerola para a saúde humana em virtude do seu alto teor em vitamina C". Pró-Reitoria de Atividades de Extensão. Recife, Ministério da Educação e Cultura/Universidade Federal de Pernambuco.

MURAHOVSCHI, J. "Infarto – Um mal que pode ser prevenido" – *In Viver Hei*. N.º 1, ano 1, São Paulo, CLR Balieiro.

NORONHA, I. L. *et al*. "Farelo de arroz no tratamento da hipercalciúria idiopática em portadores de calculose urinária". *Revista Paulista de Medicina*, 107(1):19-24, 1989.

ODY, P. *The Herb Society's. Complete Medicinal Herbal*. London, Dorling Kindersley Limited, 1993.

PANIZZA, S. "Fitoterapia". *In* Gonsalves, P. E. *Medicinas Alternativas – Os Tratamentos Não Convencionais*. São Paulo, Ibrasa, 1989.

_____. *Plantas que curam (cheiro de mato)*. São Paulo, Ibrasa, 1998.

POLUNIN, M. *Os Minerais e a Saúde*. Lisboa, Presença, 1983.

RIBEIRO, M. *Maravilhas Curativas ao Alcance de suas Mãos*. São Paulo, Ground, 1985.

ROTMAN, F. *A Cura Popular pela Comida*. 12.ª ed. Rio de Janeiro, Record, 1987.

SANTOS, R. M. M.; LIMA, D. R. "As drogas, o café e os jovens". *In: Pediatria Moderna*, v. XXXIII, n.º 9, setembro 1997.

SCOLNIK, R. & SCOLNIK, J. *A Mesa do Vegetariano*. São Paulo, Pensamento.

"SECRETS et Vertus des Plantes Médicinales". *Sélection du Reader's Digest*. 2.ª ed., Paris, Bruxelas, Montreal, Zurique, 1977.

SILVA, S. P. *Frutas-Brasil* (Texto de Hernâni Donato). São Paulo, Empresa das Artes e Alternativa Serviços Programados, 1991.

SMITH, H. "Macrobiótica". *In* Gonsalves, P. E. *Medicina Alternativa: Os Tratamentos Não Convencionais*. São Paulo, Ibrasa, 1989.

SOARES, C. B. V. *Árvores Nativas do Brasil*. Rio de Janeiro, Salamandra, 1990.
SOLEIL. *Graines germés. Jeunes pousses. Une revolution dans l'alimentation*. 4.ª ed. Genebra, Editions Soleil, 1989.
TOMATE PODE PREVENIR CÂNCER DA PRÓSTATA. *Folha de S. Paulo*. 3-11-1996.
TOMATE PODE REDUZIR RISCOS DE CÂNCER. In: *Jornal da APM* (Associação Paulista de Medicina), abril, 1997.
WATT, B. K. & MERRILL, A. L. *Composition of Foods*. Washington, United States Department of Agriculture, 1963.

ÍNDICE REMISSIVO
Alimentos

ABACATE 15
ABACAXI 15
ABIO ou ABIU 16
ABÓBORA 16
ABRICÓ-DO-MATO 16
ABRICÓ-DO-PARÁ 17
ABROLHO 17
AÇAFRÃO 17
AÇAÍ 17
ACELGA 17
ACEROLA 18
AÇÚCAR 18
AGRIÃO 18
AGRIÃO-DO-PARÁ 19
ÁGUA 19
ALCACHOFRA 19
ALCACHOFRA-DOS-TELHADOS 20
ALCAÇUZ 20
ALCAPARRA 20
ALCARAVIA 20
ALECRIM 21
ALFAFA 22
ALFARROBA 22
ALFAVACA 22
ALFAZEMA 23
ALGAROBA 23
ALGAS 23
ALHO 24
ALHO-PORRO 24
ALMEIRÃO 25
AMEIXA 25
AMEIXA-AMARELA 25
AMEIXA-DA-TERRA 25
AMÊNDOA 26
AMÊNDOA-DA-ÍNDIA 26
AMENDOIM 26
AMORA 26

ANANÁS 27
ANGÉLICA 27
ANIS 27
ARAÇÁ 27
ARARUTA 28
ARATICUM 28
AROEIRA 28
ARROZ 28
ARRUDA 29
ARTEMÍSIA 29
ÁRVORE-VACA 29
ASPARGO 30
AVEIA 30
AVELÃ 30
AZEDA-MIÚDA 31
AZEDINHA-DE-FLOR-AMARELA 31
AZEITE (ÓLEO DE OLIVA) 31
AZEITONA 31
AZEITONA-DO-MATO 32

BABACO 33
BACUPARI 33
BACRI 33
BAMBU 34
BANANA 34
BAOBÁ 34
BARDANA 35
BASILICÃO 35
BATATA 35
BATATA-DOCE 36
BELDROEGA 36
BERINJELA 36
BERTALHA 36
BETERRABA 37
BIRU-MANSO 37
BISTORTA 37
BOLDO 38

BORRAGEM	38
BREDO	38
BREDO-DE-ESPINHO	39
BRÓCOLOS	39
BUCHA-DE-PURGA	39
BUCHA-PAULISTA	39
BURANHÉM	40
BURITI	40
BUTIÁ	40
CAAPEBA-DO-NORTE	41
CABAÇA	41
CABEÇA-DE-NEGRO	41
CABELUDA	42
CACAU	42
CAFÉ	42
CAGAITEIRA	42
CAIMITO	43
CAJÁ	43
CAJU	43
CÁLAMO	44
CALÊNDULA	44
CAMAPU	44
CAMBARÁ	45
CAMBUCÁ	45
CAMBUCI	45
CAMBUÍ	45
CANA-DE-AÇÚCAR	46
CANA-DE-MACACO	46
CANA-DO-BREJO	46
CANELA	46
CANJICA	46
CANOLA	46
CAPUCHINHA	47
CAQUI	47
CARÁ	47
CARAGUATÁ	47
CARAMBOLA	48
CARDO-SANTO	48
CARDO-SELVAGEM	48
CARURU	48
CARURU-AMARELO	49
CARURU-AZEDO	49
CARURU-DE-SAPO	49
CARURU-VERDADEIRO	49
CARURU-VERDE	49
CASTANHA	50
CASTANHA-DO-MARANHÃO	50
CASTANHA-DO-PARÁ	50
CEBOLA	50
CEBOLINHA	51
CENOURA	51
CENTEIO	52
CERCEFI	52
CEREFÓLIO	52
CEREJA	53
CEVADA	53
CHÁ-PRETO e	53
CHÁ-VERDE	53
CHICÓRIA	54

CHUCHU	54
CHUCRUTE	54
CIDRA	55
COCA	55
COCO-DA-BAÍA	55
COENTRO	55
COGUMELO	56
COMINHO	56
CONFREI	57
COUVE	57
COUVE-DE-BRUXELAS	57
COUVE-FLOR	58
CRAVO-DA-ÍNDIA	58
CRUÁ	58
CUITÉ (CUIA)	59
CUTITIRIBÁ	59
DAMASCO	60
DENDÊ	60
DENTE-DE-LEÃO	61
ENDRO	62
ERUCA	62
ERVA-ARMOLES	62
ERVA-CIDREIRA	63
ERVA-DE-SANTO-ANTONIO	63
ERVA-DE-SÃO-PEDRO	63
ERVILHA	63
ESCORCIONEIRA	64
ESPINAFRE	64
ESPINAFRE-DA-GUIANA	64
ESPINAFRE-DA-NOVA-ZELÂNDIA	64
ESTRAGÃO	64
FAIA	66
FAVA	66
FEIJÃO	66
FEIJÃO-AZUKI	67
FENO-GREGO	67
FIGO	67
FIGO-DA-ÍNDIA	68
FORMIGA	68
FRAMBOESA	68
FRUTA-DE-BURRO	69
FRUTA-DE-LOBO	69
FRUTA-DO-CONDE	69
FRUTA-PÃO	69
FRUTAS EM GERAL	70
FRUTAS OLEAGINOSAS	70
FRUTOS DO MAR	70
FUNCHO	70
GENCIANA	72
GENGIBRE	73
GERGELIM	73
GILBARBEIRA	73
GINJA-DA-JAMAICA	73
GINSENG	74
GOIABA-PRETA	75
GRÃO-DE-BICO	75

GRÃOS GERMINADOS	75
GRAPEFRUIT	75
GRAVIOLA-DO-NORTE	75
GROSELHA	76
GROSELHA-DA-ÍNDIA	76
GRUMIXAMA	76
GUABIROBA	77
GUAJIRU	77
GUAJURU	77
GUANDO	77
GUARANÁ	77
HISSOPO	79
HORTELÃ	79
IBABIRABA	80
INGÁ	80
INHAME	80
IOGURTE	81
ITU	81
JABUTICABA	82
JABUTICABA-BRANCA	82
JACA	82
JAMBOLÃO	83
JENIPAPO	83
JILÓ	83
JUÁ	83
JUJUBA	83
JUNÇA	84
JURUBEBA	84
JUTAÍ	84
KIWI	85
LARANJA	86
LEGUMES EM GERAL	87
LEGUMINOSAS	87
LEITE	87
LENTILHA	87
LEVEDURA DE CERVEJA	87
LIMA	88
LIMÃO	88
LÚPULO	90
MAÇÃ	91
MALTE	91
MALVA	92
MAMA-DE-CACHORRA	92
MAMÃO	92
MANÁ	93
MANDACARU	93
MANDIOCA	93
MANDIOQUINHA	93
MANGA	94
MANGARITO	94
MANGOSTÃO	94
MANJAR-GRAÚDO	94
MANJERICÃO	95
MANJERONA	95
MANTEIGA	95
MARACUJÁ	95
MARMELO	96
MASTRUÇO	96
MASTRUÇO-DO-PERU	96
MATE	96
MAXIXE	97
MEDRONHO	97
MEL	97
MELANCIA	98
MELÃO	98
MELÃO-DE-SÃO-CAETANO	98
MORANGO	100
MORINGA	100
MOSTARDA	100
MURICI	101
MUTAMBA	101
NABIÇA	102
NABO	102
NIGELA	103
NOZ	103
NOZ-MOSCADA	103
ÓLEOS	104
OLMO-VERMELHO	104
ORA-PRO-NOBIS	104
ORÉGANO	105
OSTRA	105
OVA	105
OVO	105
PACIÊNCIA	106
PACOVÁ	106
PAINÇO	106
PAJURÁ-DA-MATA	107
PALMATÓRIA	107
PALMITO	107
PAPAIA	107
PAPOULA	107
PARIPAROBA	108
PECÃ	108
PEIXES	108
PENTE-DE-MACACO	109
PEPINO	109
PEPINO-DO-MATO	109
PÊRA	110
PÊSSEGO	110
PIMENTA	110
PIMENTÃO	110
PINHÃO	111
PITANGA	111
PITOMBA	111
PÓLEN	111
PRIMAVERA	112
QUIABO	113
QUIXABA	113
RABANETE	114
RÁBANO	114

RAIZ-FORTE	115
RAPÚNCIO	115
REPOLHO	115
ROMÃ	116
RÚCULA	116
RUIBARBO	116
SABUGUEIRO	117
SAL	117
SALEPO	118
SALSA	118
SALSÃO	118
SÁLVIA	119
SAMAMBAIA-CABELUDA	119
SAMAMBAIA-VERDADEIRA	120
SAPOTI	120
SARRACENO	120
SEGURELHA	120
SERPILHO	121
SERRALHA	121
SOJA	121
SORGO	122
SORVA-DA-EUROPA	122
TABOA ou TABUA	123
TAIOBA	123
TÂMARA	124
TAMARINDO	124
TANCHAGEM	124
TATAJUBA	125
TOMATE	125
TOMILHO	125
TRAPOERABA	126
TREVO-AZEDO	126
TRIGO	126
UMARI	127
URUCU ou URUCUM	127
UVA	127
UVA-DO-MAR	128
VAGEM	129
VEGETAIS CRUCÍFEROS	129
VERDURAS EM GERAL	130
VINAGRE	130
VINHO	130
VIOLETA	130
YAKON	131
ZIMBRO	132

ÍNDICE REMISSIVO
Doenças

ABSCESSOS	136
ÁCIDO ÚRICO,	137
ACNE	138
AFRODISÍACOS	138
AIDS	139
ALCOOLISMO	140
ALERGIA	140
ANEMIAS	140
ANTIÁCIDOS	142
ANTIINFLAMATÓRIOS	143
ANTI-SÉPTICOS	143
ÂNUS	144
APARELHO CIRCULATÓRIO	175
APARELHO URINÁRIO	144
APETITE, ESTIMULANTES DO	146
APETITE, REDUTORES DO	148
ARTERIOESCLEROSE	148
ARTRITE. ARTRITISMO	149
ASMA	149
ATEROESCLEROSE	148
BAÇO, DOENÇAS DO	151
BICHO-DE-PÉ	151
BOCA, DOENÇAS DA	151
BÓCIO (PAPO)	154
BRONQUITE	154
BRONZEADORES	157
CABELOS	158, 159
CÂIMBRAS	159
CÁLCULOS	159
CALMANTES	161
CALOS	163
CÂNCER	163
CASPA	166
CATARATA	166
CAXUMBA	166
CELULITE	166
CIÁTICA	166
CICATRIZANTES	166
CIRCULAÇÃO SANGÜÍNEA	167

CISTITES	167
COCEIRA	169
COLESTEROL	169
CÓLICAS	171
COLITE	172
COLUNA VERTEBRAL	173
CONSTIPAÇÃO INTESTINAL	173
CONTRACEPTIVOS	173
CONTUSÕES	173
COQUELUCHE	174
CORAÇÃO.	175
CORPOS ESTRANHOS	176
CORRIMENTOS VAGINAIS	176
CRESCIMENTO,	177
CROSTA LÁCTEA DOS BEBÊS	165

DENGUE	178
DENTES	178
DEPRESSÃO	179
DEPURATIVOS	179
DERRAME CEREBRAL	181
DESCALCIFICAÇÃO	181
DESIDRATAÇÃO	182
DESINTOXICANTES	182
DESODORANTES	183
DIABETES	183
DIARRÉIA	184
DIGESTIVOS	188
DIURÉTICOS	191
DOR DE CABEÇA	194
DOR DE DENTE	195
DOR DE OUVIDO	195

ECZEMA	196
EDEMAS	196
EMAGRECEDORES	196
EMENAGOGOS	197
EMOLIENTES	197
ENERGÉTICOS	198
ENTORSES	198
ENURESE	198
ENVELHECIMENTO PRECOCE	198
EQUIMOSES	200
ERISIPELA	200
ESCARLATINA	200
ESCARAS	201
ESQUISTOSSOMOSE	201
ESTAFA	201
ESTIMULANTES GERAIS	201
EXPECTORANTES	205

FEBRE	207
FEBRE-AMARELA	209
FERIDAS	209

FERIMENTOS	209
FÍGADO	211
FISSURAS	264
FLATULÊNCIA	214
FLEBITE	215
FRIEIRAS	215
FURÚNCULOS	135

GAGUEIRA	216
GARGANTA	216
GINECOLÓGICOS, PROBLEMAS	219
GOTA	220
GRAVIDEZ	221
GRIPE. RESFRIADO	222

HÁLITO	225
HEMIPLEGIA	226
HEMORRAGIA	226
HEMORRÓIDAS	227
HERPES	228
HISTERIA	229

ICTERÍCIA	230
IMPOTÊNCIA SEXUAL	230
IMUNIDADE	231
INFERTILIDADE	232
INSÔNIA	232

LAXANTES	234
LEITE	234
LEUCEMIA	235
LUMBAGO	235

MAGREZA	236
MALEITA	236
MAMAS	237
MAU-HUMOR	237
MAU-OLHADO	238
MENOPAUSA	238
MENSTRUAÇÃO	239
MICOSES	240

NARIZ ENTUPIDO	241
NÁUSEAS	241
NERVOS, TÔNICOS DOS	242
NEURITES E	242
NEVRALGIA	242

OBESIDADE	244
OBSTIPAÇÃO INTESTINAL	245
OLHOS	246
ORQUITE	248
OSSOS	248
OSTEOPOROSE	249

OUVIDOS	249	SARNA	271
		SEBORRÉIA	166, 271
PALPITAÇÕES	250	SINOVITE	271
PANARÍCIO	250	SINUSITE	271
PÂNCREAS	250	SOLUÇO	271
PARASITAS INTESTINAIS	251	STRESS	272
PARKINSON, MAL DE	252	SUDORÍFEROS	272
PELE	253	SUOR	273
PICADAS DE INSETOS	254		
PIOLHO	255	TINHA	274
PLEURIS	255	TIREÓIDE	274
POLINEURITES	242	TÔNICOS	274
PRESSÃO ARTERIAL	255	TÔNICOS CEREBRAIS	277
PRISÃO DE VENTRE	256	TORCICOLO	278
PRÓSTATA	260	TOSSE	278
PROTETOR SOLAR	260	TROMBOSE	282
PSORÍASE	261	TUBERCULOSE	282
PURGANTES	261	TUMORES	283
QUEIMADURAS	262	ÚLCERAS	209
QUELÓIDES	263	ÚLCERAS GÁSTRICAS E DUODENAIS	284
RACHADURAS	264	UNHAS	285
RAQUITISMO.	181	UREMIA	285
REJEIÇÃO (A TRANSPLANTES)	264	URTICÁRIA	286
REUMATISMO. ARTRITE	265		
ROUQUIDÃO	268	VARIZES	287
		VERRUGAS	287
SANGUE, FLUIDIFICANTES DO	270	VERTIGENS	288
SAPINHO	270	VESÍCULA BILIAR	288
SARAMPO	270	VULVOVAGINITES	290